国家社会科学基金青年项目"绿色'一带一路'背景下我国清洁能源国际合作战略优化及路径选择研究"（18CGJ003）

绿色"一带一路"建设与中国清洁能源国际合作方略

王双 著

浙江大学出版社

·杭州·

图书在版编目（CIP）数据

绿色"一带一路"建设与中国清洁能源国际合作方略 /
王双著. —杭州：浙江大学出版社，2022.7
ISBN 978-7-308-22433-8

Ⅰ.①绿… Ⅱ.①王… Ⅲ.①无污染能源—能源发展
—国际合作—研究—中国 Ⅳ.①F426.2

中国版本图书馆 CIP 数据核字（2022）第 047119 号

绿色"一带一路"建设与中国清洁能源国际合作方略
LÜSE "YI DAI YI LU" JIANSHE YU ZHONGGUO QINGJIE NENGYUAN GUOJI HEZUO FANGLÜE
王　双　著

责任编辑	张一弛　余健波
责任校对	陈　欣
封面设计	周　灵
出版发行	浙江大学出版社
	（杭州市天目山路 148 号　邮政编码 310007）
	（网址：http://www.zjupress.com）
排　　版	杭州青翊图文设计有限公司
印　　刷	杭州宏雅印刷有限公司
开　　本	710mm×1000mm　1/16
印　　张	16.75
字　　数	288 千
版 印 次	2022 年 7 月第 1 版　2022 年 7 月第 1 次印刷
书　　号	ISBN 978-7-308-22433-8
定　　价	58.00 元

目　　录

图表目录

导　言

当前,"一带一路"建设进入全面推进、深度融合、加速转型、绿色发展的新阶段,绿色"一带一路"建设正逢其时。随着国际碳约束的不断增强、绿色发展理念的广泛传播,清洁能源国际合作在绿色"一带一路"建设中的作用愈加凸显。对此,厘清清洁能源国际合作领域、清洁能源国际合作与绿色"一带一路"的互构关系,梳理绿色"一带一路"与清洁能源国际合作中的热点问题和风险挑战,分析中国在绿色"一带一路"清洁能源合作中的角色,补充绿色"一带一路"框架下清洁能源国际合作理论、战略规划、政策及路径等方面的不足,具有一定的理论与现实意义。

一、清洁能源相关概念与国际合作范畴

绿色"一带一路"建设如何有效推进?在推进过程中需注重哪些原则、践行哪些理念?哪些政策、项目、产业在绿色"一带一路"的推进过程中至关重要?绿色"一带一路"建设面临一系列理论与现实问题。清洁能源是新兴战略性产业,清洁能源开发利用是绿色发展的重要保障,也是绿色"一带一路"的重点建设内容之一,而清洁能源国际合作①是解答绿色"一带一路"推进中诸多现实问题的一个有效思路。为此,首先需要厘清清洁能源的定义与范畴,发掘清洁能源国际合作对绿色发展的普遍性意义。

---

① 清洁能源包括天然气、核能及风能、太阳能、水能等各种形式的可再生能源;与国内主流文献一致,本文也将清洁燃煤、老旧电网改造等纳入所探讨的清洁能源合作范围之内。

(一)清洁能源的定义与范畴

学术界对清洁能源的定义形形色色,范畴界定也各有不同。比较有代表性的划分是将清洁能源等同于绿色低碳能源,范畴包括核能和水电、风电、太阳能、潮汐能等可再生能源,指各类不产生污染的能源。[①]

现有研究中,清洁能源与可再生能源、新能源有着密不可分的关系。从从属关系上看,可再生能源是清洁能源范畴中最重要的一个分支,也是清洁能源范畴中动态更新最多、关注度最高的一个分支。一般意义上,可再生能源通常指那些在自然界中取之不尽的资源,明显的例子包括水电、风能、太阳能,一些不太明显的如可再生废物与生物燃料等。另外,地热、潮汐等产生于地球外表的能源以及海洋中大量储存的热能,都被划归为可再生能源。[②] 而从能源专业的角度而言,可再生能源通常被相关政府职能部门、权威能源机构或行业协会等描述为经过(正在进行的)自然程序产生、替代速度等于或者超过消耗速度、可自然再生、可不断更新的能源形式。[③]

目前暂时没有被普遍接受的可再生能源的统一定义,而将"可再生能源"与"新的"能源画等号得到了普遍认可,这意味着可再生能源是"新的"能源形式。美国能源署(EIA)认为,可再生能源是"可以自然补充但流量有限的能源;在可持续的时间内是无穷无尽的,但在单位时间内可用的能量却是有限的"。[④] 按照联合国开发计划署(UNDP)的分类,可再生能源包括水电、太阳能、风能、现代生物质能、地热和海洋潮汐能等,此外非商品属性的传统生物质能,如薪柴、秸秆和动物粪便等也被包括在内。[⑤]不同机构对其有着不同的范畴限定。如BP公司在其有关世界能源情况的年度统计报告中规定:

---

① He Y X, Jiao Z, Yang J. Comprehensive Evaluation of Global Clean Energy Development Index Based on the Improved Entropy Method[J]. Ecological Indicators. 2018, 88(5):305-321.

② Robert L. Evans. Fueling Our Future:An Introduction to Sustainable Energy[M]. New York:Cambridge University Press,2007:81.

③ 郭苏建,方恺,王双,等.全球可持续能源竞争力报告 2016.杭州:浙江大学出版社,2016:3.

④ U. S. Energy Information Administration(EIA)[EB/OL]. [2021-05-20]. https://www. eia. gov/energyexplained/index. php? page=renewable_home.

⑤ United Nations Development Programme(UNDP)[EB/OL]. [2021-05-16]. https://www. cn. undp. org/content/china/zh/home/sustainable-development-goals/goal-7-affordable-and-clean-energy. html.

"可再生能源"不包括大水电(大水电一般指容量大于 10MW 的水电站)。①

"新能源"一词应用也较为广泛,且经常被混用。根据我国《"十三五"国家战略性新兴产业发展规划》,新能源产业、节能环保产业和新能源汽车产业被统称为"绿色低碳产业"。能源领域新兴产业以往主要以"新能源产业"所指代。"新能源产业"的定位由于聚焦于核能、太阳能、风能和生物质能等产业,容易忽视化石能源新技术的颠覆性作用(如页岩油气规模化开发技术、先进洁净煤技术),而且将化石能源与非化石能源新技术的系统联合与协同发展排除在外。由于"新能源产业"定位过于狭窄,所统计的范围不能充分体现能源新技术发展所带来的能源转型与产业变革。②

清洁能源则比前两者有着更宽泛的范畴。从技术上讲,清洁能源主要是利用先进的可再生能源技术、安全核电技术、天然气和洁净煤技术等开发出的清洁低碳的能源;从范畴上看,清洁能源一般包括天然气、清洁煤炭、核能,以及各种形式的可再生能源等。

(二)本文所涉清洁能源国际合作范畴

为何绿色"一带一路"建设不能只谈更加具有未来前景、更具有革命性和技术突破潜力的可再生能源,而要谈包揽多样的清洁能源?这主要与"一带一路"区域经济发展水平和能源利用现状有关。在中亚、西亚、非洲、东南亚、东欧等"一带一路"沿线广大的发展中地区,大部分国家的工业生产仍未脱离严重依赖煤炭、石油等传统化石能源的消费模式,可再生能源虽分布广泛、蕴藏量巨大,但囿于区域国家经济发展阶段与能源消费结构,以及较高的技术、资本要求,其开发利用程度仍较低。

相对而言,核能、清洁燃煤等清洁能源比可再生能源种类更广泛,与现有能源消费模式融合度更高,更能适应低碳减排的现实需求,有利于经济、社会、环境的绿色、可持续发展。向可再生能源转型是能源转型的终极目标,天然气与可再生能源之间具有极佳的耦合性,因而将在能源替代与能源转型过程中充当重要的"桥梁"角色。而燃煤清洁化(煤炭清洁化技术发挥重要作用)、能效提升等举措则将在能源系统中发挥"节流"作用,也是能源转型的重要环节。因此,清洁能源开发利用可做到比传统化石能源

---

① Renewable Energy Policy Network(REN21). Renewables 2005 Global Status Report [R].2005:1.

② 张博,孙旭东,刘颖,等.能源新技术新兴产业发展动态与 2035 战略对策[J].中国工程科学,2020(2):1-160.

更清洁、更低碳,可在逐步实现"碳中和"、净零排放的过程中起到重要的基础性作用。

综合考虑"一带一路"区域国家经济发展阶段的多样性、能源开发利用的多元性与复杂性,本书所论及的清洁能源国际合作范围较为宽泛,包括天然气、核电等非可再生能源,水能、风能、太阳能、生物质能、潮汐能等常见可再生能源,以及氢能等新兴可再生能源等领域的国际合作。鉴于当前中国在"一带一路"区域承建了较多的燃煤电站项目以满足本地电力需求,本书也将清洁燃煤纳入清洁能源国际合作的论述范畴。

二、绿色"一带一路"建设与清洁能源国际合作

全球气候变化日益严峻的形势使世界各国对能源环境问题日渐重视,能源转型领先国家已开始布局从生产、消费、市场等环节发力,转变以煤、油、气为主体的能源格局,打造以清洁能源为主导、以电力为中心、更加互联互通的新能源体系,开辟绿色、低碳、可持续的能源发展新道路。清洁能源的规模化应用将有利于人类社会应对气候变化,以及经济结构向低碳、清洁化、智能化的转型,带来人类生产生活方式的彻底转变,最终重塑全球能源秩序与人类文明形态。清洁能源国际合作对全球绿色发展与绿色"一带一路"建设具有重大意义。

(一)清洁能源国际合作对绿色"一带一路"建设的意义

首先,清洁能源合作响应了"一带一路"区域能源环境治理的共同诉求。"一带一路"横跨亚欧非大陆,沿线国家和地区生态环境复杂多样,东端是经济快速发展的东亚经济圈,西端是经济发达的欧洲经济圈,中间是资源禀赋丰富但生态相对敏感、脆弱的广大腹地国家。面对全球气候变暖、跨境污染、土地荒漠化、淡水资源枯竭等全球性、区域性生态环境难题,能源环境治理的共同诉求上升,进而催生了清洁能源开发与合作的强烈动机。清洁能源合作迎合了区域绿色可持续发展的现实需求,与绿色"一带一路"主题协调共进。

其次,清洁能源国际合作促进"一带一路"区域和平稳定与共同繁荣。如果说能源是现代经济的血液,那么清洁能源则是血液中负责运载新鲜氧气的血红蛋白。当今世界,以清洁、低碳、高效、智能为核心特征的清洁能源开发利用及互联互通正蓬勃兴起,正重塑能源绿色可持续发展的新格局。清洁能源开发与新业态、新理念,以及新的发展模式相伴生,相关合作就具备了改变地区现有合作态势,促进地区和平稳定、经济繁荣的效能。

近年来可再生能源的大规模利用深刻改变了以稀缺的化石能源为主的传统能源利用模式,能源转型使能源关系从不对称的依附关系升级为更平等的相互依赖关系。随着分布更广泛的水电、风电、光伏等清洁能源被大规模开发,能源供应格局去中心化、分散化的趋势加强,这从根本上削弱了传统能源地缘政治中的对抗烈度。与此同时,能源市场格局也在剧变,日渐强大、渗透广泛的市场力量削弱了国家、跨国企业等传统强势行为体将油气资源作为地缘政治经济武器的潜力,使地缘政治经济力量分布更为均衡,国家间能源合作重新转向更经济、更可持续地开发清洁能源及相关产业技术等方面的合作,而不是占有和控制能源资源。清洁能源国际合作可对促进地区稳定与经济繁荣、实现绿色可持续发展做出贡献,也将为绿色"一带一路"建设奠定良好的合作基础。

再次,清洁能源国际合作是绿色"一带一路"建设的重要内容和必然路径。只有将绿色发展和生态文明建设融入"一带一路"建设各方面和全过程,才能走出一条以绿色发展理念为统揽,以可持续发展为目标,以绿色、节能、低碳、循环为核心,清洁生产、文明消费的绿色丝绸之路。[①] 绿色"一带一路"要在"一带一路"区域打造出生态环境优良、绿色产业繁荣、区域绿色可持续发展的局面,清洁能源的开发与国际合作是其中的重点工作内容。

清洁能源国际合作可促进"一带一路"沿线国家从传统发展模式向绿色低碳发展模式转变,改善区域生态环境,从而达到区域经济发展和生态环境改善正向互促的良性循环。因而,清洁能源国际合作是实现绿色"一带一路"愿景的必然路径。推动绿色"一带一路"建设必须强化清洁能源开发与国际合作,在共商共建共享原则下,清洁能源国际合作将更有秩序、更有活力。

(二)清洁能源国际合作与绿色"一带一路"建设的互构

绿色是"一带一路"的底色,绿色"一带一路"在秉承绿色发展理念下,与区域国家共商共建共享,实现区域包容开放、互利共赢、共同繁荣。清洁能源国际合作与绿色"一带一路"之间的互动关系表现在以下几个方面。

第一,绿色"一带一路"建设与区域清洁能源合作相互促进、相辅相成。一方面,"一带一路"沿线国家能源消费结构以传统化石能源为主,能源供应

---

① 王学峰.绿色"一带一路"将引领全球一体化的 4.0 时代[J].区域经济评论,2017(6):3.

安全、电力短缺、能源环境问题层出不穷;另一方面,"一带一路"沿线区域具备优异的天然气、水电、太阳能、风能、生物能等资源条件,清洁能源开发潜力巨大。另外,光伏、风电等清洁能源项目建设具有速度快、周期短、融资成本低等特点,随着光伏、风电组件价格下降和转换效率不断提高,清洁能源发电成本大幅降低,清洁能源大规模开发与能源替代成为现实。绿色"一带一路"建设背景下,清洁能源成本的迅速降低、融资便利性的有效提升以及经济可开发资源规模的大幅增长,吸引了越来越多的投资者参与到沿线国家清洁能源项目开发和建设中,这将大力推动绿色"一带一路"与绿色低碳发展。

第二,清洁能源国际合作加速绿色"一带一路"新型基础设施互联互通与市场融合。"一带一路"合作对基础设施建设的高优先级,推升了能源需求,也将刺激能源强度较高的传统产业发展,从而导致碳排放的增加。[①] 比较研究中国、美国、欧盟、澳大利亚、日本和韩国等国家的经济与能源互动关系可以发现,互联互通不仅有利于清洁能源的发展,而且会使能源密集型产业部门的国际竞争力丧失,从而刺激能源结构向能源密集度更低的清洁能源转型。[②] 绿色"一带一路"框架下清洁能源合作聚焦新型基础设施的互联互通,如构建区域"智能电网+特高压电网+清洁能源"的能源电力基础框架,打造能源互联网,将极大地提高区域清洁能源基础设施的互联互通水平。

清洁能源合作可从生产、流通、消费的全产业链推动绿色发展,并加快区域能源市场融合。随着区域贸易自由化、一体化进程的推进,"一带一路"沿线各国将在能源科技服务等众多领域开展更为广泛的合作,必然会刺激新产业、新业态、新模式的跨境发展。[③] 清洁能源的开发合作将产生层出不穷的新产业、新业态、新模式,也给绿色"一带一路"合作提供越来越多的新载体与越来越强的驱动力,促进区域国家能源产能合作、产业升级,加强新能源、电力等产业间的有机联动,加快能源市场一体化进程。

---

① Zhang Ning ,et al. Carbon Footprint of China's Belt and Road[J]. Science,2017,357(6356):1107.

② Zhang Xu, et al. The Role of Multi-region Integrated Emissions Trading Scheme:A Computable General Equilibrium Analysis[J]. Applied Energy,2017(185):1860-1868.

③ 联合国开发计划署(UNDP).促进"一带一路"沿线可持续金融与投资的发展[R].2018-04-11.

第三,清洁能源国际合作与绿色"一带一路"建设将合力推动区域能源转型与升级。"一带一路"沿线广大发展中国家能源需求旺盛,能源效率提升潜力巨大。从能源结构看,沿线发展中国家在清洁能源利用上与发达国家仍存在较大差距,众多亚非洲地区国家都未达到全球平均水平,而这些地区的清洁可再生能源储量极其丰富,清洁能源开发合作具有广泛前景。如图 0-1 所示。

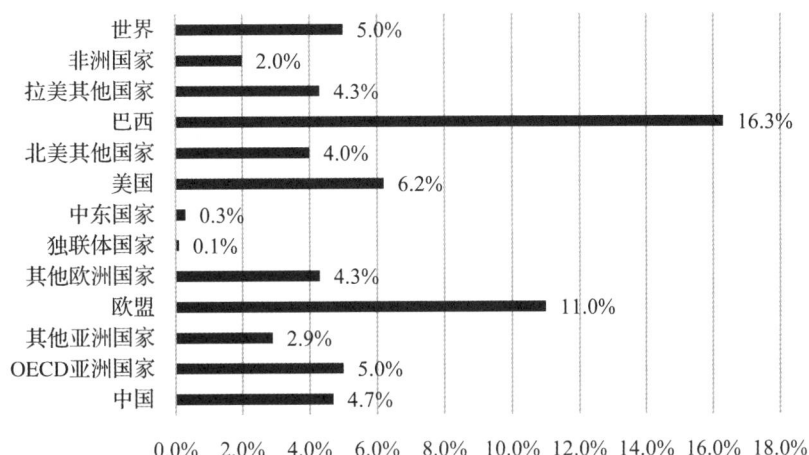

图 0-1　世界主要国家及地区可再生能源在一次能源结构中的占比

数据来源:BP. Statistical Review of World Energy[R],2020:7.

绿色"一带一路"区域清洁能源开发合作可优化各国能源结构,降低能源强度,提升能源环境治理水平。日新月异的清洁能源技术变革与能源转型,给"一带一路"沿线发展中国家实现能源技术跨越,从化石能源时代跃迁到现代清洁能源时代带来了契机。在绿色"一带一路"倡议的合作框架下,区域国家能够通过加强清洁能源开发合作,协调推进能源转型,共同走上绿色可持续发展道路。

综上,清洁能源国际合作是绿色"一带一路"合作的重点领域,绿色"一带一路"是清洁能源合作的重要平台与愿景目标。清洁能源国际合作与绿色"一带一路"建设将在互促互构中协调共进。

三、中国在绿色"一带一路"清洁能源合作中的角色

中国既是绿色"一带一路"的首倡者,也是该国际合作体系中的核心领导者与主要推动者。中国在绿色发展、清洁能源合作中扮演着无可替代的

角色,正从被动反应者、跟随者转变为积极参与者与贡献者。①

（一）国际合作机制创新的主要贡献者

中国是"一带一路"区域清洁能源国际合作机制创新的主要贡献者。"一带一路"的"属概念"是区域经济合作机制,与现有的区域经济一体化或区域经济合作机制的规则导向不同,它是一种以发展为导向的新型区域经济合作机制。②"一带一路"合作与东盟"10＋N"合作机制相似,它不以机制化安排为前提条件,但也不排斥机制化安排。如中国与东盟国家的合作就既有机制化的双边自由贸易区协定(升级版)为依托,同时又有中国—中南半岛经济走廊、澜沧江—湄公河次区域等非机制化的合作机制。

"一带一路"的发展导向决定了在其起步阶段不以设置规则为门槛,这使沿线国家能够自由自愿地参与到这种新型区域经济合作机制当中。在绿色"一带一路"框架下,也逐渐形成了一些由中国主导或发挥重要影响力的国际绿色合作机制,它们大都以国家间协议、备忘录等比较松散的安排为基本形式。在国际合作与区域融合的初始时期,这既符合地区国家的合作发展需求,又照顾到其参与合作的舒适度,因而能够促进合作的进一步深入。区域清洁能源的合作中主体多元、形态多样,又较少掺杂传统地缘政治的影响因素,因而特别适宜这种安排形式。由此而言,绿色"一带一路"下中国主导的清洁能源合作机制以其务实、软束缚、开放合作为特色,遵循共商、渐进与义利观原则,打造了区域清洁能源合作的创新模式。

（二）国际合作的重要融资方

中国是区域清洁能源合作的重要融资者。当前虽然绿色"一带一路"区域的可再生能源发展潜力巨大,但绿色投资缺口也很大,到 2030 年,"一带一路"沿线国家至少要进行 12 万亿美元的绿色投资,才能确保与《巴黎协定》的目标路径相一致,而加强对"一带一路"低碳和气候韧性发展基础设施建设的投资成为当务之急。③随着中国企业传统出口和工程项目竞争日趋激烈,通过投资参与"一带一路"可再生能源项目,可获得更多工程承包和产品

---

① IEA. China's Engagement in Global Energy Governance[R]. Paris: OECD/IEA, 2016.

② 李向阳."一带一路"的高质量发展与机制化建设[J]. 世界经济与政治,2020(5):51-70,157.

③ 国家应对气候变化战略研究和国际合作中心. 中国推动全球气候治理和国际合作的战略和对策研究[R]. 2020:45.

出口的市场机会,而且来自中国的投资也有助于缓解东道国发展可再生能源的资金压力。

近年来,中国对外投资需求加速增长,已成为区域中具有强大的投融资能力的新领航者。截至2019年底,中国光伏和风电的装机总量接近600GW,占全球装机总量的30%。据估算,中国企业海外风电、光伏投资规模至少可达80GW,投资市场需求至少可达500亿美元,投资比例占全球的10%。①近年来,全球经济持续低迷,清洁能源开发合作也进入一个低潮期,中国正担负起为区域绿色产业融资的重要责任,为区域清洁能源发展纾困。

资金短缺是发展中国家实现自主减排贡献目标过程中面临的最紧迫问题。"一带一路"沿线部分国家自主贡献资金需求如表0-1所示。亚洲诸多发展中国家如印度、印度尼西亚等均明确提出了自主贡献资金需求,总资金需求合计30000亿美元,占全球自主贡献资金总需求的75%左右,年均约为2000亿美元。

表0-1　"一带一路"沿线部分国家自主认定贡献资金需求　　　单位:亿美元

国家/地区	自主贡献资金需求
吉尔吉斯斯坦	37.66
土库曼斯坦	105
蒙古	69
老挝	23.83
柬埔寨	12.70
印度尼西亚	550.10
印度	25000
巴基斯坦	1800
孟加拉国	690

数据来源:作者根据相关国际组织与国家有关报告、资料等汇总测算而来。

---

① 人民网—人民日报海外版.中国新能源国际合作成绩亮眼[EB/OL].[2019-12-16]. http://m2.people.cn/r/MV8xXzMxNTA3MTc0XzEwMTBfMTU3NjQ1NTYxMQ.

全球气候变化谈判进程已明确显示出发达国家为发展中国家减排提供资金的意愿很低,西方的传统融资者已难以填补这个巨大的资金缺口,区域内只有中国具有组织与调动如此庞大规模资金的能力。为发挥在"一带一路"绿色发展与气候变化合作机制中的领导作用,中国将"一带一路"合作与气候变化合作有机联动,积极拓宽气候、能源合作融资渠道,利用多种投融资工具为"一带一路"清洁能源合作项目提供资金保障。

为加强绿色"一带一路"建设,准确引导绿色低碳投资,中国政府将生态环境影响、碳排放强度和气候变化风险等因素纳入国家发改委境外投资负面清单,通过亚洲基础设施投资银行(AIIB)、丝路基金等融资机构向东亚、中亚、非洲、拉美等"一带一路"区域国家提供绿色发展基金,助力绿色"一带一路"清洁能源合作,从而日渐成为绿色"一带一路"区域最重要的融资者。

(三)国际先进技术的输出者

中国是区域清洁能源先进技术的输出者。中国在核能、煤化工、风能、太阳能、特高压输电等领域拥有独立自主、较为先进的技术,在能源装备包括油气设备、管材、电力设备等方面有独特的竞争优势。当前中国企业对"一带一路"地区的技术溢出方式较为契合沿线国家的经济技术发展阶段。相较于在发达经济体更多采用的设立研发中心和孵化器等方式,中国海外投资企业所采用的直接的技术咨询服务、合作生产、技术援助等技术溢出方式更加适合产业技术基础较为薄弱的"一带一路"沿线发展中国家。[①]

在绿色"一带一路"建设中,中国凭借这些技术优势,使沿线国家可再生能源资源得以优化开发和利用,在能源技术推广和低碳基础设施的互联互通方面做出了贡献。中国在新能源技术、智慧电网领域努力开拓国际合作新空间,在满足沿线国家电力需求的同时,走出一条创新、低碳、可持续的发展道路。

(四)最佳实践的提供者

中国是区域清洁能源最佳实践和优化模式的提供者。近年来中国在能源转型和清洁能源发展方面的进展可谓计日程功。中国以绿色、可持续发展为发展理念,以实现高质量发展、结构优化与转型为经济发展目标,大力

---

① 证券时报.金融科技将惠及"一带一路"沿线国家[EB/OL].[2017-05-16]. http://finance.sina.com.cn/stock/t/2017-05-16/doc-ifyfecvz1461957.shtml.

扶持各类清洁能源产业发展,促使清洁能源利用比例逐步提高、能源结构不断优化、能源利用效率持续改善。

2019年全球气候行动峰会上,中国在向可再生能源过渡、为气候行动和碳定价融资、减少工业排放、利用自然作为解决方案、可持续城市和地方行动、气候变化复原力等六个领域的最佳实践得到了众多国际领导者的赞誉。①中国在总结清洁能源发展最佳实践的基础上,根据沿线国家的不同需求,因地制宜提供技术、资金、人才等生产要素,与"一带一路"沿线国家密切合作,探索具有地区特色、国家特点的合作共赢、绿色低碳的发展模式,共同推动绿色"一带一路"建设。

在联合国2030年可持续发展议程、绿色"一带一路"政策的框架下,中国重视与国际组织、市民社会等非国家主体共同探讨有效的清洁能源替代方案、绿色发展经验及优化合作模式等。如,新建立的"一带一路"绿色发展国际联盟已成为中国分享生态文明、绿色发展理念及最佳实践的重要渠道。

综上,中国在"一带一路"区域绿色发展、清洁能源国际合作中扮演着举足轻重的引领者角色,中国因素是影响区域绿色发展、清洁能源合作的最重要因素,中国动力也成为绿色"一带一路"清洁能源国际合作的核心推动力。

四、文献梳理与研究趋势

(一)国内外相关研究学术史梳理

通过对中外文献的搜索与整理,发现与本研究相关的文献主要集中在以下五个视角,如表0-2所示。

表 0-2　绿色"一带一路"与清洁能源国际合作的研究主题及代表性文献

研究主题	代表性文献
理论意义与 发展理念	①"一带一路"建设的绿色发展理论意义:陈伟光(2015);王义桅(2016);陈文玲(2017);于洪君(2017);赵磊(2017);国务院新闻办公室(2020)。 ②"一带一路"的绿色、可持续发展内涵:王义桅(2015);Shah(2016);UN(2017);张蕴岭,袁正清(2017);张蕴岭(2018,2020);许勤华(2020)

① UN Climate Action Summit 2019[EB/OL].[2019-09-20]. https:// www. un. org/en/climatechange/un-climate-summit-2019. shtml.

续表

研究主题	代表性文献
国际能源合作现实、战略与路径	①能源合作现状与态势:Downs(2015);刘佳骏(2015);苏华(2015);孙伟(2016);王海燕(2016);Guo(2017);潜旭明(2017)。②区域、国家、产业间合作:王娟娟(2015);Xu Q H(2016);梁经伟,等(2016);刘伟(2016);刘慧(2017);Fallon(2015);Liu et al.(2016);师博(2016);赵春明(2016);Liedtke(2017);Zhang(2017);陈文玲(2017);徐绍史(2017);商务部,等(2020)。③"一带一路"绿色发展路径与策略:徐海燕(2014);Dong et al.(2015);郭菊娥,等(2015);国家发展和改革委员会能源研究所(2015);Hong(2016);Harlan(2017);中国环境与发展国际合作委员会(2019);中国新能源海外发展联盟(2019);蓝庆新,等(2020);张春(2020);李向阳(2020)
国际能源合作中的问题、风险与挑战	①国际能源合作中的问题:康晓(2009);李扬(2011);金乐琴(2011);闫世刚(2012);田慧芳(2013);苏华(2015);IEA(2017);REN21(2017);韩立群(2017)。② 风险与挑战:Downs(2015);王郁(2015);Cooley(2016);Djankov(2016);Harris(2016);Howard(2016);Swaine(2016);陈丽阳(2016);王海燕(2016);张建新(2016);Conrad(2017);Herberg(2017);Tracy et al.(2017);李明节,等(2017);朴光姬,等(2017);查道炯(2017);Duan(2018);Huang(2019);商务部,等(2020);IRENA(2021)
国际能源合作战略优化与路径选择	①国际能源合作战略优化:郭菊娥,等(2015);董战峰,等(2016);高世宪(2016);闫世刚,等(2016);何茂春,郑维伟(2017)。②国际合作路径选择:刘振亚(2015);Shaikh et al.(2016);Xia(2016);赵春明(2016);陈天林,刘培卿(2017);胡正源(2017);水电水利规划设计总院(2019);余晓钟(2020);于宏源,汪万发(2021)
生态环保评估与绿色评价	①生态环保与能源效率:邬波,等(2016);田颖聪(2017);Han(2018)。②碳足迹与"一带一路"绿色发展水平评价:严晓辉,等(2016);Lin(2017);Zhang et al.(2017);郭兆晖,等(2017);李丹,李凌羽(2020)。③可再生能源系统评估指标体系:Liu et al.(2016);Xu(2017);WRI(2020);IRENA(2020);Fang et al.(2021)

　　从学术研究趋势看,与本研究相关的论述伴随"一带一路"倡议的提出与实施,呈现出理论逐渐深化、角度逐渐多元化、关注的主题逐渐细微化等特点。"一带一路"建设推进中的理论与现实问题、绿色"一带一路"的提出等最新动态都得到几乎不同学科背景的学者的极大关注,"一带一路"倡议提出五年来,相关热点问题成为最前沿的研究对象。绿色"一带一路"与清

洁能源国际合作的研究主题与代表性文献梳理具体如下。

1.理论意义与发展理念问题。这主要涉及两个方面:①"一带一路"建设的绿色发展理论意义。"一带一路"建设对绿色、可持续发展的理论意义的研究是该方向的主要课题。②"一带一路"的绿色、可持续发展内涵。"一带一路"的绿色、可持续发展的内涵、意义、价值等被众多学者不断探索完善。"一带一路"与可持续发展是相互支撑、协调联动的,为清洁能源开发和低碳转型提供了机会与路径。

2.国际能源合作现实、战略与路径问题。该角度文献最为丰富,主要涉及三个方面:①能源合作现状与态势。最新热点是关注"一带一路"推进带来的能源合作新变化,如合作新进展、能源新格局、能源贸易变化等。②区域、国家、产业间合作。区域、国家间合作的热点问题是"一带一路"区域、国家间联动①合作战略,以及战略对接、政策协调等。产业合作方面,学者们主要研究的是产能合作、产业布局、产业链延伸等问题。③"一带一路"绿色发展路径与策略。学者们关注绿色合作模式与路径等相关议题,着重探索了新形势、新动态下区域联通互动合作战略、清洁能源绿色发展模式推广应用的战略与路径等。

3.国际能源合作中的问题、风险与挑战。这主要涉及两个方面:①国际能源合作中的问题。中国清洁能源合作战略经历了从主要依托清洁发展机制的全球多边合作和以欧美日为主要对象的双边合作途径,到依托"一带一路"建设契机自主设计、主导机制的过程。合作中的问题也从技术出口壁垒、贸易保护主义、有待深化的机制、战略互信问题等市场性和政策性障碍、产业发展困境等,转变为基础设施建设、能源技术、产业上下游合作等与"一带一路"发展进程相关的具体问题。②风险与挑战。能源合作中的风险与挑战是中外学者普遍关注的议题,但关注焦点不同。外国学者比较关注地缘政治、经济稳定性、公平、环境等方面的问题,中国学者主要从能源投资安全、能源贸易与能源通道安全等多角度解读能源合作的风险与挑战。其中,新能源产业海外经营风险、区域新能源并网挑战等问题是该领域最新的研究热点。

---

①　联动概念最早出现在社会学领域,主要表现为个体之间的相互影响与选择行为。在国际合作上,联动主要表现为区域间基础设施互联互通、产业融合;广义上还包括区域、国家之间的互动关联、战略(规划)协调、空间结构与地缘经济关系等。本文所论述的联动包含了以上两种含义。

4.国际能源合作战略优化与路径选择。这主要涉及两个方面:①国际能源合作战略优化。学者从"一带一路"绿色发展框架设计、"一带一路"绿色发展内涵清晰化、亚洲能源大市场建设等角度探索了国际合作战略的优化与细化,对能源通道联动、区域内能源转型、区域能源治理新格局等具体问题进行了战略优化研究。②国际合作路径选择。"一带一路"能源互联互通是该领域的研究热点,主要关注能源走廊、中国与区域能源传输互联建设等。具体路径研究聚焦清洁能源产业合作与绿色发展路径,如推动清洁能源等低碳排放类绿色产业发展路径、"新能源+"与传统产业结合的跨越式发展路径、绿色"一带一路"的"五通"建设路径、多边能源合作新模式及相关机制等。总体而言,现有文献对国际合作战略优化、路径选择研究尚未形成完整体系,还有待深化。

5.生态环保评估与绿色评价。该方向研究文献具有微观、量化的特征,且发表时间较近。其主要涉及三个方面:①生态环保与能源效率。研究主要集中于对"一带一路"合作的生态环境效应、能源效率的评估检验。②碳足迹与"一带一路"绿色发展水平评价。尤其是对"一带一路"能源产业碳足迹、绿色发展水平的量化研究。③可再生能源系统评估指标体系,即构建和检验"一带一路"可再生能源系统(RESs)应用水平的评价指标体系。

(二)研究趋势和文献评述

1.研究趋势。基于学术文献梳理,可发现近年来研究趋势与热点如下:①"一带一路"国际能源合作中的生态环保、能源效率、可再生能源等议题受关注度上升,为深入研究绿色"一带一路"国际能源合作提供了更多文献支撑。②随着绿色"一带一路"发展不断向实、向深,中国与沿线国家在清洁能源方面的国际合作成为炙手可热的研究主题,区域、国家、产业层面的合作开发与技术推广得到越来越多的关注。对国际合作问题、挑战的研究从最初的贸易壁垒、保护主义等市场障碍及机制化、战略互信等政策问题,逐渐细化到绿色基础设施建设、清洁能源技术、产业链等更具体的问题及与环境、劳工、国际舆论等相关的风险上。③对"一带一路"建设中清洁能源国际合作态势、战略、路径、政策等问题专业化、定量化、系统化的解析、评估与优化等逐渐成为研究热点。清洁能源国际合作是绿色"一带一路"建设的关键环节。

2.文献述评。经文献梳理发现:国外研究更多关注绿色"一带一路"建设的意义、合作风险与可持续性,以及清洁能源合作中的环境与可持续发展问题,仍有很多解读偏向歪曲、负面,显示出形势变化发展对我国政府和学界在理念引导和舆论宣传方面提出了新挑战。

中国国内对绿色"一带一路"的理论内涵、总体思路、现实意义等进行了深入探讨,对于清洁能源国际合作,则从区域、国家、产业等层面对合作战略、政策体系、实现路径,以及合作中的风险与挑战等问题进行了广泛关注与深入挖掘,研究重点聚焦发展态势、战略政策、机制模式等问题。

作为"一带一路"倡议的发起国与主要推动国,中国在"一带一路"能源合作中的角色作用也受到学界的持续关注。中国在绿色"一带一路"能源合作中的角色定位仍处于动态变化中,学界对此未给予专门研究。

现有研究存在三点不足:(1)绿色"一带一路"研究尚处于初步探索阶段,理论构架、模式特征、发展布局、实现路径等方面的系统性研究明显不足。(2)现有文献涉及最新发展态势下清洁能源合作中的问题、风险与挑战的研究还比较欠缺。(3)从宏观战略层面,对绿色"一带一路"建设中清洁能源国际合作战略与路径缺乏系统性、可操作的规划设计;从政策实施层面,对中国在绿色"一带一路"清洁能源国际合作中的风险应对思路、优化路径缺乏实操性研究。基于此,本书试图从上述三个方面做出更深的理论探索与学术补充。

五、本书的结构框架与创新点

(一)本书的结构框架

本书的基本框架主要分为四个部分,依次推进。第一部分是理论基础篇,即导言和第一章。导言部分在厘清清洁能源相关概念与国际合作范畴的基础上,对绿色"一带一路"与清洁能源国际合作的逻辑关系作出理论阐释,并分析中国在绿色"一带一路"清洁能源合作中的角色及其重要性。同时,对相关文献进行梳理和述评,对本书的研究价值、创新点做出介绍。第一章则从理论价值、战略导向、政策意义等三个角度阐述绿色"一带一路"的理论内涵,从宏观层面概述绿色"一带一路"的发展态势,从较微观的层次分析绿色"一带一路"合作的影响要素、问题与挑战等,为本书相关的理论、实践等方面的重要问题做出铺垫。

第二部分(第二至八章)为战略分析篇。从清洁能源的国际合作理论、影响因素以及绿色"一带一路"与清洁能源国际合作之间的逻辑关联和互动模式等角度探索绿色"一带一路"倡议下与清洁能源国际合作相关的理论与现实问题,着重梳理清洁能源国际合作基本格局、重点领域,从宏观(区域)、中观(国家)、微观(产业)分层次剖析绿色"一带一路"倡议下的清洁能源合作战略,从清洁能源国际合作的战略框架与重心、对接与协调、互促与互构、创新与融合等视角对绿色"一带一路"建设中清洁能源合作战略的重要问题进行解析。第六、七、八三章分别从上述三个层次甄选案例展开细致专门的区域、国别及项目对比研究,深度分析绿色"一带一路"清洁能源国际合作中的成果成就、现实态势、经验教训等,从而对战略优化与路径选择形成有益的参考。

第三部分(第九至十一章)是战略优化与路径选择思考篇。从战略优化上提出需立足于完善顶层设计、充实战略框架、深化机制建设、提升联动水平等四块"战略基石",打造集多层次、多元化、多形式、多领域于一体,深度复合的清洁能源国际合作战略体系。从路径选择上,提出围绕一个中心(绿色发展理念)、两个主体(中国与绿色"一带一路"沿线国家)、三个维度(区域、国家、产业)、四块"路径基石"(完善政策体系、创设合作平台、加强战略对接、促进绿色"五通")的主线,以加强绿色金融合作、保障资金融通和注重联动发展、促进基础设施互联互通等三个"五通"的重点领域为优先联通方向,引领绿色发展潮流,打造绿色发展示范区,聚焦创新引领,激励科技先行,使绿色"一带一路"清洁能源国际合作走上高质量发展之路。

最后是政策建言部分。基于理论分析与政策评估分别从国家、能源企业角度提出资政建议。针对国家,从国际合作和国内因应两个方面提出优化国际合作战略、实现最优路径选择的建议;针对企业,从创新合作模式、新技术、新业态,加速布局国际化、本土化,注重履行海外社会责任,树立良好海外形象,加强专门人才培育等方面提出提升清洁能源国际合作水平的建议。

(二)本书的创新点

从学术思想、学术观点、研究方法三个方面来看,本书的创新点如下。

1.学术思想。本书将深入探究绿色"一带一路"的理论与政策内涵,对国内外有关绿色发展的经典理论、观点进行总结梳理与对比研究,结合绿色"一带一路"理论与实践以深化绿色发展理论;将清洁能源国际合作战略系统融入"一带一路"国家倡议与决策分析,使国际合作的理论层次更为丰富。

2.学术观点。本书将从学理上深入阐释四个观点:①绿色"一带一路"建设将更有利于发挥我国风电、光伏等清洁能源技术的相对优势,使清洁能源替代作用日益凸显;②清洁能源在可持续性、环境友好性及技术可推广性等方面具有优势,围绕清洁能源的国际开发合作可有效缓解常规油气合作中的现实困境,增强能源安全,深化国际能源合作与"五通"绿色化进程;③天然气是从传统的化石能源向零碳可再生能源转型的"桥梁能源",通过天然气与可再生能源的耦合可解决可再生能源不连续、不稳定的问题,使天然气在绿色"一带一路"建设中发挥基础性能源作用,从中长期来看须将可再生能源高比例利用作为绿色"一带一路"建设的优选发展路径;④我国应抓住以能源革命为核心的世界新产业革命与新时代中华民族伟大复兴进程历史交汇的新机遇,坚持绿色低碳发展、创新驱动、跨越引领,促进国内能源转型与国际能源革命联动协调,调整优化清洁能源国际合作战略,稳步持续地推进绿色"一带一路"建设。

　　3.研究方法。在研究方法上本书的特色与创新点有两个:①根据不同区域、国家清洁能源产业的特点和主要影响因素,采取层次分类法以区域、国家、产业三层次探索国际合作战略,综合探究绿色"一带一路"清洁能源整体合作战略和具体产业合作战略,使战略兼具全面性与针对性。②综合采用文献析出法、情景分析法、层次分析法、比较研究法以及访谈问卷法等典型文科研究方法。通过大量阅读相关经典理论与最新研究成果,确定本书的研究视角、研究思路、研究方法、研究起点、研究方向等,奠定理论基础与方法论基础;参考借鉴国际可再生能源署(IRENA)、BP石油公司等权威能源机构报告中的"新政策""可持续发展""450"等经典情景模式,探求适合我国清洁能源发展的"高比例可再生能源"情景模式,立体分析绿色"一带一路"建设中我国清洁能源开发合作态势与可选择路径;通过从宏观、中观、微观层次上对比重点区域、重点国家、相关产业合作战略,结合中国—中亚天然气管道等典型项目、我国参与"一带一路"清洁能源合作开发的企业案例,为我国清洁能源国际合作战略优化与路径选择做参考;通过对国家能源局等主管部门和中水电、中广核、华能等十余家典型企业参与决策、运营的管理人员与工程技术员,以及沿线国家相关问题专家等进行访谈和问卷调查,从具体经验中探究相关的政策工具与应对策略。

第一章　绿色"一带一路":理论内涵、合作态势及现实问题

绿色"一带一路"具有深厚的理论、现实与政策意义。从理论与政策层面来看,绿色"一带一路"丰富和拓展了"一带一路"的理论内核,须深入阐释绿色"一带一路"的时代性、科学性、适用性,研究其理论价值、总体思路、政策意义,以提供必要的理论支撑。从国际绿色合作的现实层面来看,伴随着绿色"一带一路"规划设计、政策措施及合作项目的逐步落实,仍须准确把握绿色"一带一路"绿色合作的现实态势,全面梳理合作中的现实问题与挑战。本章从绿色"一带一路"国际合作的理论内涵、合作态势及现实问题三个方面,对绿色"一带一路"国际合作进行解读。

第一节　绿色"一带一路"的提出与进展

自 2016 年 6 月习近平主席提出中国愿同"一带一路"沿线国家"携手打造绿色、健康、智力、和平的丝绸之路"以来,中国政府开始逐步从顶层设计上构划绿色"一带一路"。2017 年 5 月,国家发改委、环保部等四部委联合发布《关于推进绿色"一带一路"建设的指导意见》,提出在"一带一路"建设中突出生态文明理念,推动绿色发展,加强生态环境保护,共建绿色丝绸之路。2019 年 4 月,习近平主席在第二届"一带一路"国际合作高峰论坛上强调以绿色为底色,推动"一带一路"绿色基础设施建设、绿色投资、绿色金融等。

从领导人提出战略构想,到相关职能部门行动计划的跟进,再到政策实施与具体项目的落地,绿色"一带一路"建设逐步从理念转为行动,从愿景转为现实,正经历一个逐渐成熟、愈加丰实的过程。绿色"一带一路"从政策层面对"一带一路"倡议的顶层设计进行了完善与创新,从顶层设计到政策规划、配套措施的密集出台,不断加码的政策扶持使绿色"一带一路"的总体布局与政策框架初具雏形。

从理念层面上,绿色"一带一路"引领和深化了绿色可持续发展和生态文明建设的理念与共识。绿色发展是绿色"一带一路"的核心发展思路,它从发展观念上冲破了人类中心主义发展观的藩篱,形成对传统发展观的颠覆;从发展模式上颠覆了传统工业化发展模式,通过环境革命跳出"发展—污染—治理—再发展"的怪圈;从发展前景看,绿色发展是一种在有限的环境和生态承载能力下实现经济可持续增长的新途径,展现出一种别样的、典型的工业经济增长前景。[1] 中国将绿色发展理念与生态文明建设实践有机融合,发展出一套创新、包容并独具特色的绿色发展模式,为"一带一路"国家提供了发展新思路、新模式,中国也逐渐成为区域乃至全球绿色发展理念与思潮的关键引领者。

从实践层面上,数年之间,绿色"一带一路"建设进展颇大。宏观表现在:绿色"一带一路"发展了全方位、多元化的合作伙伴关系,吸引了前所未有的多元性、广泛性和多层次性建设主体,并正在形成开放包容、合作共赢的共商共建共享伙伴关系;绿色"一带一路"建设带动了以"五通"为主要表现形式的国际公共产品绿色化供给取得良好成效,可持续性和能力保障得到增强,并日益迈向制度化轨道。[2] 如今,中国与区域国家在绿色"一带一路"框架下,创设出越来越多的国际绿色合作新领域,打造出越来越多的绿色合作新平台,开拓了绿色发展合作空间,增添了绿色发展新动力。绿色"一带一路"日益成为推动区域高质量发展的新引擎,在共建绿色"一带一路"日益丰富的实践中,区域绿色、高质量发展成效正愈发凸显。

---

① Boqiang Lin, Nelson I. Benjamin. Green Development Determinants in China: A Non-radial Quantile Outlook[J]. Journal of Cleaner Production,2017(162):764-775.

② 于宏源,汪万发. 绿色"一带一路"建设:进展、挑战与深化路径[J]. 国际问题研究,2021(2):132-151.

微观表现在:绿色"一带一路"正通过一系列务实的绿色行动,在绿色基础设施建设、绿色贸易、绿色技术、清洁能源、绿色金融、绿色发展和人才建设等方面做出有益尝试,并带动了沿线国家和地区落实《联合国2030年可持续发展议程》、共建人类命运共同体的实践。^①绿色"一带一路"还从政策实施中衍生出根植于绿色发展与合作的创新型政策工具,如绿色贸易准则、绿色债券与投资基金、绿色财税工具等不断完善的绿色投融资支撑体系。《"一带一路"绿色投资原则》是其中最具效用性的代表,该政策工具系统化地将绿色发展理念融入项目实施、产品开发、风险控制等全流程管理,对国际绿色投资合作起到了重要的指导性作用。

第二节　绿色"一带一路"的理论内涵

绿色"一带一路"是随"一带一路"推进到特定阶段应运而生的,它的提出并非"另立山头",相反,其深厚的理论内涵与清晰的政策导向是对"一带一路"必要的补充与完善。从理论上看,绿色"一带一路"重点聚焦"一带一路"区域的绿色、可持续发展,是在"一带一路"理论基础上的创新与延展;从总体规划与政策设计上看,绿色"一带一路"是在"一带一路"顶层设计与政策框架上的进一步完善。

一、理论价值

绿色"一带一路"的提出是对"一带一路"倡议的深化和创新,也是对"一带一路"合作框架的补充与丰富。理解绿色"一带一路"的理论价值,须紧密联系新时代中国特色社会主义建设的国内新发展格局与"一带一路"倡议推进的国际合作新态势。

第一,绿色"一带一路"是绿色发展理念与"一带一路"倡议具体结合的产物。"一带一路"的绿色化顺应了绿色发展理念在"一带一路"国际合作中的绿色需求与美好设想。绿色"一带一路"是我国在建设生态文明、实现美丽中国梦的伟大实践中,在精确把握"一带一路"沿线国家经济、环境、产业发展现实与未来发展趋势基础上,对"一带一路"倡议的理论创新与内涵补

---

① 于宏源,汪万发.绿色"一带一路"建设:进展、挑战与深化路径[J].国际问题研究,2021(2):132-151.

充,将"一带一路"的理论内涵推向一个更深的层次。

第二,绿色"一带一路"是融合了中国传统哲学的和合智慧与现代生态文明的丰富实践后,对传统西方发展与合作模式的颠覆与革命。西方百余年的工业化进程是造成当今全球气候环境问题的主要因素,该模式已经难以为继。在国际政治经济秩序发生剧烈变革的当下,全球气候环境治理赤字日益突出。

在传统工业时代建立起来的一整套关于发展的理念、模式、体制和政策,必须在生态文明的基础上进行系统转型和重构,以建立起经济、环境、社会、文化和政治"五位一体"相互促进的可持续发展模式。特别是从改革开放以来,中国在自身五千年传统文化与深厚的和合哲学基础上,结合中国特色社会主义的理论创新与"摸着石头过河"的独特探索方式,创造性地发展出一套符合普遍发展规律的新发展理念与可持续发展模式,为其他新兴经济体与发展中国家提供了参考。

第三,绿色"一带一路"的提出是对国际绿色合作、可持续发展的新诠释。在国际合作上,绿色"一带一路"的提出展现出中国作为一个负责任的国家在新的绿色发展理念指引下承担全球气候变化治理、国际经济开放等国际义务的大国形象。在绿色"一带一路"推进中,中国更主动地开放国际合作大门,通过低碳贸易、清洁技术合作、绿色产业链合作等方式为沿线国家带来更绿色、低碳的经济发展模式,切实为全球气候环境治理做出大国贡献。这也对可持续发展与绿色合作做出了具有中国特色的新诠释。

"一带一路"倡议具有深厚的理论内涵,迄今仍在被不断丰富与拓展。绿色"一带一路"的提出与当前时代特点和国际合作现实需求紧密结合,水到渠成,又从绿色发展的理论上对"一带一路"进行了延伸。(绿色)"一带一路"合作实践的不断丰富和落实,将有效扩充(绿色)"一带一路"的理论内涵;与此同时,(绿色)"一带一路"建设的有序推进还有赖于(绿色)"一带一路"理论的进一步深化所提供的深厚支撑。

二、战略导向

绿色"一带一路"的提出具有鲜明的战略性导向与深远的战略性意义。

第一,绿色"一带一路"是"一带一路"倡议的有机组成,它的提出基于重大而深远的战略考量。从战略布局角度看,"一带一路"本身是一种全局性的布局,谋求的是全局发展、整体发展、联动发展和可持续发展。① "一带一路"对我国国际合作、国内发展都具有重要的战略性意义。从全球发展角度看,"一带一路"已成为中国参与全球开放合作、推动全球治理体系改革、促进全球共同发展繁荣和构建人类命运共同体的重要平台;从国内发展角度看,"一带一路"也是中国形成更高层次改革开放新格局和构建国内国际双循环相互促进的新发展格局的重要支撑。②

绿色"一带一路"是"一带一路"倡议构想的重要组成。绿色"一带一路"具有引领区域绿色发展的战略导向性,绿色"一带一路"的提出对"一带一路"倡议整体性、系统性建设与合作框架的构建和完善具有重要意义。

第二,绿色"一带一路"建设对中国绿色发展理念传播及区域生态环境共同体建设具有重要的战略性意义。在绿色"一带一路"建设进程中,强调"一带一路"的绿色发展,致力于缓解当前我国、"一带一路"沿线国家乃至全球面临的能源环境发展困局,顺应了时代的绿色发展需求。改革开放以来,我国在经济环境可持续发展方面经历了环境污染末端治理、可持续发展、科学发展观、生态文明和绿色发展等的螺旋式上升后,当前我国的绿色发展理念开始成为引领全球可持续发展的重要思潮。③

绿色"一带一路"的提出,使中国领先的绿色发展理念流传深广,也为中国与"一带一路"沿线国家乃至全世界共同努力创新发展模式,以突破与超越传统工业化模式的束缚提供了机遇。推进绿色"一带一路"建设是服务打造利益共同体、责任共同体和命运共同体的重要举措。④ 在气候变化治理与碳约束日趋紧张的国际环境下,各国围绕绿色低碳发展的合作日益密切,联动打造绿色利益共同体、绿色责任共同体和绿色命运共同体的前景愈加明朗。

第三,绿色"一带一路"建设具有国际公共产品属性,对中国的软实力与影响力提升、国家形象塑造具有重要意义。"以共商、共建、共享为基本原则的'一带一路'建设,是中国为实现世界和平、稳定、繁荣而提供的一

---

① 王明国."一带一路"倡议的国际制度基础[J].东北亚论坛,2015(6):77-90,126.

② 普华永道,上海国际问题研究院.新形势下全球化转型与"一带一路"倡议的驱动力[R].2020:4.

③ 王海芹,高世楫.我国绿色发展萌芽、起步与政策演进:若干阶段性特征观察[J].改革,2016(3):22.

④ 环境保护部,外交部,等.关于推进绿色"一带一路"建设的指导意见[EB/OL].[2017-04-24].http://www.zhb.gov.cn/gkml/hbb/bwj/201705/t20170-505_413602.htm.

项重要公共产品。"①中国在"一带一路"倡议实施以来,致力于推动与促进地区稳定、经济繁荣、创新理念、发展合作等国际公共产品的补充与完善,在物质性、精神性的多领域、多层次已成为国际公共产品与区域性公共产品名副其实的重要供应者,并在某些国际公共产品领域成为供应的领导者。

绿色"一带一路"建设将衍生出大量绿色公共产品,中国在地区能源转型与环境治理、绿色发展理念创新与实践等公共产品领域,也是主要的提供者和领导者。清洁环保基础设施建设的互联互通、大气治理经验的传播与推广、前沿的生态文明与绿色发展理念的传播与实践等是急需的国际公共产品,也是中国具有相对优势和特色的领域,中国在"一带一路"合作中,自然提供了相关公共产品,也使区域和世界各国分享了中国绿色发展的红利。因此绿色"一带一路"建设及其衍生的国际公共产品属性对中国的软实力与影响力提升、国家形象塑造具有重要意义。

第四,绿色"一带一路"建设与全球可持续发展议程密切联动,将对人类社会可持续发展做出突出贡献。"一带一路"倡议与联合国2030年可持续发展议程目标一致,都致力于推动包容、可持续的经济增长和社会发展。"一带一路"倡议实现沿线各国多元、自主、平衡、可持续发展的愿景与2030议程提出的多项可持续发展目标异曲同工。与此同时,二者的推进均有赖于沟通交流机制以及合作平台的建设,而实施平台也具有共通性,具有形成合力的潜在机遇,可实现平台共享。从能源、环境等方面来看,绿色"一带一路"与2030议程目标中的"经济适用的清洁能源"(目标7)、"可持续的城市和社区"(目标11)、"气候行动"(目标13)等高度契合,二者共同推进合作的潜力巨大。

绿色"一带一路"建设与联合国可持续发展进程相互支撑。联合国秘书长安东尼奥·古特雷斯认为,"一带一路"与可持续发展目标的协调联动是"帮助各国向清洁能源、低碳转型的机会途径"②。联合国可持续发展项目负责人萨哈指出,"一带一路"与可持续发展理念是相互支撑的发展议程,若能将两者成功整合,一种结合了联合国最佳实践与中国最佳领导力的新形式

---

① 李向阳.促进世界和平稳定繁荣的公共产品[N].人民日报,2017-04-23(05).

② UN News Center. At China's Belt and Road Forum,UN chief Guterres stresses shared development goals[EB/OL].[2017-05-14]. http://www.un.org/sustainabledevelopment/blog/2017/05/at-chinas-beltand-road-forum-un-chief-guterres-stresses-shared-development-goals/.

的多边主义将被创立。① 鉴于此,两者密切联动将为全球绿色可持续发展提供源源不断的新动力。

第五,绿色"一带一路"的推进将对世界经济秩序重构、全球气候变化治理产生重要影响。"一带一路"国际合作是中国发起和引领的塑造新型国际秩序、构建公正公平的新型全球治理体系的重要实践。② 共建"一带一路"顺应了全球治理体系变革的内在要求,彰显了同舟共济、权责共担的命运共同体意识,为完善全球治理体系变革提供了新思路、新方案。③

当前,全球治理的难点仍主要集中在世界经济与气候变化治理领域。世界经济复苏缓慢,贸易投资低迷,资源民族主义、贸易保护主义等反全球化逆流成为最现实、最棘手的世界经济问题。面对重重威胁与挑战,中国愈加坚定地以"一带一路"倡议做出强有力回应,倡导和平合作、开放包容、互学互鉴、互利共赢的丝路精神,以务实、高效、命运与共的"中国方案"与"中国智慧"破解世界发展难题。"一带一路"倡议已被越来越多地视为解决全球经济困难和不确定性的一种解决方案。④ 绿色"一带一路"建设将以"中国方案"与"中国智慧"的绿色版本,演绎从传统经济向绿色经济成功转型的高效途径。

在备受关注的全球气候变化治理领域,全球气候变化形势日趋严峻,人类未来的生存与发展面临重重危机。中国成为该领域日渐活跃的负责任大国,中国的十九大报告提出,中国将"引导应对气候变化国际合作,成为全球生态文明建设的重要参与者、贡献者、引领者"。在从参与者到贡献者、引领者的过程中,绿色"一带一路"建设将是中国承诺得以兑现的关键保障。

2017 年 12 月,中国宣布正式启动全国碳排放交易系统,该系统将成为世界上最大的碳排放交易系统。中国表示愿意探索区域性碳排放系统的合作与对接。在国际碳市场上,中国实力潜力巨大,并逐渐占据主导地位。⑤ 2020 年 9 月,中国提出了 2030 年前达到二氧化碳排放峰值,2060 年前实现

---

① Shah Aniket. Building a Sustainable "Belt and Road"[J]. Horizons,2016(7):212-222.

② 秦亚青,魏玲. 新型全球治理观与"一带一路"合作实践[J]. 外交评论,2018(2):14.

③ 新华社. 习近平:推动共建"一带一路"走深走实造福人民[EB/OL]. [2018-08-27]. http://www.xinhuanet.com/silkroad/.

④ Chi Lo. China's Silk Road Strategy[J]. International Economy,2015,29(4):54-55,71.

⑤ Mengyu Li, et al. Emissions, Energy and Economic Impacts of Linking China's National ETS with the EU ETS[J]. Applied Energy,2019(235):1236.

"碳中和"的"双碳"减排目标，将为应对气候变化做出更多努力和更大贡献。绿色"一带一路"建设中，中国将在区域清洁低碳能源转型、气候变化国际治理领域发挥关键性领导作用。通过不断深化气候治理与碳减排的国际合作，中国与绿色"一带一路"沿线国家共同努力，将碳减排从现有的"负向分担"国际分配机制过渡到"机遇分享"的分配机制，并推动合作理念从零和博弈走向合作共赢，这也正是丝路精神的价值体现。

三、政策意义

"'一带一路'最好被理解为一种政策工具，目的是将糅合了国内外事务的许多目标同时、一致地实现。"[1]同样，绿色"一带一路"建设作为一种创新型政策工具对当今中国的国家发展与国际合作也具有丰富的政策意义。

第一，在政策协调方面，绿色"一带一路"建设与我国"美丽中国"、强国之路等宏伟蓝图和发展规划目标契合、理念相通、内外呼应。绿色"一带一路"的核心指导理念与当前我国国内生态文明建设、"美丽中国"等顶层设计及政策架构一脉相承。从十八届五中全会将绿色发展理念作为五大发展理念之一提出，到"十三五"规划全面部署生态文明建设、绿色发展，再到十九大"美丽中国"宏伟蓝图的绘制，生态文明建设、绿色发展等新发展理念被中国政府抬升到空前的高度。民族复兴、"美丽中国"的美好愿景聚焦国内生态文明建设与绿色发展，而绿色"一带一路"建设则从对外开放、国际合作的角度对宏观愿景起到重要的支撑作用。"一带一路"倡议承载着中国继续扩大对外开放的战略重任，推进绿色"一带一路"建设是分享生态文明理念、实现可持续发展的内在要求。[2]绿色"一带一路"将国内治理理念向国际合作领域延伸，开启了通过国际合作共同打造绿色可持续发展示范区域、生态环境命运共同体的新起点。

第二，在国内产业发展方面，绿色"一带一路"建设对促进我国相关产业绿色、可持续发展具有重要的政策价值。近年来，科技创新和产业变革日新月异，绿色、低碳新技术和新产业快速兴起，对全球产业分工和经济地理产生深刻影响。在积极的政策扶持下，我国绿色新兴产业已在全球产业竞争中占据较为有利的地位。

---

① Stephen Aris. One Belt, One Road: China's Vision of "Connectivity" [R]. CSS Analyses in Security Policy, 2016(195):3.

② 环境保护部，外交部，等. 关于推进绿色"一带一路"建设的指导意见[EB/OL]. [2017-04-24]. http://www.zhb.gov.cn/gkml/hbb/bwj/201705/t20170-505_413602.htm.

绿色"一带一路"建设将带动以可再生能源为代表的绿色产业走出去，掀起绿色投融资、绿色基础设施建设热潮，与沿线国家展开绿色产能合作、产业融通。现阶段，我国的风电、光伏太阳能等绿色产业在装机总量、投资额度、技术水平等方面均处于国际领先地位，特别是水电、核电等的国际合作典型项目打造出了中国绿色产业出口的闪亮名片。可以说，绿色"一带一路"建设为我国绿色产业提供了广阔的市场和发展空间。同时，也为电力、交通、建筑等传统工业部门的绿色转型提供了强大的动力和难得的机遇。

第三，在国际合作实践方面，绿色"一带一路"建设将激发我国国际合作政策的思路与模式创新。绿色发展理念以发展模式变革为导向，试图通过颠覆传统工业化的发展模式从根本上解决环境问题，通过环境革命改变人类的命运，从而跳出"发展—污染—治理—再发展"的怪圈。自 21 世纪初，绿色发展理念成为可持续发展领域重要的理论分支与前沿思想，该发展理念逐渐得到国际公认，绿色发展实践也愈加丰富。

推进绿色"一带一路"建设是参与全球环境治理、推动绿色发展理念的重要实践。[①] 围绕绿色"一带一路"建设，中国与区域、国家在绿色产业层面将创造出更多的国际合作议题，打造绿色合作新平台，增强绿色发展新动力，绿色"一带一路"建设将成为区域发展的新引擎。绿色发展具有广阔的合作空间，探索和总结其中有益的绿色合作模式与合作思路，对新时代、新形势下我国"一带一路"绿色合作议题的丰富与完善也具有重要意义。

第四，绿色"一带一路"通过创新型的政策工具助力"五通"顺利实现。五通的实现是"一带一路"倡议的基本保障，随着绿色发展理念逐渐深入人心，新发展格局下的"五通"，应将生态文明建设、绿色发展的理念充分融入绿色"一带一路"合作。基于绿色"一带一路"的国际合作，聚焦绿色基础设施、绿色产业、绿色投融资、绿色贸易、绿色政策及与其相呼应的民心沟通工程，为"一带一路"建设"五通"提供更科学、更可持续的基础条件，更有利于"五通"的实现，产出更加丰硕的绿色发展成果。

综上所述，绿色"一带一路"的提出是在"一带一路"倡议基础上的进一步理论创新、深化与延展，绿色"一带一路"的指导理念与国内生态文明

---

① 环境保护部，外交部，等. 关于推进绿色"一带一路"建设的指导意见[EB/OL].[2017-04-24]. http://www.zhb.gov.cn/gkml/hbb/bwj/201705/t20170-505_413602.htm.

建设、"美丽中国"等政治顶层设计和架构一脉相承，是绿色发展理念与"一带一路"倡议具体结合的产物。从战略意义上看，绿色"一带一路"建设对于完善我国"一带一路"整体布局、传播与引领绿色发展价值理念、协调全球可持续发展议程、应对全球经济环境治理难题等方面有着重要的战略意义。从政策意义上看，绿色"一带一路"的推进将对我国与沿线国家的绿色可持续发展、绿色产业发展与国际合作，以及具体的绿色"五通"建设等发挥重要作用。

第三节　绿色"一带一路"合作态势

"一带一路"倡议现已进入全面渗透、深度融合、加速转型的绿色发展新阶段。绿色"一带一路"的提出恰逢其时，它掀开了"一带一路"绿色合作的新篇章，使"一带一路"建设驶入绿色、高效、可持续发展的鲜明轨道。

一、助推"一带一路"全面铺展

中国在"一带一路"沿线的投资与合作从资源能源开采领域起步，逐渐扩展到金属矿产、运输、高科技、农业、金融和化学等多领域。随着"一带一路"建设的不断推进，合作领域、层次、类别等不断拓展，合作项目日益丰富，围绕绿色"一带一路"建设，区域国家在绿色发展、环境治理、清洁能源开发等领域的合作日益密切，呈现出全面渗透之势，其中以绿色商品、绿色服务与贸易、绿色工程等项目最为引人瞩目。

绿色"一带一路"的绿色发展导向为国际绿色可持续发展带来了新希望，助推"一带一路"绿色合作迈向更细化、更宽广的领域。绿色"一带一路"国际合作逐渐扩展到涉及沿线国家国计民生、生态环保等更核心、更敏感的诸领域，聚焦绿色基建、绿色产业、绿色投融资、绿色贸易及绿色民生民心工程等。在东亚、南亚、中亚、非洲、拉美等"一带一路"区域络绎不绝开工建设的绿色合作项目，为促进"一带一路"区域互联互通、改善人民生活、增加社会就业、优化能源结构等做出了很大贡献，为"一带一路"建设注入越来越多绿色发展新元素。

二、加强"一带一路"深度融合

"一带一路"倡议发展到今天，已初步完成了由点到线到面的互联互通，构建起较为完整的区域间互联互通框架。以青岛、厦门、瓜达尔、海参崴、鹿特丹等港口城市,西安、重庆、乌鲁木齐、塔什干、海得拉巴等中心城市为枢纽,以新亚欧大陆桥、中俄蒙、中国—中亚—西亚、中国—中南半岛、中巴、孟中印缅等经济走廊为重要通道线,以产业示范基地和园区为合作建设的实验区、示范区,"一带一路"建设向周边区域逐渐辐射、深化,现已基本形成"六廊六路多国多港"的互联互通架构。①

绿色"一带一路"以绿色发展新理念与新模式为导向,开启了"一带一路"深度融合的新阶段。中国已与联合国环境规划署签署了关于建设绿色"一带一路"的谅解备忘录,与30多个沿线国家签署了生态环境保护的合作协议。建设绿色丝绸之路已成为落实联合国2030年可持续发展议程的重要路径,100多个来自相关国家和地区的合作伙伴共同成立了"一带一路"绿色发展国际联盟。② 如今中国正引领区域以实现经济高质量发展、解决棘手的生态环境问题为目标,积极布局加快经济结构转型升级、加强生态环境保护、推行绿色可持续发展,有望逐步实现区域经济、社会、文化、生态等各领域的深度融合。绿色"一带一路"建设日渐成为引领区域深度融合的新引擎。

三、引领"一带一路"绿色转型

"一带一路"区域既是发展水平落后区,又是发展方式粗放区;既是人类活动强烈区,又是生态环境脆弱区。其区域资源环境综合绩效指数却远高于世界平均水平。沿线国家经济发展方式的粗放特征明显,普遍存在经济发展与生态环境保护之间的突出矛盾。考虑到发展中国家和新兴经济体对能源需求的不断增长是全球能源和气候治理格局的重要影响因素,绿色"一带一路"国家在碳约束条件下实现能源绿色转型对其自身和国际社会均具有重要意义。③

绿色"一带一路"建设为区域带来绿色转型发展的新机遇。中国以绿色发展理念建设"一带一路",并坚定认为推进绿色"一带一路"建设是分享生

---

① 新华网.习近平:齐心开创共建"一带一路"美好未来——在第二届"一带一路"国际合作高峰论坛开幕式上的主旨演讲.[EB/OL].[2019-04-26].http://www.xinhuanet.com/2019-04/26/c_1124420187.htm.

② 新华网.共建"一带一路"倡议:进展、贡献与展望[EB/OL].[2019-04-22].http://www.xinhuanet.com/2019-04/22/c_1124400071.htm.

③ 许勤华,王际杰.推进绿色"一带一路"建设的现实需求与实现路径[J].教学与研究,2020(5):43-50.

态文明理念、实现可持续发展的内在要求，①中国的绿色发展理念也逐渐成为引领区域乃至全球可持续发展的重要思潮。中国引领"一带一路"区域向绿色发展转型，重新界定了环境保护、经济增长和社会进步之间的关系，使经济社会发展和环境保护相协调，最终有望实现经济繁荣、社会和谐、绿水青山的愿景。

第四节　绿色"一带一路"建设的现实问题与挑战

绿色"一带一路"本质上是"一带一路"沿线各国在绿色发展理念指引下，形成包容开放的国际合作态势，并实现互利共赢、共同繁荣的宏伟构想。绿色"一带一路"建设成效除受到"一带一路"倡议的普遍性影响外，还主要与区域生态环境和绿色发展实践等息息相关。

一、绿色"一带一路"合作中的影响要素

自然生态、经济可持续发展与环境保护，以及能源转型与能源清洁利用等三方面影响要素，是绿色"一带一路"推进中的核心影响要素。

其一，在自然生态方面，"一带一路"沿线有 60 多个国家生态环境比较脆弱。"一带一路"沿线自然环境差异大，灾害类型多样、分布广泛、活动频繁、危害严重，主要气象灾害包括暴雨洪涝、台风、暴风雪、低温严寒、高温热浪、干旱、沙尘暴等。"一带一路"沿线高山区大多地质构造运动活跃，地形高低悬殊，是地震、滑坡、泥石流等地质灾害的高发区。与此同时，沿线多数国家经济欠发达，抗灾能力弱，灾害损失是全球平均值的两倍以上。② 此外，沿线国家还面临空气污染、水资源质量下降、生物多样性锐减、湿地面积萎缩等一系列复杂的生态环境问题，区域内极易出现上述生态环境问题跨境外溢的风险。因此，绿色"一带一路"建设特别是基础设施建设面临着自然灾害、生态危机等重大威胁，尤其对气候变化和生物多样性因素影响较为敏感。对此，绿色"一带一路"建设需尝试各种科技、工程创新，以应对生态环境的挑战与威胁。

---

① 环境保护部，外交部，等.关于推进绿色"一带一路"建设的指导意见[EB/OL].[2017-04-24].http://www.zhb.gov.cn/gkml/hbb/bwj/201705/t20170-505_413602.htm.

② 谭显春，等.气候变化对我国中长期发展的影响分析及对策建议[J].中国科学院院刊，2017，32(9):1029-1035.

　　其二,在经济可持续发展与环境保护方面,由于"一带一路"区域生态环境复杂,经济发展对资源的依赖程度较高,普遍存在工业化、城市化进程中经济发展与生态保护之间的矛盾。中国参与"一带一路"合作的企业多从属于钢铁、水泥、能源设备等传统优势产业,这些产业虽对沿线国家的经济发展与社会进步非常重要,但产业转移、产能合作带来的环境问题也不容忽视。随着绿色发展理念及其实践逐渐影响到各国政策及民众思想,环保意识的增强及劳工组织活动的增加,使我国"一带一路"建设中的环境影响因素与风险日渐复杂多元,环境成本变得越来越高。此种现实促使中国企业在进入之前需严格评估实施绿色发展的前景,将国内经济与环境博弈过程中的经验教训转化应用到"一带一路"建设中,这也是绿色"一带一路"建设面临的最新态势。总之,"一带一路"的绿色低碳化发展,是绿色"一带一路"建设的根本要求。

　　其三,"一带一路"沿线能源转型与能源革命,是绿色"一带一路"建设的重要现实,也是促进其顺利推进的有效手段。在当前全球气候变暖日趋严峻、国际减排压力逐渐增大、清洁能源开发利用与科技推广方兴未艾的大背景下,无论是中国,还是"一带一路"沿线国家,能源转型与能源革命都势在必行,能源革命与能源转型的发展态势直接影响到绿色"一带一路"建设的成效。能源转型是从传统化石能源向清洁能源,特别是向可再生能源的转变,能源革命则要求能源生产、能源消费与能源效率的彻底转变,两者层级递进,共同作用于绿色发展进程。在此进程中,提高能源效率可以在不减缓经济增长的同时减少能耗和排放,而可再生能源对化石能源的替代可以催生更清洁低碳的能源消费结构,从而促进能源转型与能源革命。基于此,能效提高与清洁可再生能源的替代利用成为绿色"一带一路"建设的目标要素。因此,绿色"一带一路"建设应聚焦能源领域的清洁能源开发,节能、绿色、环保科技的创新与传播,以及通过绿色发展与国际合作提高沿线国家的能源效率。

　　概言之,自然生态、经济可持续发展与环境保护以及能源转型与能源清洁利用三方面是影响绿色"一带一路"国际合作的核心要素,三者密切关联、相辅相成,自然生态及环境保护是绿色"一带一路"国际合作的紧迫任务,经济可持续发展是绿色"一带一路"建设的基本要求,能源清洁利用与能源转型则是绿色"一带一路"顺利推进的有效解决方案。

二、绿色"一带一路"建设的现实问题与挑战

绿色发展理念旨在冲破人类中心主义发展观的藩篱，修正人类控制、改造自然的模式，最终对传统发展观形成颠覆性的革命。经过几十年的理论演进与实践验证，绿色发展理念已成为引领全球绿色发展潮流的前沿思潮。然而在实践领域，却仍没有形成足以扭转传统发展模式与人类环境生存危机的全球性行动。绿色"一带一路"在延续承接绿色发展理念、丝路精神的基础上，可为此种实践的不足提供可行性愿景与发展路线图，为沿线区域、国家绿色发展提供最佳实践、参考模式等。在绿色"一带一路"建设的推进中，需明确存在的现实问题与挑战，未雨绸缪，尽力扫除合作中的障碍。

"一带一路"国际合作在多个领域存在诸多现实问题。在这些现实问题中，除了政治、经济、社会文化等几大类常规问题，还出现了生态环境、技术与运营等新领域的问题，这些新问题中的很多细节问题，在国际合作中不可回避，且影响比重日益增加。表 1-1 对这些现实问题进行了梳理归类。

表 1-1　绿色"一带一路"清洁能源合作中的现实问题

现实问题	具体因素
生态环境争议	碳排放、环境负面影响
	土地获取问题
	安置与重建问题
社会文化冲突	语言、文化交流障碍
	民族主义、民粹主义思潮
	反对的社会组织及运动
	民间负面舆情
政治因素	国家内部（利益集团）缺乏协调
	政治环境不稳定
	能源安全与地缘战略困境
	政治互信赤字
	机制化程度不足

续表

现实问题	具体因素
政策问题	政策一致性问题
	规制协调问题
	合作规划空缺
	标准对接不足
经济因素	外部投资动能不足
	市场透明度不足
	市场角色缺乏
	金融风险
	关税、汇率波动
	商品销售风险
技术与运营问题	技术标准不统一
	合作规范不足
	数据与信息共享不充分
	合同执行与项目进展问题

　　绿色"一带一路"是"一带一路"的有机组成,绿色发展是"一带一路"倡议中最根本的原则。绿色"一带一路"建设除面临"一带一路"普遍存在的问题与挑战外,还需在合作中克服其特有的"绿色"相关问题与挑战。

　　第一是绿色转型与绿色发展的成本问题。绿色转型与绿色发展是绿色"一带一路"建设的核心要义,绿色发展是一种创新的经济发展模式,是在环境保护下努力实现可持续发展的一种经济增长途径,它为人类提供了另一种典型的工业经济增长前景。①从传统发展模式到绿色发展模式必须经历绿色转型的过程。绿色转型不仅仅指向一种新的经济增长模式,而且它重新界定了环境保护、经济增长和社会进步之间的关系。在这一新的范式中,经济社会发展和环境保护相互促进,以实现经济繁荣、社会和谐、绿水青山的

---

① Boqiang Lin, Nelson I. Benjamin. Green Development Determinants in China: A Nonradial Quantile Outlook[J]. Journal of Cleaner Production, 2017(162):764-775.

美好愿景。①

然而,绿色转型与绿色发展岂是易事?首先,最直接的挑战在于沿线国家的绿色转型难题。"一带一路"沿线国家大都是发展中国家,这些国家历经不同的发展阶段,基本确立了其在国际生产合作分工中的地位。路径依赖与沉没成本等给绿色转型与绿色化造成很大的障碍,如很多沿线国家长期依赖传统的劳动密集型产业,短期内无法做到为追求绿色化而放弃其主导产业。此外,工业化落后、科技水平不足,容易导致绿色技术与绿色发展"陷阱"问题,表现在某国政府虽认同绿色发展理念,却因技术、人才、管理、政策等方面不匹配现实发展,在绿色转型中造成了更严重的生态环境破坏、更多的资源浪费和碳排放等,绿色发展进退失据。因此,绿色发展与绿色转型应因地制宜,绿色"一带一路"应分层分类、循序渐进地实现。

第二是绿色技术创新推广与市场渗透的难题。推进科技创新,从产品的设计、制造到废弃物处理等生产全过程使用资源高效利用技术、清洁生产技术、循环利用技术、污染治理技术等,才可从根本上转变生产方式,实现绿色发展。② 绿色低碳技术的创新与推广对绿色"一带一路"建设有着显著成效。

现实中绿色技术的市场渗透与推广面临诸多困难,最棘手的难题是对于技术创新者来说,收益是进行技术创新与推广的主要动力,而大多数环境问题的"双重外部性"③会挫伤技术创新者进行绿色创新与推广的意愿,削弱其创新动力。加之缺乏专门的金融机制为绿色发展提供激励,技术转让和能力建设可能满足不了沿线国家的需求,从而使绿色发展失去可持续性。

---

① China Council for International Cooperation on Environment and Development (CCICED). National Governance Capacity for Green Transformation:Final Report[R]. 2015:16.

② 张乾元,苏俐晖.绿色发展的价值选择及其实现路径[J].新疆师范大学学报(哲学社会科学版),2017(2):25-32.

③ 绿色创新除了拥有一般创新所具有的溢出效应之外,还存在外部环境成本问题,这使得绿色创新具有由"溢出效应"和"外部环境成本"产生的"双重外部性"。参见Rennings Klaus,et al. The Influence of Different Characteristics of the EU Environmental Managementand Auditing Scheme on Technical Environmental Innovations and Economic Performance [J]. Ecological Economics,2006,57(1):45-59. Rennings Klaus,Rammer Christian. The Impact of Regulation-driven Environmental Innovation on Innovation Success and Firm Performance[J]. Industry and Innovation,2011,18(3):255-283. 转引自李旭.绿色创新相关研究的梳理与展望[J].研究与发展管理,2015(2):1-11.

而绿色技术市场渗透与技术转移方面,"知识鸿沟"成为最大问题,包括缺乏信息共享意识、缺乏监管框架、缺乏标准和认证、缺乏熟练的专业人员和训练设施等。① 绿色技术创新推广与市场渗透尚有许多现实问题亟待解决。

第三是国际合作中执行的环境标准不严格与不一致问题。由于"一带一路"沿线多为发展中国家,最优先关注的仍是经济发展、基础设施等紧迫的现实需求,因此在劳工管理、福利待遇、法律诉讼、社区环保、人文宗教等领域监管往往较为宽松,中国企业出于自身利益考量也可能将不太严格的施工、服务贸易标准直接套用在与东道国的合作项目中。但随着各国在上述领域的管理越来越精细,我国企业在"一带一路"投资经营方面的一系列问题将会逐渐凸显。

国际能源合作涉及的环境问题尤为引人注目。不同国家根据其现实条件,在对外投资合作中对环境的要求和标准不尽相同。东道国出于发展目的引入投资并在国家的环境监管中放松标准,从而可能对遵从国际、国内环保法规造成侵蚀。② 绿色发展理念不足可能导致项目在实施过程中背离绿色"一带一路"发展的基本原则,对绿色"一带一路"的声誉与形象造成损害,引发一系列环境、社会负面效应,从而扼杀发展的可持续性。这就要求绿色"一带一路"建设中合作双方应始终采取严格的环保标准,并尽力统一区域环保标准。

第四是绿色"一带一路"建设中的社会运动风险与舆情问题。东道国内部安全与政治环境不稳定、政策法律频繁变更、汇率波动剧烈、社会运动频发等政治经济社会问题会对合作推进成效产生直接的负面影响。而海外项目涉及诸多环保、社区、劳工问题,相关社会运动易发频发。如欧盟对项目的环保要求极高,在噪声、污水、生态链保护等方面有明确且细致的规定;拉美地区国家环保标准也非常严苛,各类非政府环保组织极为活跃,本地居民对涉及土地占用、搬迁补偿、生态保护等事项比较敏感,甚至可能聚众围堵道路和施工区域,进行暴力示威游行。在巴西、秘鲁、阿根廷等重要的拉美投资对象国,本国工人对权利和福利保障的要求颇高,当地工会势力强大,

---

① Mutasem El-Fadel. Knowledge Management Mapping and Gap Analysis in Renewable Energy:Towards a Sustainable Framework in Developing Countries[J]. Renewable and Sustainable Energy Reviews,2013(20):576-584.

② Bettina Gransow. Chinese Infrastructure Investment in Latin America——An Assessment of Strategies,Actors and Risks[J]. Journal of Chinese Political Science,2015(20):282.

罢工抗议活动频发。① 由于当地民众受教育水平不高，知识观念不足，民心沟通不畅，中国投资、承建的项目很难被理解或认可，甚至可能遭到抵触、抵制。总体上，严苛的环保标准、强大的工会组织、频繁的罢工与社会运动等都对中国企业的海外投资形成了较大的挑战。

国际舆情方面，近年来，一些西方媒体以"债务陷阱""环境威胁论"等负面舆论刻意扭曲、丑化中国在绿色"一带一路"国际合作中的行为与形象，质疑中国的战略目的与合作形式，批判"一带一路"倡议及其实施对生态环境造成了破坏。② 绿色"一带一路"建设面临环境敏感度较高、中资企业境外项目环境管理意识及能力不足使生态环境影响可能被炒作放大等环境与舆论方面的挑战。③ 为满足共建国经济发展与电力需求，中国在"一带一路"沿线国家投资建设火力发电站，被频频质疑削弱对象国减排能力，阻碍其《巴黎气候协定》目标的完成；甚至被批在解决本国污染的同时，却将碳排放"出口"到沿线国家。④ 总之，绿色"一带一路"推进过程中负面舆论如影随行，舆情压力较大。

第五是"一带一路"沿线区域复杂的环境所带来的风险与挑战日益严峻的问题。2020年，新型冠状病毒疫情对世界经济、国际合作产生了重要影响：全球供应链的运转受到多重打击，供给端的重要产业链面临断裂风险，欧美的经济活动减缓、需求减少，全球供应链出现临时性中断；加之全球金融市场动荡的传导影响产生叠加效应，增加了全球经济发展的不确定性，可能引发全球供应链的重构、整合或再平衡；⑤ 国际可再生能源市场需求短期下降明显，围绕有限的国际市场、工程项目的竞争激烈程度有增无减；疫情之下民粹民族主义、反智主义等负面思潮与举措愈加肆虐，东道国政府、社会、业主、金融机构等也对外国投资、贸易设置了更高的要求和审查条件，使

---

① 中华人民共和国商务部,中国对外承包工程商会. 中国对外承包工程国别(地区)市场报告 2019—2020[R].2020:199,265.

② Han Lei,et al. Energy Efficiency Convergence Across Countries in the Context of China's Belt and Road Initiative[J]. Applied Energy,2018(213):112-122.

③ 李昕蕾."一带一路"框架下中国的清洁能源外交——契机挑战与战略性能力建设[J].国际展望,2017(3):36-57.

④ Herberg M E,et al. Asia's Energy Security and China's Belt and Road Initiative[R]. The National Bureau of Asian Research Special Report,2017(68):59.

⑤ 中华人民共和国商务部,中国对外承包工程商会. 中国对外承包工程国别(地区)市场报告 2019—2020[R].2020:287.

自由贸易、全球化进程受阻。绿色"一带一路"合作因此举步维艰。

中国企业仍普遍缺乏对合作对象区域、国家的信息与情报的掌握,这是其在国际合作中的一个软肋。中国的清洁能源企业积极响应绿色"一带一路"建设,承建了大量绿色发展所需的软硬件配套设施,其中不乏大型民生基建项目,助力沿线地区向现代生活、清洁能源跃迁。但这些企业大都是国际市场上的新手,对相关区域、国家及国际合作的政策,项目申报通道和流程,环境标准等政策性内容,以及合作对象国的政治经济、社会文化、法律法规、投资环境等相关信息及动态的掌握相对滞后或者严重不足,这导致在项目实施过程中受各种复杂因素影响,进程拖延甚至被搁置,出现"烂尾"的情况。项目进展不力往往与项目前期评估调研不足有关,这也对绿色"一带一路"建设造成了负面影响。

综上,绿色"一带一路"推进过程中受到各种复杂现实因素的动态影响,问题与挑战亦处于动态变化与交融复合中。绿色"一带一路"的推进将是一个漫长曲折而逐渐成形成熟的过程,须辨识影响要素,审慎应对现实问题与挑战。

第五节   本章小结

绿色"一带一路"具有丰富的理论价值、前沿的理念引导,也是一种新型政策工具,它的提出是对"一带一路"倡议的理论创新与框架完善,对"一带一路"的绿色可持续发展起到提纲挈领的作用。如果说"一带一路"是一幅精心勾勒的"工笔画",绿色"一带一路"则是勾画锦绣绚丽风景的主线条。

在现实影响因素与现实问题方面,自然生态、经济可持续发展与环境保护、能源转型与能源清洁利用是绿色"一带一路"推进中的三个重要影响要素,三种要素的影响由浅到深渐进。在这三种要素的综合作用之下,绿色"一带一路"推进面临绿色转型成本高、绿色技术渗透难、绿色标准不严格不统一,以及绿色发展的软硬件基础设施配套不完善、负面舆论压力较大等一系列现实问题与挑战,须对上述问题与风险进行精准识别与系统性评估。

绿色"一带一路"是一项宏伟而系统的工程,其推进路径曲折而渐进。秉承共商共建共享原则,"一带一路"才能走深走实;践行绿色发展,"一带一路"才能行稳致远。

第二章　绿色"一带一路"与清洁能源
国际合作:基本格局与重点领域

改革开放以来,中国的国际能源合作规模日益扩大,合作形式日渐多元,通过不断创新合作方式、拓展合作对象、延伸合作链条,我国能源国际合作模式从单一走向全面综合。[①]　近年来,中国清洁能源国际合作规模、质量、效益都在持续全面提升。合作领域从单一新能源模组、半成品出口转变为装备、技术、标准、服务"四位一体"输出;合作模式从最初单一进口能源资源、引进技术设备,到工程援建、投资并购、项目承包、运营服务等多元形式灵活组合;清洁能源合作区域也从最先的周边地区(东亚、西亚等地区),扩展到亚欧大陆、非洲、南美等广阔的"一带一路"区域,乃至全球遍地开花。

本章在梳理绿色"一带一路"清洁能源国际合作成果的基础上,探索绿色"一带一路"下清洁能源国际合作的基本格局与重点领域,为进一步发掘清洁能源国际合作的战略方向、合作重点等做出理论铺垫。

第一节　　绿色"一带一路"清洁能源合作成果概览

"一带一路"框架下能源合作成果层次多样、内容丰富,主要包含政策文件与合作规划、合作平台与合作论坛、合作基金与融资机制等三方面(见表 2-1)。

[①] 刘建国,梁琦."一带一路"能源合作问题研究[J].中国能源,2015,37(7):17-20.

表 2-1 绿色"一带一路"建设代表性成果汇总

政策文件与合作规划	合作平台与合作论坛	合作基金与融资机制
绿色丝路使者计划(2011)	东亚峰会清洁能源论坛(2014.8)	中国—东盟投资合作基金(2010.4)
《推动共建丝绸之路经济带和21世纪海上丝绸之路的愿景与行动》(2015.3)	"一带一路"环境技术交流与转移中心(2016.12)	中国—中东欧投资合作基金(2012.4)
《推进绿色"一带一路"的指导意见》(2017.4)	中阿(阿拉伯)清洁能源培训中心(2018.7)	丝路基金(2014.12)
《"一带一路"生态环境保护合作规划》(2017.5)	国际能源变革论坛(2018.10)	气候变化"南南合作"基金(2015.9)
《推动丝绸之路经济带和21世纪海上丝绸之路能源合作愿景与行动》(2017.5)	"一带一路"绿色发展国际联盟(2019.4)	中国—阿联酋共同投资基金(2015.12)
"一带一路"应对气候变化"南南合作"计划(2019.4)	"一带一路"生态环保大数据服务平台(2019.4)	中非产能合作基金(2015.12)
"一带一路"绿色投资原则(2020.4)	中国—欧盟能源合作平台(2019.5)	"一带一路"绿色投资基金(2020.4)

注:绿色丝路使者计划、中国—东盟投资合作基金、中国—中东欧投资合作基金等合作项目产生于"一带一路"倡议提出之前,后被纳入"一带一路"合作成果。

一、政策文件与合作规划

有关"一带一路"倡议的政策文件、行动(合作)规划、指导意见等从政策规划层面不断完善顶层设计,近年来中国政府陆续出台了《推动共建丝绸之路经济带和21世纪海上丝绸之路的愿景与行动》《推进绿色"一带一路"的指导意见》《"一带一路"生态环境保护合作规划》《推动丝绸之路经济带和21世纪海上丝绸之路能源合作愿景与行动》等,强调推进清洁能源的开发利用、严格控制污染物及温室气体排放、提高能源利用效率、推动各国能源绿色高效发展的重要性。

合作规划方面,在国际合作机制框架内,中国与国际能源署、国际能源论坛、国际可再生能源署、清洁能源部长级会议等专业国际能源合作组织及机制签订了一系列的合作规划、协议、备忘录等;在"一带一路"框架下,中国与区域内主要国家以签订宣言、协议、公报、备忘录或条约等形式逐渐明确了加强合作的意愿、领域及模式等。上述政策文件与合作规划虽有涉及清洁能源国际合作议题,却未对战略规划、重点方向、合作细则等做出明确部署,清洁能源国际合作的规划设计有待加强。

二、合作平台与合作论坛

绿色"一带一路"规划对中国清洁能源合作平台创设提出新要求:规划建设一批绿色产业合作示范基地、绿色技术交流与转移基地、技术示范推广基地、科技园区等国际绿色产业合作平台,打造"一带一路"绿色供应链平台,可为中国引领绿色发展与能源合作提供保障。[①]

2019 年 5 月,中国—欧盟能源合作平台正式启动,强调在能源系统、能源效率、可再生能源、创新实体四个领域深化中欧合作,合力推动清洁能源转型。近年"一带一路"合作中还陆续创设了能源合作俱乐部、能源合作伙伴关系等新的能源合作平台,在区域(清洁)能源合作中的平台作用日益凸显。

在次区域层面,与东盟、阿盟、中东欧等次区域机构共建新的清洁能源合作平台。中国依托"一带一路"积极实施中国—东盟清洁能源能力建设计划,推动中国—阿盟清洁能源中心和中国—中东欧能源项目对话与合作中心建设;通过建立东亚峰会清洁能源论坛等,推动能力建设与技术创新合作,已为 18 个国家提供了清洁能源利用、能效等领域的培训。[②] 次区域清洁能源合作新平台已成为绿色"一带一路"清洁能源合作体系的重要组成。

中国促成的区域合作论坛主要有国际能源变革论坛和东亚峰会清洁能源论坛,分别由中国与国际可再生能源署、东亚峰会组织共同创设,它们在推动国际能源变革、深化清洁能源合作交流上发挥出重要的平台性作用。

三、合作基金与融资机制

绿色金融合作是绿色"一带一路"建设的催化剂,高质量的绿色金融合作给区域清洁能源合作注入了强劲的发展动力。"一带一路"项目融资主要通过三种机制:一是中国政府层面出资的亚投行、丝路基金、中国欧亚合作基金、中国中东欧合作基金、中国东盟海上合作基金等多个基金;二是世界

---

① 新华网.共建"一带一路"倡议:进展、贡献与展望[EB/OL].[2019-04-22].http://www.xinhuanet.com/2019-04/22/c_1124400071.htm.

② 国务院新闻办公室.新时代的中国能源发展(白皮书)[R].2020.

银行、亚洲开发银行等国际多边金融组织融资;三是各种商业机构资金和以
PPP(公私合作模式)模式参与的民间资本融资。[①]"一带一路"融资方式也
呈现日益多样化的趋势,包括贷款、担保、股权投资等多种类别。

中国在绿色"一带一路"金融合作中处于主导性地位。近年来中国通过
主导亚投行、丝路基金等金融机构,在区域投融资领域的影响力日渐提升,
现已为 3 个清洁能源项目融资,包括阿联酋迪拜哈斯彦清洁燃煤电站、巴基
斯坦卡洛特水电站和埃及卢克索联合循环电站。中国还与众多国际多边组
织合作共建了国际性、区域性融资合作机制,如中国—东盟投资合作基金、
中国—中东欧投资合作基金等,积极推动"一带一路"绿色金融合作,成为区
域重要的融资者和绿色金融合作机制建设的领导者。

2020 年 4 月"一带一路"绿色投资基金落地,与同为第二届"一带一路"
国际合作高峰论坛成果的《"一带一路"绿色投资原则》全面对接,突出协同
效应。基金围绕绿色环境、绿色能源、绿色制造和绿色生活等四个方向开展
投资,全面支持各地区复工复产,推动新基建建设,扩大对外开放。

上述成果虽然有些仍处于协商、备忘阶段,却具有顶层设计、统揽规划
的重要价值。随着绿色"一带一路"深入推进,具体合作成果还将不断丰富。

第二节　绿色"一带一路"下清洁能源国际合作的基本格局

随着"一带一路"从轻描淡写的"大写意"转向精谨细腻的"工笔画",清
洁能源国际合作格局也在发生持续而深远的变迁。总休而言,天然气将发
挥能源转型的重要"桥梁"角色,逐渐占据国际能源合作的主流;中国的核
电、特高压等技术推广应用将引领"一带一路"区域电力快速普及;可再生能
源领域已基本形成了以水电、光伏和风电项目合作为先导,光热等领域项目
合作齐头并进的全方位、多层次格局,[②]绿色"一带一路"已经构建起了相对
完整的清洁能源国际合作框架。具体而言,现阶段绿色"一带一路"清洁能
源国际合作形成了如下格局。

---

① 杨斌,李冬红,汤玲玲."一带一路"中国与中东欧国家的合作共赢[M].北京:清华大
学出版社,2019:56.

② 中国新能源海外发展联盟."一带一路"可再生能源发展合作路径及其促进机制研
究[R].2019:8.

一是清洁能源的中长期替代趋势日益显现。当前世界能源发展已呈现出智能化、低碳化甚至零碳化趋势。在能源政策变化和新技术发展的影响下，全球能源系统将从以煤炭与石油等化石能源为主，进入广泛利用天然气和可再生能源，并探索利用氢能和新式核能的新阶段。随着能源创新力量的不断积蓄，以及国家能源政策的倾斜与变化，世界能源体系进入了一个根本性的变革时期。[1] BP 报告展望，至 2040 年，天然气与可再生能源占一次能源的比例将分别上升到 17.5%（年均增长 7.1%）和近 50%（年均增长 1.7%），[2]天然气与可再生能源两种清洁能源几乎"瓜分"了煤炭、石油等传统化石能源占比下降的部分。

近年可再生能源开发成果十分显著。据 REN21 统计，2019 年全球可再生能源装机总量超过 200GW，创造有史以来最大规模增长。[3] 其主要原因是可再生能源价格的持续降低。在全球大部分国家和地区，可再生能源的生产成本已经低于传统化石能源。价格替代优势有助于清洁能源更大范围的推广，全球可再生能源替代与能源转型进程也向纵深推进。自"十三五"时期，中国已实施"四个革命、一个合作"能源发展新战略，着力构建清洁低碳、安全高效的能源体系，规划从以煤炭为主导的高碳能源时代向以可再生能源为主导的低碳能源时代的跨越式发展。

为达成《巴黎气候协定》的温控目标，截至 2019 年底，全球已有 172 个国家制定了不同强度的可再生能源中长期发展规划，113 个国家（地区）实施可再生能源上网电价政策，109 个国家实施可再生能源竞拍机制。[4]绿色"一带一路"区域各国也围绕各自国家自主认定贡献，开始积极布局清洁能源开发，加强区域清洁能源合作。按照 31 个"一带一路"国家自主认定减排贡献的规划，到 2030 年可再生能源新装机容量将至少达到 327GW，或将实现每年 22GW 的线性增长。[5]在绿色发展理念引领下，中长期发展"一带一路"区域清洁能源的替代趋势将日趋明显。

二是私营企业日渐成为清洁能源合作的主体。中国海外能源投资主体

① 国家应对气候变化战略研究和国际合作中心. 中国推动全球气候治理和国际合作的战略和对策研究[R]. 2020:14.

② BP. BP Energy Outlook(2019 edition)[R]. 2019:79.

③ REN21. Renewables Global Status Report(GSR)2020[R]. 2020.

④ 水电水利规划设计总院. 中国可再生能源国际合作报告（2019）[R]. 2020:1-3.

⑤ World Resources Institute. Moving the Green Belt and Road Intitiative:From Words to Actions[R]. 2018:21

主要包括国有能源企业、工程承包建设企业、光伏风机设备制造商等。通过海外投资数据对比可见,中国国有企业虽在化石燃料发电领域的投资占据绝对优势,但同期在光电、风电上的投资却不足十亿美元。相比之下,私营企业在可再生能源领域内展现出更灵活、更有效率的特点。中国私营企业在光伏和风电上投入巨资,总额达上百亿美元。在中国私营企业海外电力市场的投资格局中,近三分之二(64%)流入了可再生能源领域。①

形成此种格局的一个重要原因是,综合实力相对较强的私营企业难以获得大型国有企业能源投资背后如国家开发银行、中国进出口银行、四大国有银行以及丝路基金等机构雄厚的金融支撑,因此这些私营企业海外项目融资的方式以商业银行贷款为主,而商业银行贷款的贷款成本较高,故这些私营企业选择规模较小、交易成本更低、周转更快的可再生能源项目进行投资。可再生能源国际合作开发领域因此成为私企的投资沃土。

三是中国清洁能源海外投资的聚集性特征仍比较显著。从区域上看,中国海外能源投资表现出突出的区域聚集性。作为国际市场的后起之秀,中国企业倾向于选择在"一带一路"沿线发展中国家和新兴经济体实施生产经营活动,从而形成了区域分布不均衡的格局,这正说明中国企业尚处于从点式分散型向链式集群型发展的过渡时期。②

海外合作园区反映出典型的区域聚集特征。从在建或已建成的海外园区合作建设项目来看,在东南亚、南亚等地区,绿色产业园区建设日益盛行。巴基斯坦真纳工业园、越南光州工业园、泰国罗勇工业园等国际合作园区内聚集了大量具有国际竞争力的中国光伏、风电企业,中国的可再生能源产业在这些园区内逐渐形成规模化、产业化优势,产生规模效益。产业园区的不断扩张也使清洁能源国际合作由点到面的格局逐渐成形。

从行业上看,中国对"一带一路"沿线能源投资呈现明显的行业集聚化趋势。在中国对"一带一路"沿线国家跨国并购的行业分类数据中,能源(占比55.6%)、金属开采及冶炼业(占比11.6%)排名前两位,资源类并购占比

---

① World Resources Institute. Moving the Green Belt and Road Initiative: From Words to Actions[R]. 2018:18

② 陆长平,袁洋,杨柳."一带一路"倡议下中国企业走出去融资路径研究——基于货币政策视角[J]. 国际贸易,2019(1):8.

67.2%,①表现出明显的资源寻求型特征。中国海外可再生能源投资的加速将有望打破现有的集聚性、资源寻求型特征。

从投资流量、存量看,电力、交通、石油石化、建筑建设等传统行业仍然是中国海外投资的重心。电力工程是中国海外投资重头,仅"一带一路"倡议实施的前五年(2013—2017年),中国主要电力企业在"一带一路"沿线国家年度实际完成投资3000万美元以上的项目有50多个,总金额912亿美元。其中,水电占据绝对比例。② 随着绿色"一带一路"建设的推进,中国投资的结构将逐步优化,绿色投资占比将逐步提高。可再生能源、科学研究和技术服务等绿色产业、新兴生产服务业,以及高铁、核电等高新技术装备制造业的投资将持续增加,逐渐打破海外投资中传统行业集聚的现有格局。

四是清洁能源合作模式多样,合作体系正不断升级优化。近年来,中国的能源国际合作模式正在从传统模式向"纵向复合""横向规范"和"交叉主动"的新模式发展,③合作体系也在不断完善。清洁能源国际合作则是发生此种转变的最典型领域。目前中国在水电、光伏、太阳能热水器等领域已与全世界80多个国家展开了多项合作,形成了设备制造、联合研发、工程设计与建设,以及项目投资与经营等全面的国际合作体系,开始在全球范围内引领生态文明建设。④ 中国企业进行海外资源开发主要采取:中外合资开发、产能购买、并购模式、风险勘探、租赁经营以及资源互换模式等六种模式。此外,中国企业还探索出了"政府推进、开行融资、企业承贷、信保担保"四位一体的开发模式。⑤ 多种多样的合作形态将逐渐改变上述资源寻求、行业集聚的合作格局。

在海外能源工程方面,中国能源企业不断探索灵活多样的对外合作形式,以建设—拥有—运营—移交(BOOT)、工程总包(EPC)、并购、参股、签署

---

① 中华人民共和国商务部. 中国对"一带一路"沿线国家直接投资现状与成因分析[EB/OL]. [2017-11-19]. http://12335. mofcom. gov. cn/article/ydylycjzl/201711/1923400_1. html.

② 新华网. 我国电力企业五年签约"一带一路"项目912亿元[EB/OL]. [2018-07-26]. https://baijiahao. baidu. com/s? id=1607051818416711465&wfr=spider&for=pc.

③ 许勤华,袁淼."一带一路"建设与中国能源国际合作[J]. 现代国际关系,2019(4):7.

④ 中国商务部国际贸易经济合作研究院,等. 2017中国企业海外可持续发展报告——助力"一带一路"地区实现2030年可持续发展议程[R]. 2017:28.

⑤ 何帆,朱鹤,张骞. 21世纪海上丝绸之路建设:现状、机遇、问题与应对[J]. 国际经济评论,2017(5):116-133.

战略合作协议、建设工业园区等多种形式参与绿色"一带一路"可再生能源合作项目,充分发挥出在不同产业领域的相对竞争优势。"一带一路"倡议实施以来,中国参与海外工程的模式不断优化,如国际电力工程项目的承揽方式从 EPC、工程总包＋融资(EPC＋F),逐步发展到股权收购＋绿地开发、投建营一体化,并注重项目管理(PM)项目和委托运营(O&M)项目的运作,逐渐推进资本、管理经验和运维能力输出。① 水电、火电等工程建设业务模式也在从单一的 EPC、EPC＋F 逐步向建设—运营—移交(BOT)、建设—拥有—运营(BOO)、BOOT、PPP 等多元模式转变。

综上,现阶段绿色"一带一路"清洁能源合作动态变化快但总体形势向好,正在向更合理的格局发展。未来还需进一步优化合作框架、聚焦重点领域,实现区域清洁能源资源的优化配置,更深入地推动清洁能源开发合作。

第三节   绿色"一带一路"下清洁能源国际合作重点领域

"一带一路"倡议从提出到今天,能源合作始终是合作的重点领域。在传统能源国际合作范围内,以资源开采与运输、基础设施建设、能源服务与装备、能源利用与转型、能源治理平台建设等为五大重点领域。清洁能源国际合作从属于能源国际合作,但作为"一带一路"绿色、低碳发展合作的前沿方向,清洁能源国际合作又与传统能源合作有着诸多区别。在绿色"一带一路"框架下,清洁能源在四大国际合作领域重心明显、发展势头突出,这四大合作领域代表着清洁能源国际合作的重点领域。

第一,绿色"一带一路"建设使绿色基建合作成为首要领域。绿色"一带一路"将加大绿色、环保基础设施的建设,推进环保产业技术转移与交流合作示范基地、环保产业园区建设,并在基建过程中更多地采用清洁和环保技术,以利于基础设施升级与区域能源结构、生态环境的改善。

实践表明,充足的基础设施可促进更有效的市场竞争和更灵活的供应,基础设施也是能源国际合作的重要保障。在当前全球经济增长乏力的大背景下,"一带一路"沿线低收入国家国内基础设施不足,急需资金和技术实现本国基础设施和制造业的更新换代,而中高收入国家则需要寻求新的经济

---

① 中华人民共和国商务部,中国对外承包工程商会.中国对外承包工程发展报告(2019—2020)[R].2020:104.

增长点,发展高端技术、产业。① 愈加紧迫的现实需求给绿色"一带一路"清洁能源基建、互联互通带来了现实合作的基础。绿色"一带一路"沿线国家在清洁能源基础设施建设,互联互通的项目设计、管理、工程建设、运营等领域开展广泛合作,有望在区域内率先建成多边参与、有机链接的国际合作网络。

中国与非洲的基建合作给这片资源丰富的古老大陆带来了新的发展机遇。在"一带一路"框架下,以"路"为代表的中国基建效应不断展现,铁路、公路、机场、桥梁等基建项目进一步打通和加强了非洲国家之间的物理联结,加强了非洲的互联互通,帮助非洲破除自贸区建设的重大瓶颈。②在与非洲的清洁能源合作中,能源管线、水电站、风电场、电网等基建合作项目如火如荼。不断加码的中非基建合作使广大非洲落后地区享受到现代能源,对非洲大陆的能源转型升级和经济追赶做出了重要贡献。

基础设施建设互联互通进展飞速的另一个区域是亚洲。近年来"一带一路"油气管网共建在亚洲地区取得突破性进展,中俄东线天然气管道、中亚天然气管道 A/B/C 线、中缅天然气管道等天然气合作项目成功通气,每年上千亿立方米的天然气稳定输入中国,既保障了中国的天然气供应安全,又加强了区域间清洁能源基础设施的互联互通。而在电力互联互通方面,东盟、东北亚、南亚等地区的跨境电力合作也大大促进了区域间电力贸易的畅通。

第二,绿色"一带一路"清洁能源投资贸易的新形式、新业态日渐占据主流。随着"一带一路"的全面渗透与深度融合,中国的海外投资结构从传统的建筑、采矿、制造、农林、房地产等领域,逐渐拓宽至贸易、制造业、互联网和旅游业等新领域,且进一步拓展了一批新业态、新模式(如 PPP、BOT 等)下具有国际竞争力、影响力的绿色国际合作项目,在清洁燃煤、水电、核电等清洁能源项目上,中国更打造出海外工程项目的新名片。2017 年 1 月,中国国家发改委等 13 个部门和单位联合建立"一带一路"PPP 工作机制,与联合国欧洲经济委员会签署合作谅解备忘录,共同推动 PPP 模式更好地运用于"一带一路"建设合作项目,推动相关基建项目顺利落地。此外,中国还广泛采取股权参与、海外建厂、技术合作研发、并购等多元合作形式,灵活参与海

————————

①　史小今.中巴经济走廊能源合作:重点、案例、风险及对策建议[J].国别和区域研究,2019(3):21-40,163.

②　中华人民共和国商务部.中国对外投资发展报告[R].2019:78.

外清洁能源投资与合作。

近年来中国与"一带一路"区域的天然气贸易规模持续增长,亚马尔半岛液化天然气开发项目体现出中俄天然气投资贸易的高水平与中俄能源贸易关系的紧密性。2013年,中国石油天然气集团公司通过协议购买了亚马尔半岛液化天然气开发项目20%的股权,占亚马尔半岛液化天然气总开采量的18%。2015年,中国国家融资机构并购亚马尔半岛液化天然气开发项目9.9%的股权,作为协议的一部分,中国又从丝路基金中提供7.3亿欧元、为期15年的贷款,为该项目开发提供资金。2017年12月,中俄亚马尔液化天然气项目正式投产。2020年6月,亚马尔液化天然气项目的首批液化天然气开始运往中国。① 2019年6月,中石油、中海油还作为主要参股方参与亚马尔地区另一大型液化天然气项目"北极LNG 2",各持有10%的股权。②

在清洁能源装备贸易方面,能源装备贸易可直接应用于中国在"一带一路"区域的清洁能源资源投资和生产项目,既可促进中国技术、先进装备"走出去",也有利于区域清洁能源开发水平的整体提升,实现双赢。近年来,中国核电装备"走出去"取得了丰硕成果。在"一带一路"国际合作框架下,中国依靠自主三代核电技术与全产业链的比较优势,将"华龙一号"技术、装备等销往阿富汗、巴基斯坦、英国、阿根廷等国家,并与欧洲、南美、地中海沿岸等"一带一路"沿线数十个国家进行了核电输出的接洽与备忘。

第三,绿色"一带一路"区域能源转型形势迫切而清洁能源合作前景广阔。由于中国与沿线众多发展中国家都处于欠发达阶段,发展与民生问题是首要目标,因此在能源开发与合作过程中首先将低廉易得的传统化石能源作为优选能源。而区域内工业、交通、建筑等传统产业牢固的基础地位与能源转型缓慢的现实格局,使产业结构难以在短期内得以根本扭转,阻碍着"一带一路"的绿色发展。

中国的能源革命与能源转型在绿色"一带一路"区域树立了典范。根据中国国家发改委能源研究所报告,到2050年,中国一次能源供应中可再

---

① 21世纪经济报道.诺瓦泰克:与丝路基金完成亚马尔项目9.9%股权交易[EB/OL].[2016-03-16].https://m.21jingji.com/article/20160316/herald/effb8cda79473a17498443fb48ce0f76.html.

② 新浪财经.中石油中海油再联手,同时拟入股北极大型LNG项目[EB/OL].[2019-06-07].http://finance.sina.com.cn/roll/2019-04-26/doc-ihvhiqax5227531.shtml.

生能源占比可达 62%。① 中国也引领了天然气、可再生能源等清洁能源开发合作的热潮,2014—2018 年,中国企业在"一带一路"沿线 64 个国家以股权投资形式参与建成的风电、光伏项目累计装机 12.6GW。"一带一路"倡议实施也加速了该区域可再生能源开发,2014—2018 年,中国企业以股权投资形式建成的光伏项目是 2009—2013 年同类型项目装机量的 2.8 倍。②

绿色"一带一路"区域有着较大的资源开发和电力需求,加大可再生能源开发是实现能源转型的必然选择。预测 2020—2030 年,以"一带一路"重点参与国发布的可再生能源装机规划目标水平为基础,沿线 38 个国家的可再生能源装机总量有望达到 644GW,风电、太阳能总投资有望达到 6440 亿美元。③ 绿色"一带一路"区域可再生能源投资开发前景十分广阔。

第四,绿色"一带一路"机制化合作打造了越来越重要的清洁能源国际合作平台。"一带一路"具有包容性、综合性的合作平台的本质属性,而绿色"一带一路"则在绿色合作、能源环境治理方面发挥着愈加明显的平台作用。绿色"一带一路"建设中,中国引导创设了较多区域清洁能源合作平台与机制,提供了丰富的区域性公共产品。2019 年 30 个国家共同签署启动了"一带一路"能源合作伙伴关系,将可持续发展和推进清洁能源开发利用写入了合作原则中,建成了区域重要的清洁能源合作平台;近年来中国启动了"一带一路"沿线国家 10 个低碳示范园区建设、100 个减缓和适应气候变化项目、1000 个应对气候变化培训名额的合作等,并与 80 多个国家开展了太阳能、风能、水电、生物质能以及核能等清洁能源领域的合作。④这些合作机制、合作项目深切惠及沿线地区国家,也对联合国 2030 年可持续发展议程做出了特别贡献。

绿色"一带一路"框架下的清洁能源合作既是推动中国清洁能源产业发展的重要途径,也是优化区域能源治理格局的关键方向。绿色"一带一路"框架下,以中俄等重要参与国为主导建立的双多边清洁能源合作机制,与现有合作机制有效对接协调,日渐构建起一个驱除合作障碍的共同平台——

① 国家发展和改革委员会能源研究所.中国 2050 高比例可再生能源发展情景暨路径研究[R].2015.

② 绿色和平组织."一带一路"后中国企业风电、光伏海外股权投资趋势分析[R].2019:2.

③ 中国新能源海外发展联盟."一带一路"可再生能源发展合作路径及其促进机制研究[R].2019:6.

④ 刘向东.中国落实联合国 2030 可持续发展议程的政策实践[R]//中国国际经济交流中心,等.中国可持续发展评价报告(2019).北京:社会科学文献出版社,2019:109.

"清洁能源合作俱乐部",它通过促进共识、密切交流与信息共享,可以解决"一带一路"区域传统地缘政治争端问题,具有非机制化、灵活性特点的"清洁能源合作俱乐部"将成为未来绿色"一带一路"合作中的一大亮点。

总之,以上四大合作领域形成了绿色"一带一路"清洁能源国际合作的主体框架。国际清洁能源合作向纵深迈进,衍生出能源绿色贸易、绿色投融资、生态环境风险共担、绿色产业国际标准对接等新兴前沿领域,亟待区域国家展开更深层次、更细化的国际合作与区域融合。

第四节　本章小结

"一带一路"倡议提出以来,从总体布局到精准实施,从"大写意"到"工笔画",国际影响力不断提升,合作吸引力持续释放。绿色"一带一路"建设使区域得以共享绿色发展的生机与活力,也为区域清洁能源合作开创了新思路、新架构,提供了创新合作平台。

现阶段绿色"一带一路"清洁能源合作的基本格局是:化石能源的开发投资仍是近期能源合作的主流,但天然气、可再生能源替代效应渐趋明显;私营企业而非实力雄厚的国有企业日渐成为清洁能源合作的主体;清洁能源合作区域分布由分散化向集聚化转变,中国清洁能源海外投资合作也逐渐由资源寻求性和行业聚集性向多元化、多样化的产业类别与合作形式发展,综合作用形成了现有清洁能源国际合作的复杂格局。

绿色"一带一路"清洁能源国际合作目前有四大重点领域:绿色基建、清洁能源投资贸易、区域能源低碳化与能源转型,以及清洁能源合作的机制化与平台建设。绿色"一带一路"建设使绿色基建合作成为首要领域;在能源投资贸易领域,绿色"一带一路"建设下的新形式、新业态日渐成为清洁能源合作的主流;能源利用低碳化趋势与各国能源转型需求使清洁能源国际合作的重要性更加突出;绿色"一带一路"建设的机制化加深,创设出越来越多、越来越重要的能源环境治理与清洁能源合作平台。

当下,绿色"一带一路"清洁能源合作框架初具雏形,合作格局基本稳定,合作重点领域日益突出。深度探究绿色"一带一路"框架下清洁能源国际合作的基本格局与重点领域,有助于在既有格局下厘清、优化清洁能源国际合作战略,规划布局清洁能源重点合作领域,并为进一步发掘清洁能源国际合作的战略方向、实现路径、合作重点等做出重要的理论铺垫。

第三章　绿色"一带一路"清洁能源区域合作战略：对接与协调

　　绿色"一带一路"的内涵是以生态文明与绿色发展理念为指导,坚持资源节约和环境友好原则,将绿色发展和生态环保融入"一带一路"建设的各方面和全过程。①其中防控生态环境风险、提高产能合作的绿色化水平、加强节能环保国际交流合作等都是重要的议题,而清洁能源的国际合作又是串联起这些重点议题的主线之一。

　　对于中国而言,通过"一带一路"倡议,以"五通"为目标建立以中国为重要枢纽的区域乃至国际市场,在周边区域打造和平稳定、合作共赢的区域共同发展空间,是"一带一路"承载的历史使命和深远意义所在。绿色"一带一路"建设中,清洁能源国际合作对于"一带一路"倡议总体价值的发挥与区域绿色发展具有重要意义。

第一节　绿色"一带一路"清洁能源区域合作战略要素

　　清洁能源国际合作战略是我国能源国际合作战略的有机组成部分,战略动机、战略规划、战略制约等多层面要素影响了清洁能源国际合作总体布局。一个定位清晰、目标明确、具有战略前瞻性与实操性的清洁能源国际合

---

　　①　中国环境与发展国际合作委员会.绿色"一带一路"与联合国 2030 年可持续发展议程(专题政策研究报告)[R].2019:10.

作战略,对于区域清洁能源共同开发与合作、能源转型与可持续发展、国际生产价值链的布局与重塑,都具有十分重要的意义。

一、战略动机

绿色"一带一路"的提出可从宏观、中观、微观三层次分析,三个层次都与"一带一路"倡议密切相关。从宏观上讲,"一带一路"倡议提出时正值世界经济持续低迷,国际政治经济秩序深度转型,全球治理问题赤字凸显与领导力缺失的国际环境,国内环境则是综合国力、国际地位、国际影响力稳步提升,经济结构亟须升级与供给侧改革("三去一补一降"),亟待更高质量的发展与更深层次的开放。因而"一带一路"倡议的提出有对冲美日主推用来制衡中国区域贸易主导权的跨太平洋伙伴关系(TPP)、繁荣以中国主导的区域自由经济体系,提升中国在全球产业价值链中的地位的动机。"一带一路"倡议的实施将逐步改变美国主导亚太及全球贸易的局面,"一带一路"区域国家相互依赖、融合程度的加深,将使区域经济秩序、权力结构更趋平衡。

"一带一路"倡议以利益共同体、责任共同体、命运共同体为理念,以和平合作、开放包容、互学互鉴、互利共赢为精神,以共商共建共享为原则,其理论构想比现有大多数区域经济一体化机制的目标更宽泛。"一带一路"的规划目标"五通"不仅仅是一个单纯的目标,也是"一带一路"的战略动机之一。"五通"构划出的政策、贸易、设施、资金、人员在区域乃至全球互联互通的未来愿景,是实现人类命运共同体的必要条件。其中,基础设施建设是处于发展中阶段的国家所急需的。沈大伟认为,基础设施建设是中国展现影响力和影响东南亚地区秩序的重要维度,[1]还有国外学者认为,通过"基础设施外交","一带一路"倡议具有"改变或重写全球战略偏好"的潜力。[2]"一带一路"发展效应也比较明显,巴基斯坦、俄罗斯、老挝、柬埔寨、印度尼西亚等国对"一带一路"倡议的响应最为积极,遵循共商共建共享原则,与中国合作在基础设施建设及其他领域取得了累累硕果,实现了双赢。通过"一带一路"的基础设施建设合作,中国许多周边国家改变了对美国的依赖,转而加深与中国的合作,由此看来,"一带一路""五通"有望成为抑制美国构建的

---

① David Shambaugh. U. S. -China Rivalry in Southeast Asia: Power Shift or Competitive Coexistence? [J]. International Security, 2018, 42(4): 85-127.

② Gerald Chan. Understanding China's New Diplomacy: Silk Roads and Bullet Trains [M]. Cheltenham: Edward Elgar, 2018: 36-36, 68-89.

"反华包围圈"，降低中国周边战略威胁的理想工具。

从中观的中国国家发展战略上讲，绿色"一带一路"的动机与国家资本、企业"走出去"息息相关。进入 21 世纪以来，"走出去"战略逐渐成熟，对中国企业参与全球化竞争与合作、全球产业链分工与布局、获取海外市场与先进技术等起到了重要的战略导向作用。"一带一路"倡议将"走出去"战略融合进更综合、更宏大的战略构想中，推动着中国经济高质量发展与国际合作的深化。

随着"一带一路"建设的深入推进，中国的对外合作从开始的寻求战略性资源、占领市场、获取投资回报，逐渐转向区域合作共赢、绿色可持续发展，以实现人类命运共同体为主要考量，力求经济、社会与环境效益的有机统一，打造出更绿色、更环保、更透明、更可持续的绿色"一带一路"。绿色"一带一路"的提出顺应了绿色可持续发展的国际发展趋势，绿色惠民工程深得区域国家民心，清洁能源的国际合作成为绿色"一带一路"实现的重要依靠。

从微观的产业链、价值链层面来讲，促进优质产能合作、打造能源产业价值链一体化是"一带一路"建设的重点内容之一，也蕴藏着中国占据绿色产业竞争优势的战略动机。在全球价值链中，中国正处于一个不断由低端向中高端上移、由国内向国外转移的过程，而"一带一路"建设为这种价值链的延伸与跃升提供了重要平台。

数十年来改革开放和拥抱全球化使中国在全球价值链及区域价值链中具备了全面的、不可替代的上接下引能力。通过在产能合作、技术转让、标准对接、管理能力建设和流程简化等多方面的国际合作，中国在全球产业链、价值链中的地位日渐加强，将跨越货物和资本流动两个周期。[①]在国内大循环、国际国内双循环的新发展格局下，绿色"一带一路"将使中国具有竞争优势的绿色产业链、价值链由国内向国外延伸，产业结构由低端向中高端跃升。

科学合理的国际产业分工对于中国及"一带一路"区域的绿色发展具有重要的战略意义。这是因为科学合理的产业分工不仅可以实现产业输入地与输出地发展的双赢，减少不必要的中间环节与交易成本，而且从生态建

---

① China Development Bank(CDB)，United Nations Development Programme(UNDP)，The School of Economics，Peking University(SEPKU). The Economic Development Along the Belt and Road 2017[R]. 2017.

设、能源有效利用方面,也实现了生产要素的有效配置;建立国际资源配置示范机制,同时也是促进绿色发展和开展生态文明建设的过程。① 在中国引领下,清洁能源国际合作将促进区域产业升级和整体合作水平的提升,引起绿色"一带一路"区域产业分工格局的重塑。

总之,绿色"一带一路"的战略动机是多层次、多元化且具综合性的,综合性的战略动机与多元化的战略手段相辅相成,对实现绿色"一带一路"目标愿景至关重要。

二、战略规划

绿色可持续发展对于"一带一路"的成功推进至关重要,因而绿色"一带一路"必然成为"一带一路"的核心目标之一。绿色"一带一路"清洁能源国际合作需在与国内清洁能源发展有机联动的前提下,制定具有科学性、前瞻性的战略目标、政策方针、实现路径及配套措施等。

推进"一带一路"建设工作领导小组办公室所发布的政策文件为绿色"一带一路"国际合作设计了较为明确的战略规划:努力与更多国家签署建设绿色丝绸之路的合作文件,扩大"一带一路"绿色发展国际联盟,建设"一带一路"可持续城市联盟。建设一批绿色产业合作示范基地、绿色技术交流与转移基地、技术示范推广基地、科技园区等国际绿色产业合作平台,打造"一带一路"绿色供应链平台,开展国家公园建设合作交流。②该战略规划对"一带一路"绿色发展与国际绿色合作提出了建设绿色联盟、示范基地、合作平台等新的发展要求,展现出中国积极承担国际合作领导责任、引领区域绿色发展的大国担当。

可再生能源国际合作是绿色"一带一路"清洁能源合作的重点,在中近期,围绕可再生能源合作构划的战略规划需最先成型。坚持稳步推进原则,规划 2020 年前中国以参与"一带一路"沿线重点区域可再生能源项目为主,扩大可再生能源项目海外投资的宣传和推广,提升中国可再生能源企业的国际影响力;2020—2025 年及以后,将逐步完善可再生能源一体化项目的开发及智慧能源、微电网等项目的应用和推广,着力提高中国企业在"一带一

---

① 黄晓勇,祝捷.世界能源发展报告(2019)[M].北京:社会科学文献出版社,2019:293.

② 新华网.共建"一带一路"倡议:进展、贡献与展望[EB/OL].[2019-04-22].http://www.xinhuanet.com/2019-04/22/c_1124400071.htm.

路"区域内可再生能源市场的参与度与市场认可度。① 在此基础上,绿色"一带一路"清洁能源合作可因地制宜、因势利导,在不同区域逐渐展开清洁能源合作战略规划与政策制定。

绿色"一带一路"是一个美好而远大的理想,却潜藏着高度复杂性。实现绿色"一带一路"的清洁能源合作战略目标,需在宏观层面制定区域、次区域总体合作规划,以及区域整体互联互通的蓝图。在此蓝图下制定政府间协议,建立政府间合作机制,并积极实施区域国家间能源、电力的互联互通。进一步细化清洁能源合作战略规划,还需协调政策和监管框架,缩小政策、法规和标准方面的差距,制定通用规范、行业技术标准,以及努力促成绿色投融资、绿色贸易等清洁能源合作平台与机制的建设等。总之,绿色"一带一路"下的清洁能源合作战略规划将在不同层面、不同合作领域发挥不可或缺的导向作用。

三、战略制约

绿色"一带一路"推进中,清洁能源区域合作存在四个方面的战略制约。

第一,美国的掣肘是绿色"一带一路"面临的最严峻的战略挑战。中国综合国力、区域及国际影响力的提升,中国模式与价值观的国际传播,都被美国视为加速美国"相对衰落"的直接威胁,使美国冷战思维盛行,进而强化了中美战略对立之势。特朗普任期内,美国陷入了经济萧条、社会分裂、民生凋敝的严重混乱,此种态势更易激起美国国内民族主义、保守主义、反智主义等各种思潮的泛滥,对华敌视升级,从政治、军事、战略上加大了对中国的压制力度。

作为一个已经维持了半个多世纪霸权的大国,美国仍可动用其强大的地缘政治影响力、科技优势、金融霸权等对"一带一路"倡议、对中国的国际战略形成掣肘。美国政府针对我国的"一带一路"建设正在形成明确的战略对冲方案,突出表现为"印太战略"。"印太战略"在地缘上不仅和海上丝绸之路的主体高度重叠,而且涵盖陆上丝绸之路的多数经济走廊区域(中国—中南半岛经济走廊、中巴经济走廊、孟中印缅经济走廊,以及中国—中亚—西亚经济走廊)。② 而中国具有相对竞争优势的战略性新兴产业、可再生能源

---

① 中国新能源海外发展联盟."一带一路"可再生能源发展合作路径及其促进机制研究[R].2019:7.

② 李向阳."一带一路"的高质量发展与机制化建设[J].世界经济与政治,2020(5):51-70.

产业,成为美国重点打压的领域,清洁能源国际合作的重要战略部署也日益受到美国的牵制。

拜登政府在关键新兴技术上采取"小院高墙"式的精准打击策略,使中美高技术"脱钩"事态日趋严峻。拜登的"绿色新政"在国内重新聚焦清洁能源技术研发与产能提升,将对中国产业技术的国际地位形成冲击;在国际上联合加拿大、欧盟、英国、澳大利亚等西方盟友从投资审查、贸易关税、技术转让等领域对来自"特别关注国"中国的可再生能源等方面的高新技术、新兴战略性产业进行遏制打压。从战略态势看,美国领导的西方集团将锁紧包围圈,严重影响绿色"一带一路"建设的推进,对此需加以警惕。

第二,出于地缘政治与意识形态对抗的目的,西方国家对中国投资的审查机制愈加严苛,增加了战略协调难度。2018 年 8 月,美国《外资投资风险评估现代化法案》(FIRRMA)正式生效,进一步加强了美国国家安全审查机制,对于"对美国国家安全至关重要的敏感技术"、美国战略资产及高新技术企业并购等制定了严格的限制性政策。特别严格审查来自"特别关注国"中国对高新技术的投资。在该法案影响下,美国对外投资审查委员会(CFIUS)审查干预并终止或取消了涵盖电信网络、半导体、电动汽车、数字地图以及能源矿产行业等多种行业的并购案,①涉及高新技术的清洁能源行业也受到很大影响。

2019 年 3 月欧洲议会和欧盟理事会通过《欧盟外资审查框架条例》,并于 2020 年正式实施。该条例审查范围包括关键基础设施、关键技术和两用物项、关键投入的供应、敏感信息的获取等方面。此外,欧盟正酝酿两用物项和关键技术的出口管制、数据安全和隐私规则、采购规则和竞争政策等领域的改革。②此外,加拿大、澳大利亚、新西兰等国家对中国投资的审查政策也在逐步收紧。在战略互疑、政治对立加剧的中西方关系氛围下,中国与"一带一路"区域国家的绿色发展合作、清洁能源合作不断受到"五眼联盟"等西方反华势力的干扰。未来中国对欧美新能源投资并购的不确定性将进一步增加,清洁能源合作的战略协调难度也将进一步加大。

第三,宏观战略规划与现实需求之间的不协调,对绿色"一带一路"清洁能源的可持续发展合作形成了一定的战略制约。清洁能源是绿色"一带一路"的重点合作领域,清洁能源国际合作需规划清晰的战略目标、方向与愿

① 中华人民共和国商务部.中国对外投资发展报告[R].2019:89.
② 中华人民共和国商务部.中国对外投资发展报告[R].2019:83.

景。从战略目标与方向上,中国在"一带一路"框架下的清洁能源国际合作战略目标与重点方向依然模糊,也缺乏具有区域针对性的清洁能源合作战略安排。而当前"一带一路"有些建设项目过于宏大,超量的供应远远超出了当地可承载的容量,因而经常出现中国的宏大规划布局与本地人口较少、需求不足的现实不匹配的困境。在清洁能源基础设施互联互通尚未实现的现实条件下,风、光、水电等清洁能源项目大都需要本地消纳,在"一带一路"沿线地区,很多发展中国家受限于电力系统灵活性和韧性不足、基础设施老化等,可再生能源发电并不能在短时期内解决并网及消纳难题,即使得到中国的大力援助与扶持,其发电比例也只能维持在较低水平,而需求不足造成的资源浪费、运营管理困难等问题短时期内仍无法缓解。

随着可再生能源的不断渗透,分散化、去中心化的产销格局与现有能源电网之间的并网、输送、消纳等难题日益显现,而行政阻隔是最直接的一道障碍。若区域、国家间囿于传统地缘政治影响无法就能源、电力交易达成产销协议,并形成一体化的清洁能源电力市场,则会频繁出现比较严重的"弃风""弃光"等问题,对区域可再生能源的发展与合作形成了战略制约。

第四,"黑天鹅""灰犀牛"等不断打破既有的战略布局,在中短期内形成战略挑战。2020年"黑天鹅"新冠肺炎疫情蔓延全球、影响深远,也对清洁能源合作造成较大影响。对于许多"一带一路"沿线国家来说,疫情使全球经济陷入衰退,正常的经济活动与人文交流被迫中断,绿色"一带一路"的合作布局受到较大影响,已开工项目被迫延期或暂时搁浅。

疫情的另一个负面效应是可能加剧"逆全球化"思潮与保守主义政策的影响。新冠疫情时期,一些西方发达国家为其在产业链上对中国的严重依赖深感不安,急于从国家安全角度做出产业战略调整,采取措施把涉及国家安全的产业重新转回国内。这些国家提出供应链"去中国化",实施技术"脱钩"、经济制裁、产业转移等政策,使遵循自由市场调配的国际产业链被强制割裂,全球产业链供应链进一步收缩,区域化、近岸化、在岸化的特征更趋明显,使我国产业外移的压力进一步增大,[①]可能导致产业链中断、产能合作受阻。

然而,新冠肺炎疫情的冲击也打开了"一带一路"框架下清洁能源合作战略布局调整的新窗口。新冠肺炎疫情引起资本市场的低利率和低成本,为大力投资新基建提供了融资便利。疫情中也可见绿色科技与能源创新的

---

① 王一鸣.百年大变局、高质量发展与构建新发展格局[J].管理世界,2020(12):1-12.

价值,推广绿色建筑可适度减缓疫情扩散速度,使用更高效的现代能源可适度抵消疫情对经济的消极影响。因此,"一带一路"建设需抓住新冠疫情给可再生能源等新产业、新业态快速成长提供的机遇,化危机为契机,加快清洁能源产业布局与国际合作战略布局。

当前世界处于一个充满变革、变数横生的时代,在绿色"一带一路"清洁能源合作领域,除了难以预测的"黑天鹅"冲击,全球气候变化给环境生态带来的严重破坏等具有更大概率、更强破坏力的"灰犀牛"危机也可能到来,成为影响清洁能源开发与合作的重大战略挑战。对于这些突发事态与危机,应提前做出战略预判与预警,充分准备好应对的战略工具与战略方案。

第二节　绿色"一带一路"区域合作战略对接与协调路向

区域合作战略的对接与协调是保障绿色"一带一路"有效推进的战略关键。当前,区域合作对接与协调主要聚焦两个路向:纵向上是与全球、区域、次区域及国别战略的垂直对接;横向对接则可理解为"一带一路""五通"领域与相应的全球、区域、次区域及国别的领域性战略的平行对接。战略对接的协同性事实上要求纵向对接和横向对接内部及其相互间的协调配合。① 绿色"一带一路"区域国际合作战略对接与协调对象层次多元、事务繁杂,因而分层次、分议题建构绿色"一带一路"区域国际合作战略对接与协调机制方是务实之举。

一、纵向对接与协调

在全球层面上,"一带一路"倡议与联合国2030可持续发展议程的战略对接具有重要的国际合作意义。联合国2030可持续发展议程是国际社会最有影响力的发展议程,与"一带一路"倡议开放、绿色、廉洁的理念相通,与"一带一路"高标准、惠民生、可持续的目标契合。为真正实现"一带一路"倡议与"2030议程"的有机融合,二者还需要在制度设计、项目选择与落实、发展绩效衡量等多方面进行有效对接。"2030议程"可持续发展目标7(SDG7)——可负担的清洁能源,旨在确保到2030年所有人都能获得可负担、可靠、清洁、现代的能源,与绿色"一带一路"清洁能源发展目标最

① 张春."一带一路"高质量发展观的建构[J].国际展望,2020(4):111-131,153-154.

为契合,可协同共建。

当前,中国尚不具备构建以自身为主导的清洁能源国际合作体系的能力。"一带一路"框架下建立的"一带一路"绿色发展国际联盟、"一带一路"绿色制冷倡议、"一带一路"绿色照明倡议等合作组织和网络,都以加强现有多边机制和推进 2030 年可持续发展议程落实为目的。[①] 绿色"一带一路"清洁能源合作聚焦于加强国际可再生能源开发和能源效率提高,"2030 议程"提出的可持续发展目标可为绿色"一带一路"沿线国家提供战略目标和指导框架,沿线国家可在成熟的国际合作、绿色发展指标体系框架下,完成战略目标与国际战略的对接。

在区域、次区域层面上,由于"一带一路"既不是国际组织,也不是实体,而是具有国别性质、具有一定灵活性的"软机制",因此在对接对象、对接内容上都存在一定的模糊度。"一带一路"实质上是由中国政府主导的合作倡议,其渐进性、发展导向性决定了其初创期只能是一种区域多边合作机制,其机制化建设要么在现行多边贸易机制之外构建一套全新的规则体系,要么在现行多边贸易机制框架下制定新规则,而不应复制现行区域经济一体化的机制化模式。[②] 这要求绿色"一带一路"清洁能源合作需在继续遵循包容性原则的基础上,探索、创新与共建国家清洁能源合作战略对接的方式。

中国在推进"一带一路"倡议过程中秉承共商共建共享原则,绿色"一带一路"的规划、对接与协调以颇受欢迎的绿色领域合作、绿色发展战略对接与协调为先导,契合沿线国家经济结构升级、能源转型、绿色发展等现实需求,一定程度上减少了区域国家间的战略对冲,并为与区域性国际战略对接做出了政治铺垫。东盟的发展实践证明,具有东亚特色的非约束性、舒适性的机制化安排有利于区域多边合作与战略对接。绿色"一带一路"区域在清洁能源合作领域的机制化建设、战略对接已得到国际社会、国际机构以及沿线国家的广泛响应,中国所倡导的与东亚模式相似的循序渐进的合作模式与战略对接逐渐被区域国家接纳和认可。

———————

① 中国环境与发展国际合作委员会.绿色"一带一路"与联合国 2030 年可持续发展议程(专题政策研究报告)[R].2019:8.

② 李向阳.亚洲区域经济一体化的"缺位"与"一带一路"的发展导向[J].中国社会科学,2018(8):33-43.李向阳."一带一路"的高质量发展与机制化建设[J].世界经济与政治,2020(5):51-70.

　　在与区域多边组织的对接中,"一带一路"倡议正依托现有的多边国际组织与机制作为战略对接的主要平台。多边合作机制的综合性与影响力使其有能力在现有合作框架内促进信息资源与最佳实践的共享,促进超国家(国际组织)、国家、次国家(地方政府)等不同层次行为体在能源新技术、能效、智能电网、可再生能源市场招投标等领域共享信息、专业知识和最佳实践,从而提高区域清洁能源开发的系统效率与合作水平。"一带一路"国家参与的国际多边能源合作机制众多,主导性国家缺失、机制碎片化等问题导致合作凝聚力和行动效力不足,因此现阶段中国的机制化合作策略重点是对接现有国际能源合作机制,增进机制间的沟通协调,降低制度成本与行政阻力,减少碎片化。2019 年 5 月,中国—欧盟能源合作平台正式启动,该平台对于深化中欧能源合作与清洁能源开发有着重要的战略意义,成为中欧能源战略对接的"试金石"。近年"一带一路"建设中陆续创设的能源合作俱乐部、能源合作伙伴关系等合作新机制,也在区域清洁能源战略对接协调中发挥着重要作用。

　　在与次区域多边组织的对接中,中国依托金砖国家峰会、上海合作组织、东盟、阿盟、澜沧江—湄公河合作、欧亚经济论坛、中非合作论坛等平台,签署合作共建"一带一路"谅解备忘录,以"一带一路"清洁能源与生态环保合作作为先行先试的重点领域,在绿色可持续发展战略目标上达成共识、完成对接,并辐射到关联区域与国家。中国和东盟双方在可再生能源、能效等领域的互补优势明显,2013 年 10 月,中国与东盟成员国领导人发表的《纪念中国—东盟建立战略伙伴关系 10 周年联合声明》指出,双方将制订"中国—东盟新能源与可再生能源合作行动计划",如今双方正通过各种多双边合作机制进行清洁能源、电力的战略规划和政策对接,如东南亚能源中心(ACE)作为重要的能源智库,正积极制定解决能源电力规划对接的方案。2018 年 7 月底,在南非约翰内斯堡举行了金砖国家领导人第十次会晤,其宣言强调,包括可再生能源和低碳能源在内的能源供应多元化、能源和能源基础设施投资、能源产业和市场发展以及金砖国家间主要能源可及性合作,将继续是五国能源安全的主要支撑。清洁能源合作已成为以金砖国家为代表的新兴经济体的重点合作领域,[①]也使金砖国家组织成为"一带一路"区域清洁能源战略对接与政策协调的重要平台。

---

① 冯晓琦,万军.国际能源合作体系中的南南合作[R]∥郭业洲,等.金砖国家合作发展报告(2019).北京:社会科学文献出版社,2019:194.

此外,一些非政府组织(NGO)等非国家行为体在国际绿色合作机制中也发挥着独特作用。非国家行为体将多利益攸关方纳入参与和互动,能够极大调动社会的力量,同时能够避免国家间政治的天然不信任和自私的属性。非国家行为体主要通过创新治理议题和治理模式、倡导先进理念、推动议程设置、积极发动国际舆论影响各国环境政策落实等措施发挥自身的领导力。①因此,与非国家行为体进行战略对接与政策协调可起到事半功倍效果。

二、横向对接与协调

绿色"一带一路"在纵向上的战略协调机制建立在与国际、区域多层次行为体战略对接协调的基础之上;而横向上,以议题为导向、在相关国际合作领域开展有效的战略对接与协调也至关重要。绿色"一带一路"框架下清洁能源合作横向战略对接与协调重点聚焦以下领域。

一是清洁能源基础设施领域的战略对接与协调。能源基础设施联通是"五通"的重点领域,清洁能源基础设施联通将为区域国家绿色低碳、高质量发展及绿色"一带一路"奠定坚实基础。当前,囿于区域幅员辽阔、发展程度与发展理念不一、生产分工各异、政治与行政阻隔等诸多因素,"一带一路"清洁能源基础设施建设远未达到良好的联通状态,断点、堵点较多。对此,中国同各方需从战略规划出发,继续努力构建以新亚欧大陆桥等经济走廊为引领,以中欧班列、陆海新通道等大通道和信息高速路为骨架,以铁路、港口、管网等为依托的互联互通网络,建设高质量、可持续、抗风险、价格合理、包容可及的基础设施,②不断充实完善"六廊六路多国多港"的联通构架。

能源转型背景下,清洁能源基础设施特别是新基建的互联互通是"一带一路"建设的优先领域。随着分布式可再生能源发电的快速推进,清洁能源利用的电气化将是大势所趋。未来大规模电气化需要投资建设或升级包括电力生产设施(氢气或合成气生产设施、各类可再生能源发电站等)、能源传输网络(如智能电网、特高压电网)及终端基础设施(如智能操控设备、电气转换与输电站等)等在内的核心基础设施。绿色"一带一路"清洁能源基建

①　于宏源.自上而下的全球气候治理模式调整:动力、特点与趋势[J].国际关系研究,2020(1):110-124,157-158.

②　新华网.习近平:齐心开创共建"一带一路"美好未来——在第二届"一带一路"国际合作高峰论坛开幕式上的主旨演讲[EB/OL].[2019-04-26].http://www.xinhuanet.com/2019-04/26/c_1124420187.htm.

领域潜力巨大,也需要中国及区域国家共商共建,克服资金、技术、行政等多方面难题,进行有效对接,以达到更高的区域互联互通水平。

电网是实现区域基础设施互联互通的主脉之一。加强电力互联互通是能源可持续发展的必由之路。建立一个强大的电力传输网络,对区域电力互通、电源系统多样化十分重要。电网联通使区域内国家共享电力系统容量,充分利用可再生能源的地理来源多样性,形成更广泛的投资组合和解决方案。目前在东南亚、非洲南部、非洲西部、非洲东部、中亚地区国家之间已完成或在建一定数量的电力互联互通工程,并将实现更大范围的资源优化配置。

近年来中国与周边区域国家间电力互联互通不断取得新进展。其中,与俄罗斯、蒙古、老挝、缅甸、越南等周边国家开展了跨境电力贸易。在一系列双边政府间经济与技术合作委员会等合作渠道的支持下,中俄蒙三国之间在边界地区实现了电力交易。中俄之间已建有两条 110 千伏、一条 220千伏和一条 500 千伏的输电线路组成的输电网络,中蒙之间建有两条 220千伏、两条 35 千伏和一条 10 千伏输电线路组成的输电网络。

大湄公河次区域稳步推进电力合作机制化进程,率先成为"一带一路"区域电力基础设施互联互通与战略对接协调的成功实践。该区域国家过去近三十年来形成了电力论坛(EPF,1995 年)、区域电力贸易和互联专家小组(EGP,1998 年)、次区域能源论坛(SEF,2004 年)、区域能源贸易协调委员会(RPTCC,2004 年)、区域能源协调中心(RPCC,2011 年)等几个较为成熟的合作机制,电力互联互通的制度框架不断演变成熟。

天然气管网的互联互通也需要艰辛的战略对接与政策协调过程。近年"一带一路"天然气管道互联互通也取得突出成就。中国陆上跨国油气管道已连接中亚多国、俄罗斯、缅甸等油气资源国与过境国,总长度达到 1.1 万公里。[①]"丝绸之路经济带"油气管道互联互通日趋成形,显现出战略对接与政策协调的成效。

二是清洁能源国际治理领域的战略对接与协调。清洁能源国际治理领域的战略对接与协调主要通过功能性不同的国际合作组织和机制展开。绿色"一带一路"是完善全球治理体系的中国智慧和中国方案,是解决当今世界难题、消弭全球乱象的"中国钥匙",成为中国实际参与全球治理、改革全

---

① 光明日报."一带一路"能源合作俱乐部呼之欲出[N].2017-06-05(01).

球治理体系的重要路径，以及推动全球发展合作的机制化平台。① 国际能源合作组织和机制具有多样化、强专业性、高技术含量等特点，功能性各异的国际能源合作组织和机制往往会制定其专项或整体发展战略或议程，绿色"一带一路"与其在清洁能源事务上的对接协调可更好地整合资源、规范成员国行为、促进特定议题治理等。

鉴于当前中国在全球能源治理体系中的影响力和规则制定能力有限，中国需要积极融入并争取引导全球能源治理，深化"一带一路"能源俱乐部和金砖国家能源俱乐部的合作，推动能源及相关产业在资本、技术、贸易等领域的融合。另外，积极参与国际能源署、石油输出国组织、天然气出口国论坛等协调平台，加强二十国集团在能源治理中的领导力。② 中国已与国际能源署（IEA）、世界能源理事会（WEC）、国际可再生能源署（IRENA）、清洁能源部长级会议（CEM）等专业能源治理机构，以签订合作规划、合作协议、备忘录等形式，共同推进区域清洁能源协调与治理。有中国学者指出，中国可考虑以国际能源宪章条约（IECT）为基础，以能源互联网为切入点，通过"参与—加入—改造—重塑"的路径，将"一带一路"现有能源合作机制发展成为全球能源治理构架。③

中国也在积极推动创立清洁能源国际治理新平台，以使其在绿色"一带一路"框架下的清洁能源区域合作战略对接中发挥重要功能。2014 年中国促成了亚太经合组织可持续能源中心的设立，该中心是中国政府主导的能源领域的首家国际合作机构，是亚太经合组织能源领域两大研究实体之一，定位为为组织各经济体提供可持续能源技术合作的平台。中国与国际可再生能源署共同创设的国际能源变革论坛，在推动国际能源变革、深化清洁能源合作交流上发挥出重要的平台性作用。中国在引领这些新合作平台创设的同时，将绿色合作与发展理念注入其中，注重与现有机制的对接协调，深入推进清洁能源国际合作与绿色发展。

——————————

① 求是网."绿色'一带一路'推动构建人类命运共同体"[EB/OL].[2020-10-09]. http://www.qstheory.cn/dukan/hqwg/2020-10/09/c_1126585854.htm.

② 于宏源.地缘政治视域下国际石油价格的震荡及应对[J].国际展望,2020(6):23-44,146-147.

③ 范必.中国应对全球能源治理变局的思考[J].开放导报,2016(3):13-17.王礼茂, 等.中国参与全球能源治理的总体思路与路径选择[J].资源科学,2019(5):825-833.

三,"软基础设施"①对接也是清洁能源合作战略对接的重要议题。目前"一带一路"大多数国家在国际贸易、工程施工方面只认可国际标准,同一次区域国家的国际认证标准也各异,这对中国能源工程项目、产品服务贸易等形成了较大阻碍。随着中国的清洁能源技术准备不断走出去,"软基础设施"的对接效果成为影响合作效率的关键因素。中国可尝试以特高压交直流、智能电网技术标准等优势技术率先建立起一整套国际绿色认证标准体系,积极掌握标准制定主导权,贡献于区域"软基础设施"联通。如在特高压输电、核电技术标准等"软基础设施"方面,中国正积极开展标准、规则、协议的海外对接,在沿线国家率先实践。如,中国的特高压支流标准已陆续在"一带一路"区域对标中取得突破,巴基斯坦默拉直流项目整体采用中国标准,巴西美丽山水电±800千伏特高压直流送出二期特许经营权项目以中国技术、中国标准为主。

总之,在绿色"一带一路"推进过程中,战略对接与政策协调应聚焦于沿线国家、地方政府等各层次参与者在经济、环境、工业、商贸等政策之间的相互协调与相关标准对接,以实现绿色、可持续发展为共同目标,加强基础设施、产品贸易、金融服务等领域的绿色化合作,促进绿色政策的联动发展,创造绿色生产价值链,发展绿色经济。

第三节　绿色"一带一路"区域战略对接与协调重心

"一带一路"源于陆上丝绸之路,连接中国与亚欧大陆之间的丝绸之路经济带是"一带一路"的重心。从地缘意义上讲,亚欧大陆也是中国需要进行战略对接与协调的"核心"地带。六大经济走廊紧密串联起亚欧大陆,以六大经济走廊为总体框架进行战略对接与协调是重中之重,而非洲、拉美等地区虽然距离遥远,但可在战略对接与协调总体布局中起到重要的辅助作用。

---

① "软基础设施"是相对于普通的"硬基础设施"而言,一般是非物质性的,其对国际合作、互联互通、经济社会发展的重要性日益显现。"一带一路"建设中涉及广泛的"软基础设施"合作,如贸易海关程序、知识产权、航空、航运、电信等不同领域技术标准、规则的统一,自由开放的贸易体系,绿色可持续的社会自然环境,廉洁公平的营商环境,以及先进的数字基础设施,等等。

一、以"六大走廊"为主体

中蒙俄、新亚欧大陆桥、中国—中亚—西亚、中国—中南半岛、中巴、孟中印缅六大经济走廊是随着"一带一路"倡议与合作的深入，在区域合作现实态势基础上从地缘角度提出的极具抽象性与想象空间的合作理论和战略框架。六大走廊的设计既有国内交通基础设施的支撑，也有与边境重要口岸运输联通创造的先行便利，更有着眼全面贯通亚欧非通道的长远考虑。六条走廊攸关中国面向未来可持续发展的地缘经济路线，将加强中国与周边、与世界互联互通互动的程度与方式，扩大中国活动与影响的地域空间，为区域经济一体化、促进全球化发展打下颇具时代色彩的全新烙印。①

中国—中南半岛和孟中印缅经济走廊建设不仅有效缓解了中国西南和中南半岛内陆的"陆锁"状态，更密切了太平洋和印度洋之间的联系，泛亚铁路构想逐渐成为现实。在中国—中南半岛经济走廊建设框架下，中老经济走廊、中国与柬老缅越泰（CLMVT）的双多边经济合作持续推进。该走廊区域也已有越南的"两廊一圈发展战略"、柬埔寨的"四角战略"和泰国的"泰国4.0战略""东部经济走廊"等尝试与"一带一路"倡议进行战略对接。

近年来中国与中南半岛等国家清洁能源合作成果颇丰，利用热带、亚热带独特的自然环境与丰富资源开发光伏太阳能、风能、潮汐能等分布式能源系统，华为、晶科、金风等中国企业成为这些领域合作的领导者。同时，东盟"10＋1"合作、澜沧江—湄公河合作、大湄公河次区域经济合作（GMS）等区域和次区域合作机制在促进中国—中南半岛经济走廊建设方面的作用日益凸显，不断推动经济走廊建设取得新的进展。② 该经济走廊子框架不断补充发展，将使区域清洁能源合作持续深化。如澜沧江—湄公河流域国家若能就水电开发形成成熟的问题磋商与利益共享机制，则可使水能造福流域人民。

中蒙俄、新亚欧大陆桥、中国—中亚—西亚等三条经济走廊穿过亚欧大陆乃至全球资源最丰富的地区，三条走廊将依循不同侧重点在亚欧大陆架设出三条各具战略意义、各有特色的重要经济通道。

中蒙俄经济走廊是国家"一带一路"宏伟构想中最为重要的国际经济走

---

① 傅梦孜."一带一路"倡议的三个理论视角[J].现代国际关系,2018(12):1-11,59.
② 徐秀军."一带一路"建设:以合作模式创新塑造发展新动力[R]//张宇燕,等.2020年世界经济形势分析与预测.北京:社会科学文献出版社,2020:262.

廊。从战略对接方面看,俄罗斯的欧亚经济联盟、远东开发战略,蒙古的草原丝绸之路战略,以及中国的东北振兴战略契合于此;从经济合作战略上看,该走廊是连接欧亚大陆的重要国际大通道和中国向北开放的战略区域,是中国资源型城市寻求接续的能源、矿产等战略性资源供给最便利、最安全的理想区域和国际产能合作的重要潜力市场。中蒙俄经济走廊合作增加了中国东北、蒙古和俄罗斯远东西伯利亚的海洋机遇,有效盘活了东北亚经济圈。在绿色发展与清洁能源合作领域,中蒙俄合作注重三国之间清洁能源的优化配置及东北亚区域的能源环境治理合作。在中俄蒙走廊框架下,中俄在天然气管道建设、极地非常规油气合作开发、核能技术交流与合作等领域持续取得重大突破。中蒙两国清洁煤炭合作带来区域绿色效应,中国在蒙古建造的两座煤制气工厂优化利用蒙古本地丰富的煤炭,每年生产 160 亿立方米煤制天然气,其中的 130 亿立方米通过管道输往中国华北,30 亿立方米输往乌兰巴托以改善其严重污染的大气环境。

新亚欧大陆桥可充分发挥运输距离更短、成本更低的优势,更好地串联起东亚、中亚、西亚与欧洲之间的货物贸易。新亚欧大陆桥经济带将中国与独联体国家、伊朗、东欧国家,以及德国、法国、意大利、英国等西欧国家紧密相连,从而对环太平洋经济圈的协调发展起到重要作用。新亚欧大陆桥经济走廊让深居内陆的中亚多国有了新的东向"出海口",中国许多沿海港口直接成为"中欧班列"的东部起点,欧洲大西洋(含地中海)沿岸港口通往欧洲内陆各国的陆路中转更加便捷,其独特的货运优势可助力中国的优势清洁能源装备与绿色低碳产业获取更多地区市场。

中国—中亚—西亚经济走廊进一步密切了中东周围各边缘海、中亚里海与中国内陆之间的海陆商贸联系。中国—中亚—西亚经济走廊上,中亚与西亚分别是中国最重要的陆上管道天然气与海运液化天然气的来源区域。绿色"一带一路"建设将使通过中国—中亚—西亚走廊进行天然气贸易的优势愈加显现,也给这条走廊辐射区域带来更广阔的清洁能源市场与更多的合作机遇。中亚、西亚除拥有丰富的化石能源,清洁能源蕴藏量也十分丰富,给这条走廊区域的清洁能源合作提供了巨大潜力。中亚国家的风能、太阳能和水能资源丰富,中国则在资金、技术、产能等方面具有优势,两者具有较强的互补性。分布式新能源技术的应用对缓解中亚国家农村偏远地区生产生活用电紧张十分必要。中国可以加强技术合作,积极实施技术援助与转让,将集中式新能源技术结合中亚国家的特殊国情,进行适当的本土化改造,依托企业、项目载体,实施技术援助、转让和合作,提高新能源开发利用水平。①

随着国际市场低油价、低碳能源大规模替代对化石能源造成巨大冲击成为新常态,西亚国家纷纷寻求清洁能源转型,并制定了雄心勃勃的清洁能源战略目标。2016 年 4 月 25 日,沙特内阁批准旨在推动经济转型的"沙特2030 愿景"(国家转型计划),计划到 2023 年使可再生能源的发电量占比达到 10%,达到 9.5GW。② 阿联酋计划 2050 年全国 44% 能源需求来自可再生能源。迪拜制定的清洁能源 2050 战略,目标是到 2030 年清洁能源占比达到 25%,2050 年达到 75%。③

中国与西亚清洁能源合作主要集中在太阳能发电领域,该地区广袤的沙漠与充足的日照,给两者的清洁能源合作带来了广阔前景。2015 年,中国电建集团与摩洛哥签订了项目金额为 20 亿美元的努奥二期和努奥三期光热电站项目总承包合同。2018 年上海电力公司和沙特 ACW 电力公司组成的联合体与迪拜政府签署了建造全球最大的聚光太阳能项目——穆罕默德·本·拉希德·阿勒马克图姆太阳能公园(Mohammed Bin Rashid Al Maktoum Solar Park)。在中国—中亚—西亚经济走廊上,围绕区域内丰富的天然气、可再生能源等清洁能源开发与合作,在能源消费中心中国与能源供应中心中亚、西亚之间形成了能源流的两支大动脉,未来将铺设出更为通畅的战略对接与协调之路。

中巴经济走廊有效缩短了巴基斯坦北部、中国新疆的陆海距离,促进了两国与印度洋西岸多国的进出口海陆转运对接。以中巴经济走廊为引领,以瓜达尔港、能源、交通基础设施和产业合作为重点,形成"1+4"经济合作布局。巴基斯坦积极推动其"2025 年远景规划"和"21 世纪海上丝绸之路"在此四大领域的对接。④中巴经济走廊清洁能源合作项目涉及风电、水电、太阳能等多领域,以"规划—协议—项目"和"产业+金融"为主要合作形式的

---

①　林益楷.深化中国与上合组织国家能源合作[J].中国石油与天然气(英文版),2019(2):36-38,84-85.

②　赵宏图,韩立群.能源转型与国际能源安全观念的更新[R]//达巍.中国国际安全研究报告(2018).北京:社会科学文献出版社,2018:193.

③　CNN. $13.6B record-breaking solar park rises from Dubai desert[EB/OL]. [2019-04-15]. https://edition.cnn.com/style/article/mbr-solar-park-dubai-desert-intl/index.html.

④　庞加欣,赵江林."21 世纪海上丝绸之路"与沿线国家合作[R]//华侨大学海上丝绸之路研究院.21 世纪海上丝绸之路研究报告(2018—2019).北京:社会科学文献出版社,2019:28.

合作成果显著。巴哈瓦尔布尔中兴太阳能工业园、萨恰尔风电项目、吉姆普尔风电站、大沃风电项目等也已投入商业运营,中巴清洁能源合作的成果愈发丰硕。

孟中印缅走廊对接也有进展。2016 年,中国和孟加拉国就加强"21 世纪海上丝绸之路"和"金色孟加拉"对接达成共识,签署了包括贸易投资、路桥建设、海洋经济、海事合作、能源电力等涉及多个经济领域的共 27 项合作协议及谅解备忘录,两国加强了多个重大项目的合作。中巴、孟中印缅走廊的清洁能源合作互补性强,更凸显多方共赢,既解决了区域国家经济发展水平落后、电力等基础设施缺乏、能源效率低下、污染严重的问题,又给中国高端装备制造出口、产业升级、经济转型带来了新的市场机遇。

综上所述,六大经济走廊是"一带一路"倡议的有机组成,各有其重要战略价值,各有其合作目标与建设路径。六大经济走廊与绿色"一带一路"的战略对接是绿色"一带一路"成功推进的关键因素。以六大经济走廊为主体的战略合作框架,可在绿色"一带一路"清洁能源合作中发挥重要的统领作用。

二、以非、拉为两翼

中国与非洲、拉美"一带一路"发展中国家虽相隔遥远,但长期以来地缘政治地位对等,利益攸关,有着源远流长的友好合作关系。非洲、拉美向来是中国重要的经贸、外交伙伴,"一带一路"倡议提出后这两个区域又很快被纳入合作范围。由于两个区域在地理上距离中国和"一带一路"核心地带比较远,又受经济发展、国际贸易水平影响,合作紧密程度与欧亚地区相比仍有一定差距。但清洁能源合作则有所不同,清洁能源合作可以最大化对本地资源的开发利用,因此合作双方受空间距离的影响比较小。非洲、拉美两个地区应在绿色"一带一路"清洁能源合作战略中占据重要地位,"一带一路"建设和非洲、拉美的清洁能源合作战略对接与协调可作为该战略布局中的两翼。

非洲、拉美地区资源禀赋优越,中国与非拉区域国家在清洁能源领域有着高度的互补性与良好的合作基础,在绿色"一带一路"框架下,依靠各自优势合作开发利用本地丰富的太阳能、风能、水能、生物质能等,也能为区域国家带来能源、经济与环境等方面的诸多效益,助其快速实现能源脱贫、能源结构优化、能源环境改善等。

非洲是"21 世纪海上丝绸之路"的终点站之一。近年来,中非合作层次稳步提升。中国已连续十余年成为非洲第一大贸易伙伴国。2015 年,非洲联盟通过了《2063 年议程》，着眼于建设和平繁荣的新非洲。中国支持《2063年议程》及其第一个 10 年规划，联合非盟共同推动《2063 年议程》与"一带一路"倡议对接，并在此框架下进一步展开与非洲各国的发展战略对接。

基础设施建设是中非合作最重要的领域。当前，非洲地区交通运输、通信工程、电力工程建设等基础设施相对薄弱，是制约其经济发展的重要因素，因而区域各国将基础设施建设列为发展的首要议题。埃塞俄比亚提出第二期"增长和转型计划"、肯尼亚提出"四大发展议程"、乌干达提出第二期"国家发展计划"、坦桑尼亚提出"国家五年发展计划"、埃及推出"埃及新行政首都"和"苏伊士运河走廊经济区"等政府重大计划、赞比亚实施"第七个国家发展规划"等。此外，非洲还加强区域互联互通建设，致力于一体化、工业化和城市化"三化"建设。① 在此背景下，中国与非洲展开了广度和深度空前的基础设施建设合作，对非洲经济发展贡献率十分显著。中国通过项目投资、技术支持、施工承建等方式，参与到关系非洲经济发展、社会民生的基础设施建设各领域中。

在绿色发展领域，中国对非洲的作用尤为重要。中国政府发布的《中国对非洲政策文件》指出，在气候变化领域中非立场一致，坚持在"共同但有区别的责任"原则下，维护发展中国家的发展权，合力推动建立公平合理、合作共赢的全球气候治理体制。在清洁能源开发领域，中国支持非洲国家和区域电网建设，推进风能、太阳能、水电等可再生能源和低碳绿色能源开发合作，促进非洲可再生能源合理开发利用，服务非洲工业化。② 中非正以绿色"一带一路"建设为契机，通过绿色基础设施和低碳化工业园区建设及区域综合开发投资，创新 PPP、BOT 等商业模式项目，着力推动绿色产能合作对接，使非洲各国走上绿色、可持续的发展之路。

拉美地区是"21 世纪海上丝绸之路"推进过程中重点延伸的地区。在近两年新冠疫情冲击、全球化遇阻、世界经济低迷、国际贸易投资放缓的背景下，中拉经贸合作却逆势增长，显示出中拉合作的巨大潜力与韧性。如今拉美地区已成为中国海外投资第二大目的地和开展对外承包工程业务的第三大市场，中拉经贸合作呈现稳步提升的态势。

---

① 中华人民共和国商务部，中国对外承包工程商会. 中国对外承包工程发展报告（2019—2020）[R]. 2020:41.

② 中非合作论坛官网. 中国对非洲政策文件（全文）[S/OL]. [2015-12-05]. http://www.focac.org/chn/zywx/zywj/t1321590.htm.

中拉整体合作已经达到了较高水准,此前的"1+3+6"(其中能源资源合作为6大领域之一)、中拉合作论坛等顶层设计为中拉合作搭建了坚实的框架。2015年1月中拉论坛首届部长级会议通过了《中拉论坛首届部长级会议北京宣言》《中国与拉美和加勒比国家合作规划(2015—2019)》《中拉论坛机制设置和运行规则》3个成果文件,并发布了《北京宣言》,反映了双方对推进中拉全面合作伙伴关系的政治共识,确定整体合作和论坛建设的总体方向,明确双方深化合作的指导原则。中拉基础设施合作论坛、中拉智库论坛、中拉企业家高峰会等活动围绕中拉论坛框架相继举办,中拉务实合作稳步推进。2018年1月中拉论坛第二届部长级会议发表了《"一带一路"特别声明》,标志着"一带一路"倡议全面延伸到拉美,中拉共建"一带一路"合作也取得了一系列进展。

拉美具有得天独厚的清洁能源禀赋,清洁能源开发条件极佳。拉美国家非常重视新能源、新科技的发展及传统产业结构优化升级,较高的清洁能源利用率使拉美成为世界上能源组合最清洁的地区之一。中拉可依据各自竞争优势,在清洁能源与绿色发展合作领域互利合作,逐步提升合作质量与技术水平。

近年来中国在拉美的清洁能源合作规模不断扩大,合作质量稳步提升。电力建设领域在中拉能源合作中占据较大规模,中国与巴西的水电合作、与阿根廷的风电合作、与墨西哥的光伏合作,从建设、技术、运营上展现出中拉清洁能源合作的最高水准。随着拉美地区国家对光伏开发的政策性倾斜加强,光伏电站项目成为近年中拉合作的亮点。巴西、阿根廷、哥伦比亚等拉美国家有着丰富的生物质能资源与较好的产业基础,中国与其在第二代、第三代生物质燃料技术领域合作前景广阔,可实现优势互补、互利共赢。

在绿色"一带一路"建设中,中国可与非拉区域国家在绿色发展的顶层设计和战略规划上紧密对接,政策上相互协调,在经济社会可持续发展、能源环境治理、能源转型、可再生能源产业发展等方面分享协同管理经验。总而言之,绿色"一带一路"建设的走深走实,需要中非、中拉清洁能源合作的进一步战略对接与协调,清洁能源的深度开发将为两个地区带来越来越多的经济繁荣、绿色发展红利。通过共商共建共享,绿色"一带一路"清洁能源合作将在两个充满希望的大洲开枝散叶。

综上所述,以六大走廊为主体架构,以非洲、拉美为重要补充的绿色"一带一路"清洁能源合作战略对接与协调的"一体两翼"宏观布局,在理论与政策方面具有明确的战略定位与政策基础，在实际操作方面具有较完备的成熟度与可操作性。随着该基本格局的逐渐成形，区域清洁能源一主一副两大战略方向渐趋明晰，清洁能源国际合作路径与策略的基本脉络也将依此循序演进。

第四节　本章小结

作为一个以发展为导向的新型区域经济合作机制，"一带一路"框架下的区域合作战略至关重要。作为绿色"一带一路"的重要合作领域，清洁能源区域合作战略对于绿色"一带一路"建设成效尤为关键。

区域国家间战略对接与协调是国际合作的重要基石，在此基础上，清洁能源合作的顺利展开还需要克服较多的宏微观、内外部环境因素影响。[①] 绿色"一带一路"清洁能源国际合作涉及战略动机、战略规划、战略制约等几个战略要素。绿色"一带一路"具有多层次、多元且综合的战略动机，绿色"一带一路"清洁能源国际合作需制定科学性、前瞻性的战略目标、政策方针、实现路径及配套措施等；而与域外大国地缘政治战略的对冲风险、西方国家对中国实施的愈加严苛的审查机制，以及依然模糊的清洁能源国际合作战略目标与方向界定等，是当前绿色"一带一路"清洁能源国际合作面临的一系列战略制约。

绿色"一带一路"清洁能源区域国际合作战略对接与协调至关重要，与多边组织机制战略对接、国家间战略协调是"一带一路"建设基本格局中的两个重要路向，从宏观、中观两个维度构建起"一带一路"框架下的战略协调机制。

"一带一路"六大经济走廊几乎涵盖了"一带一路"的重点区域，非洲、拉美也是"一带一路"重点延伸方向，围绕这些区域的能源合作取得了长足的进展。从战略布局上看，以六大走廊为主体架构，以非洲、拉美为重要补充的绿色"一带一路"清洁能源合作战略对接与协调的宏观布局结构合理、战略可行，通过与重点区域、重点国家的通力合作，在区域清洁能源一主两副的战略方向上持续发力，将逐渐构建起清洁能源合作战略的基本框架。

---

① 能源开发合作的影响因素一般包括由能源开发利用特质引起的内生性金融与市场运营风险、技术与环境风险，以及由地区复杂的政治经济环境诱发的外源性政治审查、地缘政治、政策法律、社会运动与舆情风险等。参见王双，周云亨."逆全球化"风潮下我国在美洲非常规油气投资的风险分析[J].南京工业大学学报(社会科学版)，2019(4):94-102,112.

第四章 绿色"一带一路"清洁能源国家合作战略：互促与互构

当今世界风云变幻诡谲，但国家依然是国际舞台与国际合作的主要行为体。在能源合作领域，国家间传统合作主要有三种模式：一是能源消费国之间为了对话和抗衡能源输出国组织形成的横向合作模式；二是能源消费国与生产国之间为了加深双方的相互依赖，保障能源可靠供应的纵向合作模式；三是两者兼用的复合合作模式。①

随着"一带一路"合作不断深入，清洁能源合作成为区域能源合作的最新增长点。区域国家间清洁能源合作的模式与形式也日益多元多样，早已跳脱出上述三种模式，创新出诸多合作新模式与新形式。本章尝试不拘泥于传统的国家间能源合作的分析范式，在探索"一带一路"背景下中国与沿线国家的国家间合作关系格局与影响基础上，分析国家间战略对接与协调的模式与现实情形，用建构主义的视角审视国际关系演变与清洁能源合作两者之间的相互影响、建构关系，进一步发掘国家间清洁能源合作的新合作模式与新动态。

第一节 国家间合作格局与影响

"一带一路"倡议提出以来，区域各国能源领域政策沟通不断深化，能源

---

① 崔守军.中国能源国际合作模式的选择[J].现代国际关系,2010(11):33-38.

基础设施互联互通不断加强，能源贸易畅通水平不断提升。截至 2020 年 11 月，中国已与 138 个国家、31 个国际组织签署了 201 份共建"一带一路"合作文件①，还与阿盟、东盟、非洲和中东欧国家合作建立了四大区域能源合作中心。

多边合作、双边合作、第三方市场合作是当前最主流的三种国际能源合作形式，其定位不同、效用不同。多边机制是国际能源合作的主要框架，发挥着引导和协调作用，其专业性强，地位、作用相对更重要；双边机制是国际能源合作框架下的"砖瓦"，主要解决能源合作中的具体问题、新问题等；而第三方市场合作是新兴的合作形式，重在国家间在第三方市场的优势互补，是对前两者的重要补充。"一带一路"倡议实施以来，国际能源双多边合作和第三方市场合作都展现出蓬勃发展之势。

一、多边合作

"一带一路"能源合作包括能源市场建设、油气管道系统建设、跨境电网建设、技术转让等领域，均涉及多边能源关系。但"一带一路"能源合作涉及国家众多、状况复杂，现有多边合作框架或机制中有诸多安排尚未形成法律规范或正式合作文本，政治调解和外交斡旋依然是解决能源合作争议比较常用的方法。因此，"一带一路"能源投资和贸易保护有赖于进一步建立健全多边能源合作机制，以使能源合作与区域融合更加深入。

近年来中国通过各种平台积极推动"一带一路"能源合作的机制化进展，其中"一带一路"国际合作高峰论坛是最重要的平台之一。2018 年 10 月 18 日，第一届"一带一路"能源部长会议在中国召开，邀请了 29 位"一带一路"沿线国家和经济体的能源部门负责人参加，主题为"共建'一带一路'能源合作伙伴关系和推动能源转型"。本次会议最大的亮点是，与会的 18 个国家共同发表了《共建"一带一路"能源合作伙伴关系部长联合宣言》，将沿线国家的能源合作升级为合作伙伴关系。会上中国和土耳其、阿尔及利亚等国家还一致同意围绕营商环境、能源贸易、技术开发、跨境流动、融资渠道等领域开展全方位的油气合作和能源贸易，增进彼此政治互信，深化务实合作。

---

① 中国政府网.我国已与 138 个国家、31 个国际组织签署 201 份共建"一带一路"合作文件[EB/OL].[2020-11-17].http：//www.gov.cn/xinwen/2020-11/17/content_5562132.htm.

2019年4月26日,第二届"一带一路"国际合作高峰论坛上,阿尔及利亚、玻利维亚、巴基斯坦等30个伙伴关系成员国及5个观察员国共同启动了"一带一路"能源合作伙伴关系。能源合作伙伴关系是为解决能源发展面临的问题,更好地保护生态环境、应对气候变化、保障能源安全、促进可持续发展而建立的国际能源合作平台。这项举措进一步夯实了"一带一路"能源机制化合作的基础,推进了"一带一路"国际能源合作的创新实践。

借助其他多边机制而建立的多边合作平台也在不断发展健全。在全球能源供应和消纳格局正在发生深刻变革和转型的形势下,中国大力推进与欧盟、中东欧、东盟、阿盟、非盟、联合国亚太经济社会委员会、金砖国家等在可再生能源等方面的交流与合作,为全球能源转型和可持续发展做出积极贡献。① 2017年发布的《推动丝绸之路经济带和21世纪海上丝绸之路能源合作愿景与行动》明确提出了积极实施中国—东盟清洁能源能力建设计划,推动中国—阿盟清洁能源中心和中国—中东欧能源项目对话与合作中心建设,继续发挥国际能源变革论坛、东亚峰会清洁能源论坛等平台的建设性作用。②"一带一路"能源合作主要多边机制概况如表4-1。

表4-1　"一带一路"能源合作主要多边机制概况

合作机制	主要领域及合作成果	成员国/成员方
"一带一路"能源合作伙伴关系	发布《"一带一路"能源合作伙伴关系合作原则与务实行动》《"一带一路"能源合作伙伴关系部长宣言》等	截至2021年10月,成员国总数已经达到38个
二十国集团（G20）能源合作	发布《G20能源可及性行动计划:能源可及性自愿合作》《加强亚太地区能源可及性:关键挑战和G20自愿合作行动计划》等	G20成员国

---

① 中国水电水利规划设计总院.中国可再生能源国际合作报告(2019)[R].2020:107.

② 国家发展和改革委员会,国家能源局.推动丝绸之路经济带和21世纪海上丝绸之路能源合作愿景与行动[EB/OL].[2017-05-12].http://www.nea.gov.cn/201705/12/c_136277473.htm?from=groupmessage.

续表

合作机制	主要领域及合作成果	成员国/成员方
上海合作组织能源俱乐部	成立能源俱乐部,建立稳定供求关系,确保能源安全	中国、俄罗斯、哈萨克斯坦、塔吉克斯坦、蒙古、印度、巴基斯坦、阿富汗、伊朗、白俄罗斯、土耳其和斯里兰卡等国家
亚太经合组织(APEC)可持续能源中心	设立了APEC可持续城市合作网络和亚太地区清洁煤技术转移两大支柱项目,连续举办四届能源可持续发展高端论坛	APEC成员方
东亚峰会清洁能源论坛	致力于分享清洁能源发展的成果和经验,探讨清洁能源发展的未来	13个成员方(东盟十国及中日韩)和5个观察员国(美国、澳大利亚、新西兰、俄罗斯、印度)。潜在成员国蒙古、东帝汶和潜在的观察员国巴基斯坦、欧盟等
中国—东盟清洁能源能力建设计划	推进中国—东盟清洁能源能力建设计划交流项目	中国及东盟成员国
大湄公河次区域能源合作	加强各成员国间的经济联系,促进次区域内的能源合作	中国、缅甸、老挝、泰国、柬埔寨和越南等国
中国—阿盟清洁能源培训中心	签署了《关于成立中阿清洁能源培训中心的协议》	中国及阿盟成员国
中国—中东欧能源项目对话与合作中心	推动中国—中东欧具体合作项目,发布了《中国—中东欧能源合作联合研究声明》和《中国—中东欧能源合作白皮书》	中国、阿尔巴尼亚、爱沙尼亚、保加利亚、波黑、波兰、捷克、黑山、克罗地亚、罗马尼亚、拉脱维亚、立陶宛、马其顿、塞尔维亚、斯洛伐克、斯洛文尼亚、匈牙利等国

由表4-1可见,中国在"一带一路"能源合作中虽有自主构建的能源伙伴关系机制,但机制化程度不高,更多的仍是借助现有多边综合、专业国际机制衍生的能源合作对话与交流平台,形形色色的多边合作机制在不同区域、不同议题、不同领域发挥着不同的作用,成为"一带一路"多边合作的有机组成部分。

二、双边合作

"一带一路"建设使中国与沿线国家的双边合作愈加频繁,合作机制不断加深。2019 年,中俄能源商务论坛、中英能源对话、中—印尼能源论坛、中乌能源合作分委会、中巴经济走廊能源规划专家组会、中印战略经济对话能源工作组会、中国—瑞典能源工作组会、中国—瑞士能源工作组会、中韩司局级能源交流会等诸多政府间能源工作组机制密切互动,为深化双边能源合作奠定了坚实的基础。[①]

中国在水电、光伏、太阳能热水器等领域与全世界 80 多个国家展开了多项合作,形成了涉及设备制造、联合研发、工程设计与建设,以及项目投资与经营等全面的国际合作体系。据统计,2020 年中国在太阳能、水电、风能、生物质能、核能等可再生能源领域的境内外新增投资将达到 2.5 万亿元人民币。[②]

在双边能源战略与政策交流中,清洁能源合作成为重要议题。2019 年10 月 14 日,中国—瑞典能源工作组第二次会议,双方讨论了两国可再生能源、智能电网、能源创新与商业化发展情况、战略规划与政策措施等议题。2019 年 12 月 4 日,中国—瑞士能源工作组第三次会议,共同围绕大坝安全管理、抽水蓄能、电网管理等议题进行了深入交流,并就下一步合作达成共识。会后双方签署了《中国—瑞士能源工作组第三次会议纪要》。中国与阿联酋、突尼斯等国家能源主管部门高层互访,增强彼此在可再生能源领域的相互了解,强化共识、优势互补,架起了双边合作的桥梁,也推动可再生能源合作取得了更多硕果。

中国与沿线国家的双边能源交流互动、合作日渐频繁,合作机制持续深化,为区域绿色可持续发展、共建绿色"一带一路"打下了坚实的基础。

三、第三方市场合作

第三方市场合作体现了共商共建共享的"一带一路"国际合作理念,是一种开放包容、务实有效的国际合作模式,有助于中国企业同掌握先进技术和管理理念的国际跨国企业之间实现优势互补。英、法等欧洲国家的企业项目管理能力处于世界领先地位,在基础设施投融资、运营方面富有成熟先

---

① 中国水电水利规划设计总院.中国可再生能源国际合作报告(2019)[R].2020:102.

② 中国商务部国际贸易经济合作研究院,等.2017 中国企业海外可持续发展报告——助力"一带一路"地区实现 2030 年可持续发展议程[R].2017:28.

进的经验,在专业服务、项目管理和融资等方面独具优势,还与许多前殖民地国家有悠久的历史渊源,具有语言、文化等方面的优势。中国企业则凭借资金实力、施工技术水平在一些新兴市场、发展中国家享有较高的市场占有率。中国与这些国家在技术、资金、管理等方面可实现"强强联合",第三方市场业务发展前景可期。①

近年来,重点针对第三方市场的清洁能源合作已取得良好成效。2016年10月,中国核电集团同法国电力集团(EDF)签订新建核电项目的投资协议,中法两国企业以1：2的比例出资兴建英国欣克利角C核电项目(HPC项目),并共同推进塞兹韦尔C(SZC项目)和布拉德韦尔B(BRB项目)两大后续核电项目,其中布拉德韦尔B项目采用中国自主三代核电技术"华龙一号",②中国核电技术首次在西方国家取得了突破。

中、日、法等国家油气企业联合承担的俄罗斯亚马尔液化天然气项目先期工程已顺利投产,提高了俄罗斯在国际液化天然气市场的占有率,并为俄罗斯创造了超过10万个就业岗位。③ 2018年特变电工新能源公司在埃及投资并承建3个光伏电站项目,总金额1.3亿美元,特变电工新能源公司占股24％,西班牙Acciona公司和迪拜Swicorp公司各占股38％。该项目融资由中国工商银行、亚投行、国际金融公司等组成的国际银团联合提供,是我国金融机构首次联合国际银团为我国企业在埃及承揽项目提供融资,该项目也是亚投行在埃及支持的第一批项目。④

"一带一路"第三方市场合作的深入发展拓展了合作伙伴关系网络,激活了"一带一路"合作动力,丰富了"一带一路"合作形式,也给第三方国家带来了切实的发展利益与民生实惠。

---

① 中华人民共和国商务部,中国对外承包工程商会.中国对外承包工程国别(地区)市场报告 2019—2020[R].2020:285.

② 人民网.中广核与法国电力签订英国核电项目投资协议[EB/OL].[2015-10-22]. http://politics.people.com.cn/n/2015/1022/c70731-27727543.html.

③ 徐秀军."一带一路"建设:以合作模式创新塑造发展新动力[M]//张宇燕,等,2020年世界经济形势分析与预测.北京:社会科学文献出版社,2020:265-268.

④ 中华人民共和国商务部,中国对外承包工程商会.中国对外承包工程国别(地区)市场报告 2019—2020[R].2020:122.

第二节 可再生能源开发合作①对能源地缘格局的重塑

随着可再生能源规模化利用与能源转型的加速到来,地缘政治格局中传统的国家与市场力量的变革将愈加剧烈,国家与市场的内部变革及两种势力间相互激荡,将深刻重塑全球能源地缘格局。清洁、可再生能源开发合作将从国家、市场及两者交叉三个层面重塑当今的能源地缘格局。

一、冲击国家能源权力架构

在未来能源地缘政治图景中,可再生能源开发将与权力的再分配相生相伴。随着化石燃料时代的衰落和电气化的日益盛行,分散发电时代即将到来,能源参与主体、角色日渐多元化,其地位、作用日趋综合化。可再生能源开发合作对仍以国家为主要行为体的传统能源地缘格局形成了正面冲击。

首先,从宏观的国际能源秩序与国际能源权力分配上,可再生能源开发合作将带来国际能源秩序的重建与权力架构的重构。方兴未艾的可再生能源创新与变革,将引起全球地缘政治在经济、社会、环境等层面的调整,成为重塑国际能源秩序的重要因素。清洁、可再生能源开发合作、能源转型革命将影响到国际能源权力的分配、国际关系、竞争与合作态势的变化,新能源时代的国际能源合作和国际能源治理或许远比石油时代更加温和,国家间能源安全理念和能源合作诉求将逐渐趋于一致,能源关系将更多成为合作因素而非紧张源头。② 因而,可再生能源开发将使很多国家减少能源进口与能源依赖,能源替代使能源安全与能源可得性不断提升,战略困境大大缓解。基于此,以传统化石能源合作为基石的能源地缘格局将发生根本性变迁,向可再生能源转型下的市场与科技合作将成为未来国际能源合作与治理的核心要务。

---

① 可再生能源作为清洁能源的重要形式,相对天然气、核能等常规清洁能源,对能源地缘战略重塑有着更直接、更独特的作用,因此,本节仅以可再生能源开发合作作为分析对象加以论述。
② 赵宏图,韩立群.能源转型与国际能源安全观念的更新[R]//达巍.中国国际安全研究报告(2018).2018:197-198.

其次,可再生能源开发合作将使传统能源地缘政治意义上的国家行为体角色与地位发生巨变,权力版图将被重新分割。国际知名能源机构普遍看衰未来化石燃料需求,认为化石燃料需求见顶及长期下降已成为必然趋势。[①] 2020 年 3 月,国际油价的新一轮暴跌,进一步加速传统油气资源富裕国家权力的衰落,也将加快清洁、可再生能源在全球能源格局中的权力翻转。产油大国在全球能源地缘政治中的战略地位与重要性持续下降的长期趋势已不可逆转,这些国家的当务之急是系统性地转变思路、角色、政策并积极谋划未来发展,若不能有效应对能源转型新形势带来的挑战,则可能发生国内政治纷争、经济萧条、社会危机,甚至引起地区地缘政治的动荡。石油国家内部权力震动与地区秩序重构,或是可再生能源开发利用带来的最大地缘政治挑战。

与此同时,新兴能源国家的角色与地位愈发凸显。在风能、太阳能、水电、生物质能等可再生能源产业,虽然仍是美国、日本、德国、中国、印度等传统经济强国或大国主导的格局,但体系中最活跃的角色却有了一些传统意义上的小国的身影,如丹麦(风电)、智利(地热)、安哥拉(水电)等国家在其优势产业领域已占据一席之地。可再生能源的开发合作与能源转型革命还将增强这些国家的地缘战略地位。例如,丹麦是欧洲可再生能源利用水平最高的国家之一,借助处于北欧和欧洲大陆的节点的地缘优势,丹麦在用电高峰期通过国际电网将其富余的风电输往欧洲大陆国家,地缘优势与可再生能源产业的竞争力优势相融合,赋予了其在欧洲能源关系网络中更高的地位。越来越多具有特色能源产业优势的中小国家在能源政治经济中获得更高地位的案例,印证了可再生能源转型对传统能源权力架构造成持续冲击的事实,这些国家的兴起成为加速传统能源权力格局变迁的重要变量。

最后,在国家内部,可再生能源开发合作将带来旧有权力结构的瓦解,并逐渐走向新的权力平衡。随着可再生能源价格的竞争力不断提升,能源消费结构改善和能源转型逐渐成为现实。在可再生能源大规模应用的情景下,能源供应权力下放,城市、社区的权力职能进一步扩大,对促进政治民主

---

① 表述此类观点的文献还有：IEA. Sustainable Development Scenario［R］. 2018；International Renewable Energy Agency（IRENA）. Remap—Renewable Energy Roadmaps［R］. 2018；DNV-GL. Energy Transition Outlook 2018［R］. 2018；Shell. Sky Scenario 2018—Meeting the Goals of the Paris Agreement［R］. 2018. 等等。

与社会进步起到了重要的推动作用。因此,可再生能源转型将促使国内政治权力进一步下放,使其本身成为一种新型的、强大的民主化工具。

而在经济领域,可再生能源转型可减少进口能源的外汇支出,推动技术进步、产业结构优化调整,为经济增长赋能;在社会环境方面,可减少污染与排放、增进民众的健康与福祉等。这些变化促使国家内部政治及经济权力结构、社会层次架构等发生深度变革,从而加速旧有权力格局瓦解与新权力格局形成。

总之,可再生能源开发合作从国际能源秩序的重建与权力架构的重构、传统能源地缘政治中国家角色与地位的转变,以及国家内部权力结构的瓦解与重塑三方面对全球能源地缘格局产生着持续而强烈的正面冲击。

二、催化市场主体转换

可再生能源开发利用的目标是向可再生能源转型,这是一个由技术和经济驱动的过程,将改变整个能源价值链。可再生能源的独特属性决定了其在产销、储运、运营模式、市场竞争等诸多市场环节的非常规性,这些非常规属性将对未来能源市场格局产生巨大冲击。

一是能源贸易体系转型。世界能源贸易体系中的控制力强弱直接体现为能源贸易各国之间的依赖性与脆弱性。[①] 可再生能源的开发合作将使传统贸易关系中国家间的依赖性与脆弱性发生深刻变化,在以可再生能源为主体的能源贸易分工体系中,国家将根据其在技术、价格、运输成本等方面的相对优势,重新定位其在国际贸易体系中的分工、角色与地位,使国际能源贸易路径发生重要转变。

国际能源贸易路径转变将引起国际能源贸易体系中国家的比较优势地位发生大幅移位,此种变化将激发新一轮权力竞逐与关系变化,俄罗斯、中亚、中东等油气市场中的传统力量被削弱的趋势将难以逆转。进入 2020 年,低油价、重要油气供应国之间的市场争夺与价格博弈使国际能源局势愈加动荡不安,这在一定程度上赋予了油气进口国更多选项与主动权,以中国为代表的国际油气市场上的重要买家的议价能力和市场影响力日益增强。为实现更普遍的能源安全和更可持续的发展,削弱传统化石能源竞争带来的地缘政治不稳定性,中国、欧盟等国家正积极推动可再生能源在世界能源

---

① 何则,等.世界能源贸易网络的演化特征与能源竞合关系[J].地理科学进展,2019(10):1621-1632.

格局中的主导地位,这将使其在未来国际能源贸易中逐渐占据优势。

当前能源贸易体系已处于裂变边缘,体系内处于不同能源立场的国家基于自身能源资源禀赋及能源发展战略,围绕传统化石能源及各类可再生能源的主导权展开激烈的地缘政治博弈,能源地缘政治版图也将在博弈与竞争中被改写。

二是能源贸易重要节点①的变迁。与传统的能源贸易模式不同,可再生能源在地理上的集中度要低得多。可再生能源生产、贸易的分散化将使一些海运通道、要塞的重要性相应减弱;相反地,发电机组、电网节点等能源流通的基础设施核心网络布局对国家安全、能源安全的重要性日渐上升,掌握了这些网络即可投射全球影响力和权力。

在未来若干年内,可再生能源转型的持续推进将使途经霍尔木兹海峡、马六甲海峡等重要关隘的油气海运日渐衰减,围绕这些能源贸易海运要塞的能源地缘政治纷争也将得以缓解。而承接了跨国互联电网等重要设备的节点性地区及国家的地缘政治地位会相应提升,如横跨欧亚大陆的土耳其、处于海洋与陆地过渡区域的东南亚地区,或因成为跨国、跨洋互联电网的重要节点而崛起。需要指出的是,由于可再生能源的替代与转型不会一蹴而就,而新能源重要节点替代传统能源节点的变迁也将是一个漫长的过程,因而可再生能源转型时期围绕新旧能源地缘政治节点的纷争将此消彼长,直至新能源节点占据主流。

三是能源市场传统角色的转型与新角色的出现。面临可再生能源对化石能源的冲击,一些传统能源企业积极转变身份,已在变幻复杂的能源发展形势中取得先手。它们通过能源供应、技术设备、管理、工程、投融资及其他延伸业务等,积极实现向"产品+服务"角色的转型。具有战略远见的跨国能源企业敏锐地捕捉到可再生能源开发与能源转型的大势,利用其信息、技术、市场、管理等优势大举向可再生能源、天然气等清洁低碳能源以及电力领域进军,摇身从"产品提供商"变为"综合能源解决方案供应商"。② 美国OPOWER 电力公司、法国燃气苏伊士集团、日本东京电力公司等企业通过向客户提供智慧能源管理系统、能源消费组合优化、个性化的技能方案

---

① 节点原是用于电信网络中的一个专业技术名词,指连接三个或三个以上支路的关键支点。这里用于指代电网、能源贸易网络等有形无形网络中的重要支点。

② 参见林益楷.能源大抉择——迎接能源转型新时代[M].北京:石油工业出版社,2019:254-264.

设计等不同的能源服务,成为向"综合能源解决方案供应商"转型的前沿探索者,这种新身份使其在能源权力分配中处于非常有利的竞争地位。

总之,可再生能源开发合作引起国家、企业乃至新的生产者(个人)等市场行为主体转换与角色更新,这些行为体在角色转换与更新的过程中相互影响、综合作用,深刻而全面地重塑现有能源市场格局。

三、革新国家间政治经济战略关系

可再生能源开发合作与能源转型是一个从国家向外围区域、全球蔓延的渐进历程,随着可再生能源转型态势日盛,国家间产业战略对冲与政策协调关系亟待革新。

第一,可再生能源转型使国家间围绕可再生能源创新与产业发展的战略性竞争愈演愈烈。创新覆盖某项技术示范、部署和商业化等整个生命周期,其范围远远超出技术研发。能源创新包括能源系统、市场运行的新方法以及新的商业模式等。当前,可再生能源技术进步仍存在诸多不确定性和不完备性,分布式能源、智能电网、微电网等新业态方兴,正进入深水区。创新突破乏力已成为本轮科技革命的一大痛点,可再生能源创新遭遇瓶颈将对可再生能源产业可持续发展产生影响,能源系统创新与产业发展在摸索中曲折前进。

在近年全球经济低迷、经济民族主义不断加码的国际环境下,美欧等高技术国家不愿共享与合作,而是"以邻为壑",将对能源转型与革命进程产生负面影响。随着中国经济实力和企业国际竞争力不断增强,"资源掠夺论""技术窃取论"等成为限制中国对外投资的借口。美欧等众多国家增设了愈加严格的投资审查法案,审查、干预甚至终止电动汽车、能源矿产等多种行业的并购,特别严格地审查来自"特别关注国"中国对高新技术的投资,涉及高新技术的可再生能源行业也受到很大牵连。可再生能源创新竞争、产业竞争折射的是国家在未来战略高地的地位与权力,而国家与市场都是这场能源地缘实力角逐的重要战场。

第二,可再生能源转型使区域、国家间政策协调关系面临重大调整。可再生能源的天然属性决定了其诸多局限性。可再生能源生产受时间和空间的影响明显,如季节、气候等条件的影响可造成风、光、电、水等可再生能源生产的间歇性问题,这成为一个难以回避的结构性问题。随着可再生能源开发的不断渗透,分散化、去中心化的产销格局与传统能源电网之间的并网、输送、消纳等难题日益凸显,而其中最直接的一道障碍是行政阻隔。若区域间、国家间因传统地缘政治的影响无法达成产销协议，形成有效市场，就会出现较为严重的弃风、弃光等可再生能源浪费现象，这是近期影响可再生能源可持续发展的最现实问题。

可再生能源生产利用中较强的政策依赖性也给国家间政策协调带来一定难度。可再生能源的高比例利用必须满足以下几个先决条件：向以高效能源为特点的低碳经济产业的结构调整；安装大规模发电装置，特别是风能和太阳能光伏发电装置；对可再生能源产业进行大规模投资。[①] 可见，至少在当前阶段，政府的扶持政策对可再生能源的替代进程起到至关重要的作用，造成了可再生能源较强的政策依赖性。在可再生能源转型日渐深入的背景下，越来越多的国家将可再生能源产业视为战略性新兴产业，对其进行战略性布局与扶持，以期在未来占据能源地缘政治优势与经济竞争的先手。这导致相关国家在补贴和政策扶持退出的协调问题上陷入纷争，继而引起"过度补贴""恶意竞争"的贸易争端。如美欧等国就中国光伏产品"过度补贴""倾销"而诉诸国际贸易"双反"调查的事件屡见不鲜。2020年初，一场始料不及的"黑天鹅"事件新冠肺炎疫情全球性爆发，却点燃了西方国家保守主义、民族主义的烈火，其中尤以美国、澳大利亚表现为甚，成为笼罩在全球化进程中的沉重阴霾。新冠疫情使一些西方发达国家对于其在产业链上对中国的严重依赖深感不安，急于从"国家安全"角度做出产业战略调整，采取措施把涉及国家安全的产业重新转回国内。这些国家提出供应链"去中国化"，实施技术"脱钩"、经济制裁、产业转移等政策，使遵循自由市场调配的国际产业链被强制割裂，全球产业链供应链进一步收缩，区域化、近岸化、在岸化的特征更趋明显，使我国产业外移的压力进一步增大，[②]从而可能导致产业链中断、产能合作受阻，严重阻碍了可再生能源国际合作与绿色"一带一路"推进。

综上所述，在国家层面，可再生能源转型从国际能源秩序的重建与权力架构的重构、国内权力分配等角度冲击着传统能源权力架构；在市场层面，可再生能源转型从贸易体系、贸易重要节点、市场参与者等三方面催发出新的市场主体与市场新格局；而涉及国家与市场交叉层面，可再生能源转型使

① Dai Hancheng, et al. Green Growth: The Economic Impacts of Large-scale Renewable Energy Development in China[J]. Applied Energy, 2016(162): 446.

② 王一鸣.百年大变局、高质量发展与构建新发展格局[J].管理世界, 2020(12): 1-12, 227.

国家间产业战略对冲与政策协调关系面临革新。

第三节   清洁能源合作中国际关系与合作模式演变

"百年未有之大变局"下,全球政治经济格局深度变迁、地缘政治动荡与地区冲突此起彼伏、世界经济全球化趋势阻力重重,国际关系也在发生着剧烈演变,使"一带一路"清洁能源合作面临着日益复杂的内外部环境。

一、国际关系与清洁能源国际合作的互构

清洁能源国际合作从属于国际关系中的国际经济关系范畴,也与国际政治关系有着一定交叉,因而清洁能源国际合作包含于国际关系之中,是国际关系的一个有机组成部分,也与其动态互构。清洁能源开发利用与能源转型方面的合作使国家间关系的性质发生转变,而国际关系转变又反过来影响清洁能源合作的紧密程度。

第一,可再生能源开发合作与国家能源战略互构。在能源安全上,能源消费国减少了能源进口与能源依赖,可再生能源替代使能源安全与能源可得性不断提升,战略困境大大缓解。随着能源创新力量的不断积蓄,以及国家能源政策的倾斜与变化,世界能源体系进入了一个根本性变革时期,以传统化石能源为基石的国际能源治理格局也将发生根本性变迁。清洁能源开发合作的兴起将使能源供需国家的能源战略发生重大转变,在能源转型背景下,市场与科技合作将成为未来国际能源合作与治理的核心要务。

清洁能源合作促使国家间能源关系日渐紧密,也使国家间传统的地缘政治考量与竞争关系趋缓,而国家间关系紧密将使清洁能源合作前景更乐观。如,近年中国与澳大利亚政治外交关系交恶,也使两国清洁能源合作较为困难。2019年以来,平高集团、上海机电设计研究院等承建澳大利亚太阳能电站EPC业务的申请先后被澳大利亚外国投资审查委员会在预审阶段否决。涉及我国国有企业和澳大利亚敏感行业、敏感基础设施的投资并购和承包工程业务都具有高度敏感性,容易引起澳大利亚政府对国家安全、国家利益方面的担忧和媒体的炒作。① 因中澳两国政治外交关系转冷,两国间

---

① 中华人民共和国商务部,中国对外承包工程商会.中国对外承包工程国别(地区)市场报告(2019—2020)[R].2020:301.

以煤炭等传统化石能源为主的能源贸易关系的相互依赖程度也被削弱,难以对政治外交关系产生反向促动作用。可见,国家间关系是清洁能源合作的重要政治导向。

第二,能源转型将使传统能源地缘政治意义上的国家行为体角色与地位发生巨变,权力版图将被重新分割。油气生产大国在全球能源地缘政治中的地位与重要性将持续下降,而具有特色能源产业优势、积极实施能源转型的国家也逐渐获得一定的地缘政治经济优势地位。从市场地位来看,俄罗斯、中亚、中东等油气市场中传统重要角色的力量被削弱之势将不可逆转,而以中国为代表的国际油气市场上的重要买家,其议价能力和市场影响力将日益增强。

能源转型带来的地缘政治影响在石油和天然气领域反差巨大。在石油市场上,石油生产大国力求保住其市场优势地位,通过增产、降价等手段极力打压竞争对手,以最大化地占领市场份额。2020年3月,"欧佩克+"谈判失败及沙特的增产和降价意图引发的石油降价危机具有强烈的地缘政治博弈色彩。[①] 在向清洁能源转型的大趋势下,世界石油产业体系的脆弱性进一步凸显,"强地缘政治—弱市场"将成为新的形态。[②] 而天然气则却有望进入"黄金时代",[③]绿色低碳发展大势将使未来天然气需求剧增,天然气市场格局、竞合态势与石油市场不同。总体来看,现今尚未形成统一的国际天然气市场,供需双方都希望争取更多市场主动权,但国际合作环境将不支持再出现类似欧佩克的强大垄断组织,因而天然气市场将比石油市场更加国际化、透明化,天然气地缘政治权力也将向分散化发展,市场力量将超越国家力量成为国际天然气竞合关系中的主导力量。

本轮能源格局结构性革命的赢家是新能源革命的领跑者,而输家则是传统的资源输出国。即便如此,油气地缘政治权力的反转却在清洁能源合作领域产生了积极影响:一些油气生产大国在理性评估转型不可逆转的趋势后,也开始积极布局转型,如中东的沙特、阿联酋等国家,其化石能源丰厚

① The Straits Times. Saudis to Raise Oil Output, Beginning All-out Price War Amid Coronavirus Crisis[EB/OL]. [2020-03-08]. https:// www. straitstimes. com/business/economy/saudis-to-raise-oil-output-beginning-all-out-price-war-amid-coronavirus-crisis.

② 于宏源. 地缘政治视域下国际石油价格的震荡及应对[J]. 国际展望,2020(6):23-44,146-147.

③ IEA. Golden Rules for a Golden Age of Gas[R]. World Energy Outlook Special Report,2013.

的出口收益正可作为清洁能源开发的主要资本来源。能源进口国则有更强的动力去发展和布局清洁能源,这些国家的政策转变将带来更多清洁能源合作的机会。

第三,可再生能源转型使国家间围绕可再生能源创新与产业发展的战略性竞争愈演愈烈。可再生能源创新竞争、产业竞争折射的是国家在未来战略高地的地位与权力,国家间政策协调关系也面临重大调整。在可再生能源转型日渐深入的背景下,越来越多的国家将可再生能源产业视为战略性新兴产业,对其进行战略性布局与扶持,以期在未来占据能源地缘政治优势与经济竞争的先手,这也导致相关国家在补贴和政策扶持退出的协调问题上陷入纷争。国家间围绕清洁能源的产业技术竞争,反映出国家间关系与清洁能源合作之间虽以互促互利为主,但也会相互牵制甚至产生矛盾冲突。

向清洁能源转型也将带来国际关系与能源地缘政治格局的深刻变迁。能源系统中发电机组、电网节点等承载了国家、区域间的能源、电力流通,基础设施网络布局中枢对能源安全的重要性日渐上升,掌握了这些网络布局中枢即可投射国际影响力和权力,因而围绕这些节点的争夺将日趋激烈,而(威胁)切断电网也可能成为一种新的能源地缘政治竞争手段。而在新的能源地缘政治博弈中,新能源开发所必需的稀有有色金属具有高度聚集的自然地理分布特征,争夺这些资源的激烈程度并不亚于传统化石能源。

绿色"一带一路"建设叠加区域能源转型背景下,清洁能源合作中国际关系演变愈加复杂,对国际关系的影响在某些领域可能是正向、积极的,在另外一些领域也可能是负面、消极的,在剧烈的变革与互动中达到动态平衡。

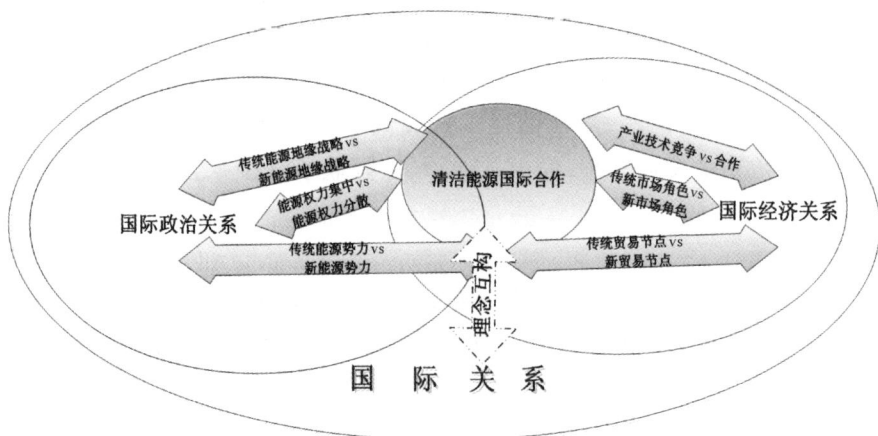

图 4-1　绿色"一带一路"清洁能源国际合作与国际关系互促互构示意

如图 4-1 所示,清洁能源国际合作是国际关系的重要组成部分,其与国际政治关系、国际经济关系之间是双向动态互构的,而非单向静态输出。在与国际政治关系互构中,传统能源地缘战略与新能源地缘战略、传统能源势力与新能源势力、能源权力是集中还是分散等竞争力量此消彼长;在与国际经济关系互构中,能源产业技术竞争与合作、能源市场新旧角色、能源贸易新旧节点等也正激烈竞逐主导优势。此外,清洁能源国际合作与国际关系之间还存在比较隐蔽的理念互构关系,如绿色发展合作理念与国际关系的平等化是相互促进的关系。[①]总之,清洁能源合作将使国家与市场两种传统地缘政治意象及两者交叉领域的互促互构愈加深入,它们在重塑未来能源格局进程中冲突又共生,矛盾性与融合性辩证统一的"相悖性影响"[②]也使能源国际关系走向新的变革时代。

二、清洁能源国际合作模式的演变

绿色"一带一路"清洁能源合作为沿线国家带来的不仅仅是能源结构的升级、民生福祉的提升,以及经济、社会、环境状态的改善,还给区域国家带来了绿色发展、可持续发展的新理念与新模式。这些新理念、新模式对推动清洁能源国际合作有着积极作用。清洁能源国际合作虽起步晚,但在创新的合作模式下取得了快速进展,成为绿色"一带一路"合作的新亮点。当前创新合作模式主要有以下三种。

第一是非机制化、渐进式合作模式。绿色"一带一路"以松散的合作模式为主流。这种合作模式之所以松散,是因为在"一带一路"合作中,很多国际合作平台、组织、机制等,都没有严格的机制化安排和严密的组织结构。比如在与南亚、中亚、西亚、东北亚、欧洲地区国家开展合作时,中国不以签署自由贸易区协定为前提,而是根据双方的需要构建多种形式、不同功能的合作机制,如经济走廊、次区域合作、合作机制对接、产业园区等。

基于构建人类命运共同体的终极目标,"一带一路"应涵盖世界上尽量多的国家,属于一种多边经济合作机制。然而在起步阶段,从可行性的角度出发,"一带一路"只能是一个区域经济合作机制。基于此种现实,"一带一路"的机制化只能在现行多边贸易机制框架下创新合作模式,而这种机制化

---

① Roman Vakulchuk,Indra Overland,Daniel Scholten. Renewable Energy and Geopolitics:A Review[J]. Renewable and Sustainable Energy Reviews,2020(122):9.

② 有学者将这种影响称为相悖性影响(paradoxical influence)。参见张锐.新冠疫情影响下的拉美能源转型[J].拉丁美洲研究,2021,43(1):117-135.

不应复制现行区域经济一体化的机制化模式。因此,渐进性是"一带一路"机制化建设的另一种重要特征和现实要求,具体表现为:规则所涵盖的成员不断增加、规则所涵盖的区域不断扩展和规则的约束力不断增强。[1]作为具有后发优势的新合作领域,清洁能源合作机制建设可以在既有机制化模式下进行较多创新,因其涉及更多功能性而非政治性因素,合作效率与合作成果都将超出传统能源领域,有望成为渐进性机制建设中的一抹亮色。

第二是推陈出新的工程基建合作模式。中国的基础设施建设能力强大,相关企业适应性强,针对不同国家不同的清洁能源开发现状与现实诉求,中国企业创新发展出灵活多样的合作模式。继最初的建设—拥有—移交(BOT)模式后,又衍生出建设—拥有—运营—移交(BOOT)、建设—拥有—运营(BOO)、建设—拥有—运营—补贴—移交(BOOST)、建设—租赁—移交(BLT)、建设—移交(BT),建设—移交—运营(BTO)、投资—运营—移交(IOT)、移交—运营—拥有(TOO)、移交—经营—移交(TOT)等一系列运作模式。其中 BOT、BOOT、BOO 等模式既发挥了中国资本与基建的优势,又给予建设企业一定的运营管理权限,待项目成熟后拥有或者移交,得到了很多国家的认可和信赖,非常适合在水电、风电、光伏太阳能电站等常规可再生能源基建合作中采用。而 PPP 模式有效调动了私人资本,政企合营更加提升了合作效率与透明度,也在清洁能源合作中被广泛采用。现实中往往会出现上述三种模式与 PPP 模式相结合的合作模式。

第三是要素交换的融资合作模式。为降低债务违约风险,中国企业在投融资模式上也进行了创新,其中"开发性金融"模式是最有成效的一种。该模式主要采用资产打包方式,将投资国所在的优质资产与风险资产打包。例如,2008 年中俄启动能源战略合作,俄方承诺未来 20 年每年向中方出口原油 1500 万吨并建设远东原油管道中国支线,中方向俄方提供 250 亿美元长期贷款。此举"创造了管道运输、原油贸易和贷款的一揽子合作"模式。[2]此外,中国国有石油公司采取的"贷款换石油""基础设施换资源"(如中国水电在加纳以水电基建换取铝矿资源)等模式,以及近年中国一些民营油企采用的"装备换石油"模式,都将其优势要素与海外丰富的资源权益密切关联,

---

① 李向阳.亚洲区域经济一体化的"缺位"与"一带一路"的发展导向[J].中国社会科学,2018(8):33-43.

② 华尔街见闻.油气投资海外大抄底,中国能源企业"出海"融资不走寻常路?[EB/OL].[2017-11-15].https://www.sohu.com/a/204788097_788233.

优势互补、合作共赢，有效降低了违约风险。随着合作的不断加深，"一带一路"合作中要素交换形式如技术换资源、技术换市场等，将继续推陈出新、创新发展。

绿色"一带一路"的深入推进促使清洁能源合作模式向更多元、更高效的方向演变，清洁能源国际合作中方兴未艾的新模式、新业态彰显出绿色"一带一路"合作中的创新态势，也反过来为绿色"一带一路"贡献发展活力。

第四节　本章小结

"一带一路"区域国家命运互联、休戚与共。对中国而言，"一带一路"国家绿色能源合作是推动中国清洁能源产业发展的重要环节，也是优化区域能源治理格局的关键方向。在"工笔画"合作阶段，更需注重高标准、惠民生、可持续的合作要求，以及绿色、开放、廉洁本色，吸引区域国家自愿参与、共建共商、责任共担、成果共享，共创绿色"一带一路"。

当前，绿色"一带一路"清洁能源国家间合作主要有双边、多边与第三方市场三种形式。高层会谈与互动依然是为双边清洁能源合作定调的主要因素，双方的合作规模、紧密程度很大程度上取决于双边关系；多边合作方面，中国在"一带一路"能源合作中虽有自主构建的能源合作机制，但机制化程度不高，仍主要借助现有多边综合、专门的国际机制衍生的能源合作平台进行对话与交流；在第三方市场合作上，中国主要与发达国家在第三方国家开展了多领域合作，这种形式也补充和丰富了中国的对外能源合作形式。

"百年未有之大变局"下国际局势风云变幻，绿色"一带一路"清洁能源合作中国家间关系与模式演变愈加剧烈，国家间关系与清洁能源合作之间逻辑勾连愈加复杂，并不单单是正向促进关系。绿色"一带一路"合作加深将促使清洁能源合作模式的演变，非机制化、渐进式的合作模式，不断推陈出新的基础设施建设合作模式，以及要素交换的融资合作模式等创新模式，彰显出绿色"一带一路"合作中的创新能力与发展活力。

第五章　绿色"一带一路"清洁能源产业合作战略：创新与融合

　　绿色"一带一路"区域清洁能源市场前景十分广阔。目前，中亚、西亚、南亚、非洲等地区虽有着丰富的清洁能源储备，却因经济水平落后、产业基础薄弱等面临着不同程度的能源贫困、电力短缺、能效低下问题，特别是现代化的清洁能源占比较低。伴随着这些区域经济的崛起，区域国家对清洁能源、电力的需求将快速增长，并带来清洁能源投资的快速增长与国际合作的日益兴盛。

　　随着绿色"一带一路"清洁能源产业合作领域日益扩展、合作模式不断丰富、合作内涵持续提升，中国的清洁能源产业也日益迈向品牌化、全球化。

第一节　清洁能源国际产业合作

一、清洁能源产业合作的意义

　　产业合作是"一带一路"国际合作的重要形式之一。清洁能源产业合作对绿色"一带一路"建设和区域国家绿色、可持续发展都具有重要的意义。

　　其一，从战略角度看，"一带一路"倡议提出具有深远的产业发展战略考量。"一带一路"框架下国际产能合作的战略目标是以促进我国经济提质增效升级为核心，以企业为主体，以互利共赢为导向，以建设生产线、建设基础设施、开发资源能源为主要内容，通过直接投资、工程承包、技术合作、装备出口等多种形式,优化我国企业生产能力布局,提高合作国产业发展水平的对外经济活动。[①] 国际产能合作顺应了经济全球化和国际产业转移的发展趋势,通过在全球范围内优化资源配置,充分发挥各国的比较优势,实现合作共赢。

清洁能源产能合作是推进绿色"一带一路"的重要渠道。绿色产业国际合作是有效改善区域能源结构、提升区域环境质量与治理水平的关键一环,将带动清洁能源、节能环保、产业升级合作稳中提质。清洁能源产业在绿色"一带一路"产业布局中占据重要地位,其中可再生能源国际合作已成为绿色"一带一路"国际产能合作中最具潜力的领域。根据 IEA 的数据估算,2030 年"一带一路"国家可再生能源新增装机约 19.4 亿 kW,其后十年内将再新增 26 亿 kW,[②]可再生能源产业发展与区域合作势头迅猛。建立在雄厚的制造业基础与积极的政策支持下的中国可再生能源产业,在产业规模、技术水平、资本总量、市场推广等领域都显示出强大的竞争力,占据了未来新兴战略性产业发展的主动权。

其二,从产业链角度看,清洁能源产业合作可促进全产业链合作与产业深度融合。在国际比较优势与全球产业分工体系下,"一带一路"倡议可调动区域国家通过企业链、价值链、供需链和空间链等产业链各环节的协调联动,不断创新生产模式、管理模式、服务模式等,以实现区域更深层次的融合发展。而国际清洁能源合作可从初级的清洁能源经贸、投资,深化到清洁能源生产、流通、消费、服务等全产业链合作,渐次调动起产业链各环节的深度融合,加快绿色产业链及区域经济一体化,为绿色"一带一路"合作增添动能。

清洁能源国际产业合作可发挥出其融通供需两侧、促进能源要素互联互通及产业融合发展的独特价值。创新性的绿色产能合作为绿色"一带一路"建设提供了强大的驱动力。当前,以"产业＋"为主要表现形式的产业融合是国际产能合作中的创新模式,而能源互联网建设则是"产业＋"融合模式的新亮点。通过综合运用智能计算、大数据分析、移动互联、物联网等新兴技术,在区域内构建起"智能电网＋特高压电网＋清洁能源"的能源、电力基础框架,打造能源互联网,有利于区域国家产业升级、能耗降低,加快能

---

① 中国政府网站.国务院关于推进国际产能和装备制造合作的指导意见.[EB/OL].[2015-05-16].http://www.gov.cn/zhengce/content/2015/05/16/content_9771.htm.

② IEA. World Energy Outlook[R].2018:320.

源、电力等产业联动发展进程,并在基础设施联通、清洁能源开发利用、气候环境改善等领域发挥重要作用。新模式、新业态下的绿色产能合作与融合对绿色"一带一路"建设及区域未来发展合作的重要性日益提升。

其三,从整体产业发展角度看,清洁能源产业合作可带动传统产业的绿色化发展。传统产业的绿色化是绿色"一带一路"推进中的一条折中之路,高污染、高能耗、高排放产业治理不能一蹴而就,需要循序渐进过渡到绿色低碳产业,乃至碳中和。区域国家可根据其发展现实,在现有生产条件下采用新技术对传统生产工艺进行绿色低碳、节能环保的改造与优化,努力将工业生产活动的环境污染、能源消耗降到最低限度,从而兼顾经济与环境效益。比如,提升能源效率是绿色"一带一路"建设的重要一环,也是绿色"一带一路"建设对于传统产业发展的基本要求,区域合作共同促进能源基础设施互联互通、产业融通等对"一带一路"倡议下能源效率向高效低能收敛具有积极意义。

二、中国与绿色"一带一路"产业合作

从经济起飞到新兴绿色产业蓬勃发展,国际产业合作成为中国在国际产业链价值链中不断跃升的重要手段。自改革开放以来,中国主动地逐步融入西方主导的国际产业分工中,但"两头在外"的国际贸易格局使其长时间被固化在国际产业链价值链的低端。以牺牲资源环境和可持续发展为代价生产加工出低附加值、低技术含量的初级产品、半成品,或"夕阳产业"产品,价格低廉的"中国制造"虽能在中低端产品市场占据一定优势,却在国际市场上频频引起"双反"调查及贸易纠纷,而在国内则出现了严重的产能过剩问题。

"一带一路"沿线的广大发展中国家境遇也并不乐观,由于资源禀赋、相对优势及传统路径依赖等因素影响,这些国家在国际产业链价值链中长期充当着"外围"被剥削者的角色。"一带一路"国际产业合作秉承公平公正、多边主义、合作共赢的理念,有望逐步破除以西方为主导的"中心—外围"国际产业贸易格局。随着经济结构改革深入与产业优化升级,中国在全球产业链、价值链中的地位不断提升,亟须确立和巩固其在相对竞争优势产业中的地位,并带领区域国家脱离产业依赖、实现产业升级与可持续增长。

中国与"一带一路"区域国际产能合作并非输出中国落后产能,而是将"产业输出"与"能力输出"相结合,把中国相关产业整体输出到沿线国家,同

时帮助这些国家建立更加完整的工业体系,提升其制造能力。① 中国所提倡的国际产能合作既包括产品输出,也包括产业输出及与之配套的资金、技术、人才、管理经验等全要素的输出,还包括绿色发展、开放包容的合作理念的输出,因而具有很强的国际公共产品属性,是有别于西方传统工业化模式下的产能合作,是更注重互惠共赢、绿色可持续发展的产能合作。"一带一路"倡议实施以来,以可再生能源、新发展理念为标签的中国新兴绿色产业投资与合作在沿线遍地开花,掀起绿色投融资、绿色基础设施建设热潮,与沿线国家开展绿色产能合作、产业融通。迄今,中国已同 40 多个沿线国家签署了产能合作文件,同东盟、非盟、拉美和加勒比国家共同体等区域组织进行了合作对接,开展机制化产能合作。②

近年来中国可再生能源、核电、特高压等战略性新兴产业快速崛起甚至占据了世界领先优势,中国的水电、光伏、风电产业处于国际领先水平,已形成了全产业链竞争优势,中国还是世界最大的太阳能电池板、风力涡轮机、蓄电池和电动汽车生产国、出口国和安装国,为其在国际产业链价值链中的地位跃升打下了坚实的产业基础。

中国企业主要以三种模式参与清洁能源产业链合作:一是"抱团出海",以国有龙头企业为主导通过竞标获得项目并分包业务带动国内上下游或关联产业的全产业链产能合作模式,亚马尔天然气项目是此种模式的典型;③二是"局部嵌入",以并购、境外建厂、海外研发等形式嵌入东道国相关产业链,并以工程总包(EPC)、建设—运营—移交(BOT)等创新形式广泛参与沿线国家水电、核电、光伏、风电等工程项目;三是"业务出海",中国企业向东道国市场提供清洁能源技术、设备等,这是一些中小企业间接参与"一带一路"常用的合作模式。伴随着中国从产业价值链低端向中高端跃升,"中国制造"升级为"中国智造""中国服务""中国品牌",将带动清洁能源产业合作从初级的产品服务贸易深化到生产、流通、消费的全产业链合作,促进产业链价值链各链条的深度融合与产业一体化。中国在绿色"一带一路"清洁能

　　① 中国政府网.发展改革委介绍推进国际产能和装备制造合作(意见)有关情况[EB/OL].[2015-05-20].http://www.gov.cn/xinwen/2015-05/20/content_2865242.htm.

　　② 新华网.共建"一带一路"倡议:进展、贡献与展望[EB/OL].[2019-04-22].http://www.xinhuanet.com/2019-04/22/c_1124400071.htm.

　　③ 何帆,朱鹤,张骞.21 世纪海上丝绸之路建设:现状、机遇、问题与应对[J].国际经济评论,2017(5):116-133.

源产业链价值链中的地位日渐突出。

如今,绿色"一带一路"正以中国绿色新兴产业作为重要支点,撬动区域与全球绿色合作及绿色转型的齿轮,推动更大范围、更高水平、更深层次的国际清洁能源合作,中国成为推动绿色"一带一路"区域绿色产业发展、清洁能源合作的最重要动力源。

第二节　清洁能源产业合作新态势

清洁能源形式多样,开发利用形态各异。在清洁能源产业体系中,清洁煤炭、天然气、核能,以及各种不同类型的可再生能源依循其各自不同的产业发展轨道发展进步。各种清洁能源具有不同的技术形态、开发趋势,也影响着其产业发展状态与现实合作态势。2019年世界一次能源消费结构中,石油占比32%、天然气占比24%、煤炭占比27%、新能源占比17%,组成了"四分天下"的能源格局。[①] 天然气和新能源合并占比41%,两种清洁能源形式也是能源转型的重点方向。

一、清洁煤炭

"一带一路"沿线区域大多是煤炭生产和集中消耗区,区域许多国家火力发电系统普遍有着较高的煤炭消费比例,并已形成路径依赖。当前可再生能源的替代效应、减排效应进展并不明显,煤炭发电的能源环境问题却日益突出。清洁煤炭具有原料廉价、成本可控、技术可得的优点,比较适合作为能源转型中的一种过渡能源加以使用。因此,要保证生态环境安全,就要开发绿色火电技术,在火电的规划—建设—运营过程中,实现产业转型升级和绿色发展,有力解决火电建设产生的生态环境问题。[②]加强区域煤炭清洁合作,与沿线国家合作新建清洁燃煤电厂、升级传统燃煤电厂,是解决燃煤发电引起的环境问题的当务之急。

在燃煤污染最严重的南亚地区,中国的清洁燃煤技术对改善区域生态环境发挥了重要作用。巴基斯坦的华能萨希瓦尔电站是中巴经济走廊首台

---

① 石油商报.邹才能院士:能源转型,从世界到中国,正从资源为王向技术为王转变[N].2020-07-28.

② 徐鹤,姚荣,黄妍莺.推进我国"一带一路"火电绿色投资的思考与建议[J].环境保护,2019,47(2):31-34.

高效清洁燃煤机组;塞尔维亚的科斯托拉茨火电站是中国在欧洲第一个电力总承包项目;中国安徽电建和印度莎圣电力有限公司合作的莎圣电站装机容量达 3960MW,是世界上在建规模最大的燃煤电站,也是目前印度总装机容量最大的超临界机组。

清洁燃煤难以从本质上脱离其环境负面效应,其带来的环境风险值得高度重视。如在越南、孟加拉等国,由于当地煤电排放标准和环境空气质量标准较为宽松,煤电项目在建成时选用的技术标准相对较低。而燃煤电厂投产后的排污问题一定程度上影响了当地的空气质量和周边居民的健康,甚至发生过当地民众和社区因不满电厂排污而对项目建设发起抗议、对项目的环境影响评价等提出质疑和法律诉讼的情况,最终导致项目延期、搁置,甚至取消。近期包括印度、印度尼西亚等国家在内的东道国正在收紧空气质量标准和排放标准,这将增加烟气末端处理设备的资金投入,提高煤电项目的建设和运营成本。[1] 因此,清洁燃煤并非长久之计。

二、天然气

天然气不但清洁低碳、燃烧值高,还具有很好的机动性、灵活性和协同性,这使其在新一轮能源转型中具备了最独特的竞争优势。在向高比例可再生能源系统转型的过程中,天然气起到了重要的"桥梁"作用。这是因为天然气发电组具有快速启停的优势,与具有间歇性特征的可再生能源发电组之间可产生良好耦合,从而使天然气与可再生能源成为一对"黄金搭档"。预计到 2040 年,天然气将超过煤炭,成为全球第二大能源。随着可再生能源发电规模的不断增大,天然气发电比例将有所降低,但在更经济、更有效的能源形式或能源技术出现之前,天然气仍将对电力系统起到不可或缺的补充和调峰作用。

天然气分布式能源是国际上公认的效率最高的能源利用方式之一,系统能效可达 80%左右。天然气分布式能源具有节能、减排、经济、安全、削峰填谷等不可替代的多元优势,特别适合城市能源系统。[2] 天然气分布式能源可以有效解决电网调峰和安全问题,并能改善能效和能源结构,在未来分布式能源系统中占据核心地位,是节能减排和清洁能源利用迫切发展的重点。

但天然气的弱点也比较突出。一是天然气的甲烷逃逸问题。据称,天

---

① 绿色和平组织.中国海外煤电股权投资趋势与风险分析[R].2019:6.
② 能源互联网研究课题组.能源互联网发展研究[M].北京:清华大学出版社,2017:275.

然气在开采、运输、储存和使用过程中,甲烷逃逸造成的温室效应是二氧化碳的 10～20 倍,这大大削弱了天然气的清洁利用对减排的贡献。此外,天然气是一种气体,开采储运过程中的泄漏问题无法避免,只有泄漏率低于3.2%,天然气才可以称为清洁能源。因此有效降低泄漏率,减少天然气甲烷逃逸是保证天然气作为清洁能源使用的关键因素。

二是天然气作为商品的流动性较弱。天然气不易储存,且投资规模巨大,这对供需双方都造成一定风险。对于天然气生产国,天然气开采的固定成本如开采设备投入、天然气管道建设等成本很难缩减,一旦需求不足或失去买家,则可能造成巨大的商业风险。对消费国而言,天然气的可用性、可得性、可负担性、可持续性等问题是其关注的焦点。现今亚洲买家的 LNG 合同绝大多数依然与油价挂钩,因此一旦油价大幅下跌,很多亚洲 LNG 将面临很大的价格风险。管道天然气供应中断或供气不足事件也时有发生,2018 年 1 月,因中亚国家遭遇机组故障、本地用气增加等,中国从中亚进口的管道天然气量明显下降,造成"气荒"。

由此可见,天然气虽是一种优质的清洁能源,是保障绿色低碳发展的重要能源之一,但也应警惕其开采、贸易过程中出现的现实问题。为使天然气在未来能源系统中发挥稳定的"桥梁"作用,天然气合作应围绕努力提升国际天然气定价权与影响力、改善天然气开采技术与供应能力,以及加强天然气基础设施建设等重点领域展开。

为破解"亚洲溢价",中国可充分利用天然气大买家的优势、地缘经济影响力,与相关国家争取有利的天然气进口价格,继续坚定实施资源多元化战略,对冲溢价。现阶段,LNG 和管道天然气并列为中国主要天然气进口形式。中国应扩大天然气进口的国家、渠道及项目等,形成更加灵活多样的天然气供应组合,以降低供应风险,增强能源安全。在天然气基础设施建设方面,需继续加强与俄罗斯、中亚国家、缅甸等的合作,在中低压天然气配送网络、地下储气库及天然气新型设备建设等方面持续深入合作。在绿色"一带一路"互联互通建设中打造密集、多元的天然气管网系统,中俄、中亚、中缅等跨境天然气管道或可成为未来亚洲天然气运输系统的基础框架。

三、核电

核能是一种经济便捷的清洁能源。与传统火电相比,核能的碳排放量低、污染小;核燃料能量密度比起化石燃料高上几百万倍,燃烧值极高,因而其所需燃料质量很小,可以减少很多运输储存成本;核能的原材料铀矿的开采成本不高,受国际市场波动影响很小。核能发电系统稳定性高,使其日益成为传统火电的重要补充,核电的发展前景非常广阔。

核电的短板也比较明显,如核废料处理、核电厂报废,以及重大自然灾害、人为破坏、故障等导致的核泄漏可能对周围环境产生难以估量的损失,且恢复时间漫长,这也使很多国家对核电开发比较慎重,如德国就在逐渐放弃使用核电。

BP 的统计数据显示,2019 年核电消费增长了 3.2%,这是自 2004 年以来的最快增长,逆转了近 10 年来年均缩减 0.79% 的趋势。其中,中国已连续三年成为世界上核电消费增长最快的国家。日本从福岛核电站事故的影响中恢复过来,核电增长占比 33%。[①] 由于核电长期存在环境、安全问题,不能作为未来理想化能源结构中的主要能源组成,而可再生能源与核能有着比较强的替代关系,可再生能源替代进程的深入将使核电消费的比例持续下降。

中国具备成熟的核能利用经验,并拥有自主知识产权设计、装备制造、工程建设和运营等方面的能力与经验,核能产业链整体竞争力位居世界前列,核电装备产业也是我国具有世界竞争力的战略性新兴产业。当前中国的核电开发利用程度还比较低,处于快速增长阶段。2019 年中国核电占总发电量的比例只有 3.11%,之后三年年均复合增长率将达到 12%。[②] 2019 年 9 月,采用"华龙一号"三代核电技术的海南昌江核电二期工程和民营资本首次参股投资的浙江三澳核电一期工程获批,两个项目有效总投资额超过 700 亿元。今后还将看到中国新建核电站数量的快速增加。2020 年 11 月,华龙一号全球首堆福清核电 5 号机组并网发电,一举打破了西方对核电技术的垄断,大幅提升了中国核电行业的竞争力,同时对优化能源结构,推动绿色低碳发展,助力国内国际双循环新发展格局的建成具有重要意义。为推动中国核电企业在国际竞争中形成合力,从"单兵作战"走向"强强联合",在国家有关部门推动下,中国核工业集团公司、国家核电技术公司、中国广核集团有限公司等联合成立了中国核电技术装备"走出去"产业联盟,为我国核电企业"抱团出海"提供了合作机制。

中国核电企业也在积极开拓国际市场。2017 年,中国与法国、肯尼亚、泰国、乌干达、沙特阿拉伯、巴西、柬埔寨和越南签署了核电合作协议。2017

---

① BP. Statistical Review of World Energy[R]. 2020:7.

② 农银国际. 中国替代能源行业[R]. 2020:4.

年5月,中国与阿根廷签订了建造两座反应堆的合同;2017年10月,中国与巴基斯坦签署了在恰希玛核电站建造一台"华龙一号"机组的商务合同。① 2021年5月21日,经过69个月建设的"华龙一号"海外首堆工程——巴基斯坦卡拉奇核电2号(K-2)机组完成100小时连续稳定运行验收,建造、安装、调试各项工作圆满完成,正式开启商业运行,这标志着中国自主三代核电"华龙一号"顺利完成了核电项目出口海外的第一站。

四、水电

水电是所有可再生能源中灵活性、可靠性最高的一种能源,其开发也最为广泛。因水电启停迅速,可承担调频、调峰、调相、备用等任务,这使其兼具清洁可再生和电网调节的双重属性。水电也可作为其他可再生能源的重要补充。水电特别是抽水蓄能可以在提高风能和太阳能发电的经济性、季节互补性,以及维护电网稳定等方面发挥重要作用。抽水蓄能+新能源的组合将显著改善新能源的出力特性,减少对主干电网的冲击,大幅提升新能源在整个电源结构中的比例,有望在未来得到快速发展。

在未来电力系统中,水电的功能定位或将从以电量为主逐渐转变为容量支撑,并通过扩机增容来进一步提高系统调节能力,在平抑区外来电的冲击与新能源出力的波动、提升系统整体资源利用效率等方面发挥重要的作用。② 因而水电是"一带一路"沿线很多国家推动能源结构低碳化与能源转型的最佳选择。

中国是世界上水电利用的领导者,也在"一带一路"项目中广泛参与水电合作。IEA的报告显示,1990—2018年间,中国水电年均增长8.4%,占据了全球水电增长的51.7%,已成长为世界水电产业首屈一指的贡献者,远远高于排名后几位的巴西(8.8%)、加拿大(4.3%)、印度(3.8%)的水电增长比例。③

中国企业参与的国际水电合作项目,按照项目建设模式,主要分为承包类、投资类、援建类和设备供货安装调试类四种类别。承包类项目占国际合作项目总数量的69.7%,规模占国际合作项目总规模的62.6%。投资类项目数量和装机规模占比分别为15.9%和28.5%。设备供货安装和调试类

---

① 维科网.世界核能表现报告2018(亚洲版)[EB/OL].[2019-02-18].https://power.ofweek.com/2019-02/ART-35006-8420-30304902.html.

② 中国水电水利规划设计总院.中国可再生能源国际合作报告(2019)[R].2020:30.

③ IEA. Renewable Information Overview[R]. 2020:5.

项目数量占比 11.3%,装机规模占比 7.9%。①从合作区域上看,亚洲、非洲、南美洲是中国企业水电合作的重点区域,截止到 2019 年底,亚洲合作项目为 269 个,装机总量 8474.8 万 kW,非洲合作项目 86 个,装机总量 2203.5 万 kW,南美洲合作项目 36 个,装机总量 1911.3 万 kW。亚、非、南美三个区域水电合作项目数量和装机规模的占比分别是:66.3% 和 66.5%,21.2% 和 17.3%,8.9% 和 15%。②

　　"一带一路"中国企业水电领域合作中涌现出一大批代表性项目,为本地经济社会发展、民众生活水平提高、清洁能源开发利用等做出了重要贡献。包括中国华电集团投资建设的印度尼西亚阿萨汉一级水电站、中国电建集团旗下中国水电参与建设的巴丹托鲁水电站和佳蒂格德水电站,中国能建葛洲坝集团与巴基斯坦本地企业合作建设的莫赫曼德水电站,以及中国铁建参与的卡扬一级水电站项目等。

五、光伏

　　2019 年,全球除水电外的可再生能源消费(包括生物燃料和所有参与贸易的可再生电力)出现了创纪录的增长(3.2 千兆焦耳),占全球一次能源消费增长的 40% 以上,是所有能源形式中增长幅度最大的。其中,风能增长的贡献最大(1.4 千兆焦耳),其次是太阳能(1.2 千兆焦耳)。其他可再生能源(如生物质和地热)增长了 0.3 千兆焦耳,而生物燃料的消费增加了 0.2 千兆焦耳。③

　　光伏产业的开发模式在不断创新,其中"光伏＋"是一个产业新亮点。"光伏＋"模式包括与多种能源综合利用及与不同行业结合开发等。前者主要指光伏与风电、水电等其他发电形式的多能互补,实现光伏的大范围推广。后者的应用场景多种多样,光伏＋新能源汽车应用模式将是未来新能源汽车的一个重要方向;光伏＋制氢,实现了用清洁能源生产清洁能源,可有效解决光伏发电消纳问题,实现两种新能源之间的协同应用;光伏＋建筑,开拓了以高效、智能化的光伏发电系统作为建筑能源形式的"光电建筑"。

---

①　中国水电水利规划设计总院.中国可再生能源国际合作报告(2019)[R].2020:35.

②　中国水电水利规划设计总院.中国可再生能源国际合作报告(2019)[R].2020:40-42.

③　BP. Statistical Review of World Energy 2019[R].2020:3.

2019 年我国光伏产能占世界总产能的 68.8%,设备组件出口和海外建厂是制造产业合作的主要方向。中国企业光伏组件出口占据主流,并在一些国家占据了很大的市场份额。2019 年 IHS Market 报告统计,华为智能光伏发货量连续四年居全球第一;光伏组件企业晶澳太阳能在印度市场的占有率已突破 10%,跃居印度市场前两名。

六、风电

按照国际可再生能源署(IRENA)的预测,到 2030 年,全球陆地风力发电能力将提高 3 倍,海上风力发电能力将提高 10 倍,并实现大规模电气化。此外,随着海上风电技术的成熟,各国政府和国际机构视海上风电为下一个爆发点。

从存量上看,中国、美国、德国、印度和西班牙五国风电装机总量占世界风电总装机量的 70%。欧洲目前是世界最大的海上风电市场,2018 年,英国(45.4%)、德国(33.1%)、丹麦(7.9%)、荷兰(6.2%)四国累计海上风电装机容量占全球总量的 90% 以上。[1]

全球光伏组件生产制造重心仍然在亚太地区,亚太地区产能达到 207GW,约占全球总产能的 95.1%;中国大陆是全球最大的组件生产区域。"十三五"(2016—2020 年)期间,一条覆盖风电开发建设、设备制造、技术研发、检测认证、配套服务的产业链进一步成熟,中国已成为全球最大的风电装备制造基地。[2] 中国作为全球最大的风电新增和累计装机市场,企业占据全球前十大风电运营商之中的六席。截至 2019 年底,我国风电机组整机制造企业已出口的风电机组共计 1950 台,累计容量达到 4181MW。[3]

七、生物质能

当前生物质能的利用主要发生在亚洲、非洲的不发达地区,主要是柴薪、动物粪便等固体生物质能,用于家庭做饭与供暖,这些地区也大都尚未使用现代清洁能源。2018 年非经合组织国家生产了全球 82.6% 的固体生物燃料,其中非洲占据了三分之一。2020 年 BP《能源展望》预计到 2050 年,包括应用在交通领域的液态生物燃料、替代天然气的生物甲烷及主要应用于电力行业的生物质能,在一次能源中的占比在快速转型、净零两种情景下

---

①   IEA. Renewable Information Overview[R].2020:24.

②   本刊.数说风电"十三五"[J].风能,2021(01):28-33.

③   中国水电水利规划设计总院.中国可再生能源国际合作报告(2019)[R].2020:64.

将分别达到 7% 和约 10%。①

　　近年来我国生物质能产业国际合作主要以政策对话、技术研讨等国际交流活动为主,产能合作也在有序推进。在产能合作方面,主要以发达国家的技术装备"引进来"为主,也包括在部分发展中国家开展的"走出去"合作。

　　我国生物质能企业也在不断尝试和探索生物质能利用领域的项目合作。例如,与法国电力公司(EDF)合作的河南灵宝生物质热电项目、中国能建承建的马来西亚 44MW 一揽子生物质电站项目、乌克兰 Cindrigo 1000TPD 和基辅 Karsa 垃圾电站项目等。②

八、氢能源

　　氢能源具有清洁低碳、灵活高效、来源多样、应用场景丰富等特点,它比天然气有更好的环境效益和开发潜力,氢能源与化石能源具有最佳耦合度,氢能源开发前景很大,商业化利用价值不言而喻。2020 年 BP《能源展望》预计,到 2050 年,氢能占全球终端能源消费总量的比例在快速转型、净零两个情景下将分别增长约 7% 和 16%。③

　　人工制氢的方法主要有:热化学法制氢(如煤制氢和天然气重整制氢等)、工业副产氢提纯制氢、水电解制氢和太阳能光催化分解水制氢等。其中前两者是目前最常见的制氢方式。可再生能源制氢(即绿氢)可将可再生能源与氢能源较好耦合,达到净零排放的效果,具有较好的产业应用前景,或将成为制氢工业的主要形式。

　　目前氢能源大规模商业化应用的条件仍不成熟,技术与成本是其主要障碍:前两种制氢方式耗能高、排放二氧化碳多,成本也非常高,难以达到碳中和目的,而可再生能源经济性制氢技术的突破难度很大;安全、高效储运氢技术是氢能规模化利用的关键,但目前氢气的储运技术要求高、成本高,加氢站运营成本也很高。因此,虽然清洁环保,但氢能从生产到消费的诸多环节都面临较棘手的技术困难和较高的成本,其大规模商业化应用尚需时日。

　　自 20 世纪 70 年代以来,欧美日等发达国家一直探索氢能的开发与应

---

　　① BP. World Energy Outlook 2020[R].2020:116.

　　② 中国水电水利规划设计总院.中国可再生能源国际合作报告(2019)[R].2020:97-98.

　　③ BP. World Energy Outlook 2020[R].2020:102.

用,并在世界范围内掀起了几轮氢能热。目前欧美等发达国家在氢燃料电池电堆设计与制造上具有技术优势,而氢能长距离储运与加注的核心技术主要掌握在空气产品公司(Air Products)、法国液化空气集团(Air Liquide)等少数几家企业手中。日本长期致力于研发氢能相关技术及其推广应用,技术产业全球领先。

尽管历经 40 多年发展,但全球氢能产业仍处于商业化早期。氢能市场上各类主体繁多,合作经营活动活跃,但尚未形成成熟、固定的盈利模式。[①] 2020 年,欧盟、加拿大和智利等国家相继宣布氢产业发展路线图,被广泛认为是氢能产业发展的转折点。

中国科技界对氢能源技术十分重视。2019 年和 2020 年,中国科协分别将氢燃料电池动力系统问题和如何在可再生能源规模化电解水制氢生产中实现"大规模""低能耗""高稳定性"三者的统一列在年度十大前沿工程技术难题之列。2020 年 11 月,国务院办公厅印发的《新能源汽车产业发展规划(2021—2035 年)》提出了攻克氢能储运、加氢站、车载储氢等氢燃料电池汽车应用支撑技术的规划。[②]

日益庞大的电动车市场、高度发达的可再生能源产业、氢燃料电池技术进步以及规模化带来的成本下降等因素,使最新一轮的氢能热焦点聚集在中国。从产业方面,中国正加速发展绿氢制取、储运和应用等氢能产业链技术装备,促进氢能燃料电池技术链、氢燃料电池汽车产业链发展。至 2020 年 10 月,中国各地政府制定的氢能产业政策达 62 个,[③]预计到 2030 年,氢能源在中国终端能源中占比至少达到 5%,2050 年至少达到 10%。

目前中国生产的氢能源主要用于电动汽车的燃料电池。氢燃料电池车拥有几乎零排放的优势,在长三角、珠三角等经济发达地区,已有公交车、垃圾车、洒水车、中重型车等开始使用氢能源。近年多家知名中国企业也已投入重金,开始布局氢燃料乘用汽车的研发制造。未来中国的氢能产业前景将更加广阔。

---

① 新能源网.冷思考:中国氢能产业发展的认识与建议[EB/OL].[2021-04-12].https:// newenergy. in-en. com/html/newenergy-2404294. shtml.

② 中国政府网.国务院办公厅关于印发新能源汽车产业发展规划(2021—2035 年)的通知[EB/OL].[2020-10-20]. http:// www. gov. cn/zhengce/content/2020-11/02/content_5556716. htm

③ 杨艳,高慧.中国氢能产业发展的认识与建议[J].世界石油工业,2020,27(6):13-19.

九、天然气水合物

天然气水合物是国际上最新发现的清洁能源。我国蕴藏有丰富的水合物资源,陆地上如青藏高原,海底如南海神狐海域等,已经钻探取心证实了我国巨大的水合物资源前景。

我国四大蕴藏区天然气水合物远景储量总计83.7万亿立方米,其中南海65万亿立方米,青藏高原冻土带12.5万亿立方米、东海部分海域3.4万亿立方米、东北冻土带2.8万亿立方米。南海天然气水合物资源量最为丰富,南海西沙海槽、台湾西南陆坡等海底可能存在的天然气水合物储量为803亿吨油当量,接近于我国常规石油资源量,约是我国常规天然气资源量的两倍,可以满足我国今后数百年的需求。①

鉴于我国及周边区域天然气水合物资源储备丰富,已具备世界领先的开发技术与实践经验,未来若能在商业化应用上有所突破,与地区海洋邻国乃至陆上邻国之间在该清洁能源产业上的合作前景都十分可期。

第三节　创新融合下清洁能源产业合作的新机遇

当前,清洁能源技术、形态、业态、模式等的创新形式层出不穷,创新日益产业化、系统化;能源系统创新与观念理念革新等综合作用、紧密融合,正推动着能源系统转型的宏伟进程。清洁能源产业融合态势方兴未艾,为清洁能源产业合作带来了新机遇。

一、能源系统创新与产业合作新机遇

现今,绿色"一带一路"建设中的国际合作已在多层次、多领域显现出模式创新、技术创新、制度创新等生机勃勃的创新生态,中国与沿线国家共同探索出一系列符合各方合作现实的创新合作模式。

绿色"一带一路"产业合作模式的创新与融合凸显了中国的产业优势与领导力,给区域产能合作带来了生机与活力。随着绿色"一带一路"纵深推进,具有强大适应力的中国企业创新出集融资、科技研发、装备提供、工程建设、维护、本地化运营服务于一体的全产业链"走出去"新模式。基建"投建

---

① 国网能源研究院.重大颠覆性技术对能源系统的影响研究[R/OL].[2020-08-17]. https://www.sohu.com/a/413453520_742793.

营一体化"的融合创新模式、"抱团出海""新能源设计＋"等新模式在绿色"一带一路"产能合作中颇具代表性与中国特色。

"投建营一体化"的综合性开发合作模式凸显了中国在国际合作中的创新融合能力。BOT、PPP等虽来源于西方,却在中国成为经过实践改良和验证的对外合作模式。在"一带一路"工程基建领域,不是采取单独模式,而是将两种或数种合作模式结合使用,呈现"投建营一体化"的综合性开发合作模式,已成为中国参与区域基建最普遍的合作模式。在此种创新融合模式下,中国企业凭借丰富的市场资源、技术优势、管理运营经验,在电力特别是水电站建设、电网建设等领域开展了广而深的投资合作。

为降低系统风险,增强竞争力,中国的电力能源、交通运输等不同行业企业间"抱团出海",加强合作,快速、低成本地实现了能源电力等基础设施的互联互通,还开拓创造出"新能源设计＋"的国际合作新模式与新形式。通过加强海外风电项目资源整合力度,以新能源项目设计为抓手,深化新能源工程总承包及小比例投资等业务,中国正在全球各地整合、打通新能源产业链。电力设计则是中国新能源合作中的另一重点领域。

当前,技术、模式、制度等一系列创新正成为推动绿色"一带一路"发展和区域融合的原动力。技术创新与制度创新两者相辅相成。技术创新与制度创新的融合,可有效促进绿色发展水平提升。制度创新提升技术创新水平,进而提升绿色发展水平;技术创新推动制度变迁,进而提升绿色发展水平。

在可再生能源领域,风电、光电、水电等不同形式的可再生能源并网电力系统需要对谷峰波动进行有效调节,因此在市场设计、智能电网、存储技术以及高压直流等制度与技术领域的创新融合十分必要,以使各国电力互联互通,并有效满足电力系统的灵活性需求。绿色"一带一路"清洁能源合作中技术、模式、制度的广泛创新与深度融合,将使清洁能源产能合作持续深化。

新兴产业的崛起将重塑清洁能源国际合作格局。煤制气、氢能源产业、可燃冰、储能等是清洁能源行业中的新兴产业。这些新兴产业各自处于从研发实验到商用化的不同的发展阶段,一旦某一产业成功突破技术和产业障碍,就有可能引领新一轮的绿色发展合作浪潮。

清洁能源产业技术创新与产业融合的态势愈加凸显。能源新兴技术从细化的分支、形态等多个方向持续释放出越来越大的发展潜力,且与新能源装备制造、新能源材料、新能源发电、新能源汽车等多个产业细分领域交叉融合,应用场景愈加广泛。如,将可再生能源开发利用与新兴互联网科技区块链相结合(即"互联网＋新能源"),利用两者兼具安全、去中心化的特点实现点对点能源信贷交易,提升可再生能源可得性,有助于推动可再生能源电力市场的快速发展。

　　方兴未艾的电动汽车产业也与清洁能源产业紧密相关。电动汽车产业作为中国高端制造的代表性、主导性产业之一,有望引领全球技术、全球市场。中国的电动汽车保有量已占据全球首位,电动汽车制造正日益兴盛,进入黄金时期,未来中国电动汽车市场将进入 5 年十倍、15 年百倍的快速发展阶段,并将在 2025 年左右摆脱补贴依赖。到 2025 年,锂电池能量密度将提升一倍,成本下降 50％,使电动汽车具备与燃油车相当的市场竞争力,无须政府补贴。电动汽车的大规模发展将带动生物质能、氢燃料等相关清洁能源产业的快速进步。

二、能源系统转型与产业合作新机遇

　　能源转型即通过逐渐降低能源生产和消费中所产生的碳排放量,逐渐建立一个基于零碳能源的能源系统,其核心任务是推动目前以化石能源为主导的能源系统转向以可再生能源为主导的能源系统,[①]因此所谓能源转型,严格意义上是能源系统的转型。能源系统广义上包括电力、供热、供冷、石油、天然气、电气化交通等多个子系统,能源转型对这些子系统提出了转型要求,而这些子系统的变化革新也将促进能源系统的转型。

　　可再生能源在能源系统中的比重能较好地反映能源转型的阶段。以全球非水可再生能源占总发电量的比重来衡量,该比重尚不足 10％,能源转型总体仍处于初期阶段。在气候变化与可再生能源革命愈演愈烈的大变局下,各国亟须加快对化石能源的替代,健全清洁能源利用与能效提升的激励机制,使能源系统转型与气候变化控制目标相协同,以适应绿色低碳发展的需求。

　　能源系统转型主要聚焦于低碳化、数字化和分布式三个方向。当前全球能源配置呈现出集中式与分散式能源竞争共存、此消彼长的格局,两个替代(清洁替代和电能替代)和一个中心(以电为中心)成为未来全球能源格局变迁的主要脉络,推动能源系统向低碳化、数字化和分布式三个主要方向变

---

　　①　朱彤.能源转型中我国电力能源的结构、问题与趋势[J].经济导刊,2020(06)：48-53.

革。清洁能源对传统能源的替代必将使未来能源利用向低碳化发展;电网的愈加复杂与分散要求加强数字化应用,以保障可再生能源系统的灵活性与智能化;而分布式能源提供了灵活而高效的能源解决方案,给城市、社区、居民等各层次的参与者都带来了新的赋权机遇。三个方向的变革相互衔接、相辅相成,合力推动能源系统转型向深层次能源革命迈进。

能源转型将助推产业融合之势。传统能源系统中,各能源子系统相关的供电、供热、供气、交通等部门隶属于不同部门规划、管理与运营,能源子系统之间存在固有藩篱,导致多能源链之间协同较少,互联互通有限。而可再生能源系统还存在电力滞销、电力系统灵活性不足、运行质量欠佳等问题,以及若干衔接相关的问题:各层级可再生能源规划不够衔接,可再生能源开发规划与电网规划实施中缺乏衔接,电网规划与电网建设滞后于可再生能源发展,等等。因此,能源转型的目的之一是打破各类能源产业间的隔阂,加强能源子系统间融合发展、协调衔接与互联互通尤为重要。

为实现能源转型与可持续发展目标,各国将加大清洁能源投入力度,清洁能源国际合作前景广阔、机遇无限。据国际能源署、国际可再生能源署的情景预测,全球可再生能源产业发展空间巨大,但也面临着较为紧迫的融资问题:能源部门投资需要增加一倍以上,才能实现联合国 2030 年可持续发展议程目标 7。[①] 2018 年至 2030 年间,年均投资需达到:约 550 亿美元以扩大能源供应,约 7000 亿美元用于增加可再生能源,约 6000 亿美元用于提高能源效率。[②]

总之,能源转型为后发的工业化国家提供了一次实现能源跃迁与产业赶超的难得机遇,也将为绿色"一带一路"区域的能源合作带来了广阔的产业合作空间与新的合作机遇。日益呈现融合化特点的能源系统转型将带动绿色"一带一路"区域可持续发展与融合,绿色"一带一路"在能源系统转型、清洁能源国际合作中的平台性地位愈发凸显,绿色"一带一路"与清洁能源合作创新融合发展,两者相互促进、相得益彰,将催生越来越多的新机遇。

[①]　2030 年可持续发展议程目标 7(SDG7)包含三大能源目标:一是确保普遍可得、可负担、可靠的现代能源服务;二是大幅度增加全球能源结构中可再生能源的份额;三是将全球能源效率的改善速度提高一倍。

[②]　IEA, IRENA, UNSD, WB, WHO. Tracking SDG 7: The Energy Progress Report 2019[R]. Washington D. C. ,2019:1.

第四节　创新融合下清洁能源产业合作的新方向

清洁能源技术产业正经历剧变,未来清洁能源发展的重点方向是进一步降低整体发电成本,减少补贴依赖,电网友好和智能化,提高运行质量,提升核心竞争力,实现优化发展。[1]围绕这些重点方向,将产生复杂的新技术、新业态的创新与融合,绿色"一带一路"清洁能源合作形态、规划方向等也需随之变化调整。未来清洁能源产业合作聚焦于以下几个新方向。

一、提升消纳能力,注重储能建设

可再生能源的消纳能力是制约其可持续发展的重要因素,提升可再生能源的消纳能力成为关键,这使储能在可再生能源系统中的作用日渐凸显。储能建设可充分挖掘需求侧的灵活性潜力;将"新能源＋储能"结合,可有效增强可再生能源的消纳能力。

储能在可再生能源接入、分布式发电、微网、电动汽车、智能电网以及能源互联发展等方面都发挥着重要作用。储能可以实现能量的时移应用,平抑风、光的间歇性,即用即发,通过削峰填谷实现收益,将电力供需之间的实时耦合改为跨时段耦合,丰富了电力平衡手段,将低密度、波动性的能源(主要是可再生能源)高密度、可控性应用,达到类常规电源的效果。[2] 储能可以有效提高光伏、风电等具有较大波动性和不确定性的可变可再生能源电力输出的稳定性,是未来实现可再生能源大规模应用的重要手段。从中长期看,随着技术的不断成熟,储能成本将持续下降,并最终与抽水蓄能持平。成本下降叠加需求上升,全球电化学储能的发展将愈加兴盛。

二、布局多能互补,促进多元联动

能源系统的多能互补形式多样,包括电源侧水电、风电、光电、火电、抽水蓄能等多种能源的联合互补运行;水电—风(光)电互补、火电—风(光)电互补、抽水蓄能—风(光)电互补、储能—风(光)电互补、新能源之间自然互补、"风光水火储"多能互补系统等。

从技术上看,加强可再生能源多能互补系统集成优化技术,可大幅提升

---

① 　中国水电水利规划设计总院.中国可再生能源国际合作报告(2019)[R].2020:22.

② 　朱彤.能源转型中我国电力能源的结构、问题与趋势[J].经济导刊,2020(6):48-53.

能源系统整体效率。推动智能电网、柔性直流、特高压等先进输配电技术发展,开展储能、负荷侧调节等新技术应用,促进高比例可再生能源与电力系统融合,提升可再生能源电力的应用水平。[①]

基于现有能源结构格局,中国的多能互补系统布局应以大型水电基地为依托,统筹本地消纳和外送,综合建设光伏、风电等新能源项目,规划、布局、建设一批水风光一体化可再生能源综合开发基地,以加快风光等新能源发展、促进水电可持续发展、提升水电开发经济性、提高外送通道利用率等。[②] 多能互补可有效促进能源系统内各要素的有机联动,适用于区域互联互通建设。

三、加快技术革命,推动产业升级

当今世界,科技创新和产业变革带动了新一轮技术突破和经济增长动力的转换,以绿色、低碳、智能为特征的新技术、新产业正快速兴起,促进全球价值链体系的部分重构,对全球产业分工和经济地理产生了深刻影响。能源技术进步是加大新能源开发利用和推动产业升级的核心动力。能源技术进步可有效降低单位产品和服务的能源消费,促进能源的高效清洁化利用,具体表现在:工业领域钢铁、水泥等高耗能行业产品单位能耗下降;建筑领域建筑能耗强度的持续下降和建筑节能标准的提升;供暖及炊事等领域清洁高效技术的推广;交通领域清洁高效的运输工具的推广,等等。技术进步对可再生能源价格、上网电价的削减效用最为明显,可再生能源技术成本随着技术成熟而不断下降。各类技术成本的年递减率明显反映出可再生能源技术的成熟度和成本下降的趋势。

当前中国可再生能源技术革命正处于攻坚突破的关键阶段,面临的技术应用性问题主要有:技术研发能力、装备制造质量、工程技术创新等方面仍需进一步加强;部分核心技术研发能力偏弱,电网接入和运行技术有待快速提升;可再生能源标准化建设、开发利用装备公共检测试验能力有待提升;等等。

对此,中国应立足本国国情,紧跟国际能源技术革命新趋势,以绿色低

---

① 中国人大网.全国人大常委会副委员长丁仲礼:全国人民代表大会常务委员会执法检查组关于检查《中华人民共和国可再生能源法》实施情况的报告——2019 年 12 月 24 日在第十三届全国人民代表大会常务委员会第十五次会议上[EB/OL].[2019-12-24]. http://www. npc. gov. cn/npc/c30834/201912/2b7568de01944c33b9326c325dcd498f. shtml.

② 中国水电水利规划设计总院.中国可再生能源国际合作报告(2019)[R].2020:32.

碳为主方向，分类推动技术创新、产业创新、商业模式创新，并同其他领域高新技术紧密结合，把能源技术及其关联产业培育成带动产业升级的新增长点，①以创新技术作为引领绿色"一带一路"清洁能源国际合作的新动力。

四、加强能力建设，构划区域融合

清洁能源、可再生能源的技术含量高，运营与维护要求高，"一带一路"区域国家不单单需要相关的基础设施，还需要持续的研发投入和高水平的运营管理，因此能力建设合作有望成为国际合作的新方向。"一带一路"区域水电能力建设合作是最为迫切的领域。比如，亚洲区域内尼泊尔、缅甸、巴基斯坦等国家水能资源丰富，水电开发程度很低，这些发展中国家水电技术人才十分紧缺，运行管理经验不足，导致许多已建成项目由于运行维护不利而出现设备损坏、效率下降甚至安全隐患等问题。这推升了以技术、运营和管理机制等为主要内容的能力建设合作的需求，能力建设合作也进一步拓宽了清洁能源国际合作的空间。

中国强大的技术应用力、从技术到产业灵活转换的适应性，成为带动"一带一路"区域可再生能源开发与产业合作的强大引擎。由于中国对风能、太阳能等可再生能源技术应用周期更短，学习曲线下降更快，成本快速降低。中国的技术推广与"投建营一体化"合作，大幅提升了可再生能源在区域内的普及率和在区域能源消费结构中的比例，区域国家的能力建设也随之提升。

第五节　本章小结

产业合作是"一带一路"建设的核心内容之一，绿色产业合作对绿色"一带一路"的发展至关重要。绿色"一带一路"建设中，推进产能合作与基础设施绿色化、引导绿色贸易、贯彻国际环保标准，以及加强绿色投融资体系建设等成为未来绿色产能合作的重点领域。②

绿色"一带一路"清洁能源国际产能合作可发挥出其融通供需两侧，促

---

① 新华社.童亚辉：习近平能源安全新战略的浙江探索[EB/OL].[2019-07-02].http：//www.xinhuanet.com/politics/leaders/2019-07/02/c_1124699821.htm.

② 张建平，张燕生，陈浩，等.建设绿色"一带一路"的愿景和行动方案研究框架[J].行政管理改革，2017(9)：15-22.

进能源要素互联互通及产业融合发展的独特价值,清洁能源产能合作与产业融合对绿色"一带一路"建设及区域发展合作的重要性日益提升。绿色"一带一路"为中国清洁能源产能合作打开了广阔的空间,也成为中国引领区域绿色产业发展的重要平台,中国在绿色"一带一路"国际清洁能源领域的引领性地位日益突出,为其在国际产业链价值链中的地位跃升打下了重要基础。

从产业内细分,清洁煤炭、天然气、核电等清洁能源,以及风电、光伏、水电、生物质能、氢能等可再生能源,依据其各自属性、产业基础,呈现出不同的技术发展形态与开发现状,决定着其产业发展趋势及国际合作态势。绿色"一带一路"清洁能源产业合作需对清洁能源产业分支进行筛选细分,对核心产业发展合作做出重要战略部署,并布局、培育有潜力的新兴产业分支。

全球能源转型与绿色产业创新融合趋势为绿色"一带一路"清洁能源产业合作带来了新机遇。能源转型为后发的工业化国家提供了一次实现能源跃迁与产业赶超的难得机遇,为绿色"一带一路"区域的能源合作带来了广阔的产业合作空间与新的合作机遇;而技术、模式、制度等全方位创新与融合势力日盛,层出不穷的新产业、新业态将为清洁能源发展合作注入新鲜活力,产业层面的创新融合也成为推动绿色"一带一路"区域产业融合发展的强大动力。

绿色"一带一路"清洁能源合作将聚焦于以下几个新方向:提升可再生能源消纳能力,注重储能建设;布局多能互补,促进多元联动;加快能源技术革命,推动产业升级;加强能力建设,构划区域融合。从技术进步、能力建设、产业布局、区域融合等多方面推进清洁能源国际合作。

第六章 绿色"一带一路"清洁能源合作
重点区域战略解析

　　绿色"一带一路"已覆盖亚洲、欧洲、非洲、美洲等世界主要大洲,将这些区域分为东亚、西亚北非、中亚、南亚、东南亚、中东欧、西欧、撒哈拉以南非洲、北美、拉美与加勒比等主要次区域,其区域特征更加明显,可实施更有针对性的研究。

　　本章将具体分析东北亚、中亚、欧洲、非洲、拉美等次区域清洁能源合作中的布局与特点、成效与经验、问题与障碍等,为中国在这些重点区域的清洁能源合作战略优化与路径选择找寻思路。

第一节 东北亚能源困境与绿色
"一带一路"清洁能源合作

　　东北亚地区①是世界上地缘政治最复杂的地区之一,区域内的朝鲜核问题、中日钓鱼岛争端、日俄南千岛群岛领土争端都是持续影响地区安全稳定的棘手的地缘政治问题,中韩、日韩等也存在岛礁争议。地缘政治因素是东北亚区域安全合作中长期存在的重大障碍。在能源领域,东北亚地区正经历着能源需求膨胀,能源供应紧张,能源对外依赖程度高,能源消费造成的

---

　　① 文中东北亚地区泛指中国、俄罗斯、日本、韩国、朝鲜、蒙古国六个国家所涵盖的区域,其中中国的分析范畴仅含大陆地区,未将港、澳、台地区纳入。

环境、经济、社会发展不可持续性等一系列问题的威胁,未来能源安全形势或将更加严峻。

东北亚地区地缘政治问题直接影响到能源安全合作。为实现综合、持久的能源安全,东北亚国家需要以新思维、新理念,克服地缘政治困难及其他限制,共同行动、协调一致,在区域内展开有效的能源合作。在清洁能源领域的合作或是实现区域能源共同安全的开端。

一、合作基础:要素互补与区域能源合作

能源安全已是东北亚各国面临的共同而紧迫的问题,而地区主义与国际合作是解决该问题、推动区域可持续发展的重要思路和有效工具。清洁能源国际合作可以推进区域经济一体化的进程、实现能源要素的优势互补和能源效率的广泛提高等。东北亚地区在推动构建区域能源安全共同体、能源共同市场等领域颇具潜力,清洁能源国际合作对东北亚地区有着不同寻常的意义。

东北亚地区国家在能源禀赋上各有优势,在技术水平、经济社会发展阶段、竞争力、温室气体排放水平等方面具备较高的互补性,合作的收益远远大于竞争。如表 6-1 所示,中国在煤炭、可再生能源储备、技术、资本、人力资源等方面有一定优势,日韩具有先进的科技和雄厚的资本,俄罗斯的煤炭、油气、可再生能源等多种能源资源储备非常丰富。

表 6-1　东北亚地区国家能源禀赋

国家	煤炭	油气	可再生能源	劳动力	资本	科技
中国	A	B	A	A	B	A
日本	C	D	C	C	A	A
韩国	C	O	C	C	B	B
朝鲜	B	O	C	B	D	D
俄罗斯	A	A	A	D	D	C
蒙古国	B	C	B	C	D	D

数据来源:据 Korea Energy Economics Institute(KEEI). CEO Energy Briefs[R]. 2001. 改编。注:A——非常丰富;B——丰富;C——短缺;D——十分短缺;O——无。

中国的能源结构"富煤贫油少气",但随着近年来油气勘探理念和技术的进步,中国在渤海地区及四川、青海、新疆等省份和自治区陆续发现储量规模十分庞大的油气田,已探明的油气储量节节攀高,强化了能源可得性、

自主性。与此同时,中国在页岩油气、可燃冰等非常规能源领域的研发、开采也已处于世界领先水平。

在清洁能源方面,中国的"华丽转身"更令世人赞叹。凭借雄厚的国家资本支撑、不断成熟的技术积累,中国在可再生能源的装机利用、清洁环保基础设施建设的互联互通等领域,已成为区域当之无愧的引领者,在水电、核电、风电、太阳能光伏等清洁能源产业已形成较强的国际竞争优势。随着绿色"一带一路"的推进,一批批实力雄厚的中国清洁能源企业,如以三峡集团为代表的水电企业,以晶科、天合光能等为代表的光伏企业,以中国电建、明阳智能等为代表的风电企业,以中国核建、中国广核为代表的核电企业,正广泛、深入地参与到"一带一路"沿线清洁能源投资开发项目中,为区域能源转型与绿色发展做出越来越多的贡献。

日本是世界最重要的能源资本与设备出口国之一。利用其资金、技术、管理等方面的优势,日本成为世界各地能源项目的工程规划、施工建设、金融服务、项目管理等领域的重要参与者。日本的清洁能源利用水平在世界上处于领先地位。日本有当今世界最先进、最成熟的煤炭清洁利用技术,通过向高度依赖煤炭消费的国家(如中国)转移煤制油、煤炭高燃烧及发电、煤炭燃烧污染控制、煤炭燃料废弃物处理等技术,可帮助其更合理地开发和更清洁地利用煤炭资源,这既可缓解东亚地区能源供应紧张的局势,又有助于东北亚地区大气环境的治理。此外,日本在能源外交与能源国际合作中也积累了丰富的经验,有能力承担区域清洁能源合作领导者的角色。

随着近年全球能源消费中心东移、俄罗斯与美欧关系摩擦不断,俄罗斯已开始主动调整能源战略,实施了十分明确的东向转移政策,重视对东西伯利亚和远东地区的开发,积极开拓亚太市场。俄罗斯异常丰富的能源资源为区域能源合作提供了坚实的基础。俄罗斯计划到2030年,将亚太地区在能源出口中所占的比重提升到四分之一以上。2019年底,世界最长的天然气管线——中俄东线天然气管道工程通气,成为"一带一路"框架下中俄能源合作的重要阶段性成果。两国协定将在30年间每年对华输送380亿立方米天然气。以俄罗斯为中心向区域各国不断延伸,并形成互联互通网络的油气管道加深了东北亚地区能源市场的一体化,也在不断拉近俄罗斯与东北亚国家间的能源关系。

韩国的油气炼化能力比较强,在石油储备、市场运作方面有着比较丰富的经验,其能源政策也有诸多可供借鉴之处;韩国在清洁能源方面有一定的竞争力,在清洁能源、节能技术、碳排放交易等方面的市场潜力也非常大。

朝鲜、蒙古国两国尚处于工业化不发达阶段,现代能源利用水平低、能效低,国内能源环境治理落后于区域整体水平,因此特别需要资金和清洁能源、节能环保技术方面的支持与援助。核电站、并网太阳能光伏发电与热水系统、海岸风力发电场、沼气站等现代清洁能源基础设施,节能空调和热泵、家庭太阳能高效木材炉、稻壳热电厂、超临界燃煤电站、大城市快速公交系统等节能环保设施及其技术,是两国现今所急缺的软硬件。资金、技术较强的中日韩三国可以发挥各自的相对优势,对其进行资金援助以及相应的技术支持、技术转移等。

现今东北亚地区能源合作主要集中在勘探开发、管道建设、油气贸易、油气权益并购及工程技术服务等传统油气领域,区域国家间仍以双边合作为主,合作程度不同、规模各异,总体上合作深度不够、类型相对单一。区域国家应充分发挥各自在资源、人力、技术、资本等清洁能源生产要素上的国际竞争力与优势互补性,以区域普遍能源安全、清洁大气环境为共同利益基础,在清洁能源开发合作中取长补短,有效提升区域整体能源安全水平及合作水平。

二、共建共享:清洁能源合作与区域能源共同市场

能源共同市场可保障区域内煤炭、油气、电力、可再生能源装备等能源商品的高效流通与稳定供需,使区域内资源得到优化配置与可持续利用。在共建共享的原则与日渐成熟的协商机制下,共同的地区能源市场可有效协调地区国家能源政策、对接能源战略,在区域能源环境治理、清洁能源开发利用与能源转型等合作领域保障能源安全,共促可持续发展。

对能源出口国来说,区域共同能源市场可提供更多元、更可靠的买方,减少储运等相关成本,区域内旺盛的需求可保障其能源出口的稳定性、可持续性。而对能源进口国来说,"亚洲溢价"现象的一个重要成因是亚洲地区国家购买力分散,缺乏一个可以与世界油气市场定价势力集团相抗衡的集团力量,因而地区能源进口国家可抱团以整体议价的方式,增强其对能源价格的影响力。建设共同的能源市场有助于区域能源消费国在国际能源市场上共同进退,谋取更多发言权和定价权,从而保证能源安全的可负担性。

为建设地区共同能源市场,成员国应深度整合资源,使地区能源储运等基础设施、贸易机制等"软"基础设施更加融合、更加一体化。在油气管道和电网建设等资本密集项目上以财团模式融资,区域国家共担融资风险。在能源关系处理上,中日韩等东北亚地区国家应以一致立场与东道国进行谈判,积极获取有利于各自利益和目标的政策与优惠。

在东北亚地区建立共同能源市场有利于市场信息公开透明与能源资源的有效分配利用。能源价格的短期波动很大程度上是由于缺乏库存、生产、需求等数据信息,市场不确定性提高,继而导致交易成本过高甚至交易失败。在共同能源市场中,地区国家将致力于提高短期市场信息透明度,减少信息不对称和交易的不确定性,有利于区域自由贸易区建设与经济一体化进程。

总之,区域能源共同市场可构筑覆盖全区域的能源生产、储运、贸易网络体系,通过政策战略协调、风险共担、信息共享等多方面合作,降低能源市场外部风险,避免恶性竞争,消除亚洲溢价,共同应对能源安全问题,提高区域内每个国家能源可持续性、可负担性、可依赖性、可用性(4A),[①]提升区域整体能源安全水平。

三、由经及政:清洁能源合作与区域一体化建设

能源合作是"一带一路"建设的核心内容之一,能源合作对于区域一体化进程也有着重要意义。以清洁能源合作为先导,区域国家有望加速政治缓和、经济融合,推动东北亚区域一体化与"一带一路"紧密契合、深度对接。清洁能源合作对区域一体化进程的推动作用可从以下几个方面实现。

(一)加强战略与政治互信

通过清洁能源合作加强战略与政治互信,可以有效缓和政治、经济、能源等各层面的竞争局势,为区域合作打下政治基础。一般而言,区域国家以现实的共同利益为起点,在维持国际能源市场稳定、价格可负担的良性市场竞争氛围下,建立和加强互信是能源合作的基础。相对于传统油气能源,清洁能源战略属性较弱,可以合作的领域却更广泛,因而清洁能源合作更易切入。

东亚地区是能源与安全结合最紧密的地区之一,能源合作因战略互疑、安全对抗等地缘政治问题推进艰难。向清洁、可再生能源转型与绿色

---

① 能源安全的"4A"要素相关论述可参见王双.东北亚地区能源安全问题:现实、挑战与应对[J].浙江外国语学院学报,2013(2):78-85;周云亨,等.国家天然气安全评价指标体系的构建与应用[J].自然资源学报,2020,35(11):2645-2654.

发展带来的一个积极的变化是:清洁能源国际合作和国际能源治理或许远比石油时代更加温和,国家间能源安全理念和能源合作诉求将逐渐趋于一致,能源关系将更多成为合作因素而非紧张源头。[①] 清洁能源合作更易划归"低政治领域",可以成为政治、战略、安全等"高政治领域"合作的铺路石。

从区域能源共同安全角度出发,将中日韩等国家纳入构建区域能源共同安全的框架内,有助于区域国家间增强信任、化解矛盾、减少对抗,缓解地区紧张。通过清洁能源合作向更广泛的经贸合作的加深,以及区域一体化进程的深入,区域国家可以逐步缓解传统能源、经济领域的不必要竞争,缓和政治与军事安全问题,消除战略疑虑,最终推动区域一体化向纵深发展。

(二)构建东北亚区域能源安全共同体

面临日益严峻的能源安全问题,构建区域能源共同安全成为东北亚地区国家的当务之急,也是东北亚地区国家能源合作的共同愿景与共同利益所在。能源共同安全主要指以能源资产(资源、设施、技术、信息)为纽带,以安全供应为目的,国家与国家之间、政府与企业之间、企业与用户之间相互渗透、相互合作而建立的具有稳定关系的供应系统。[②] 能源共同安全体现了能源供应链条上不同能源主体供应安全的共同性和不可分割性,只有首先实现整体共同安全,才有可能实现个体普遍安全。能源安全共同体是一个涉及所有能源部门、能源产销价值链的整体性、综合性的共同体愿景,东北亚国家应在统一共同能源安全理念的基础上,在能源领域开展广泛合作,共建能源安全共同体。

在东北亚区域一体化进程中,从加深合作到松散的共同体,再递进到深度的相互依赖、相互融合,清洁能源基础设施建设、节能减排与清洁能源技术研发等方面的国际合作将在其中发挥重要的导向作用。通过清洁能源合作,将开拓出更多能源合作的新机遇,使区域能源合作空间更宽广、基础更坚实。

在共同的能源利益下构建能源安全共同体,区域多边能源安全机制必不可少,在海洋能源开发、清洁能源开发、打击海盗等领域通力合作,可大大

---

① 赵宏图,韩立群.能源转型与国际能源安全观念的更新[M]//达巍.中国国际安全研究报告(2018).2018:197-198.

② 何润民,李森圣,曹强,等.关于当前中国天然气供应安全问题的思考[J].天然气工业,2019(9):123-131.

缓和区域国家的能源竞争与紧张关系,促进地区融合。① 由此,能源安全共同体建设或将成为区域一体化进程的新起点及新增长点。

（三）创新核能合作模式

核能作为一种重要的清洁能源,技术日渐成熟,价格愈加具有竞争力。在未来能源系统中,分布式可再生能源、价格低廉的天然气、更清洁可得的核能将形成多元互补、有效竞争的格局,共同成为清洁能源利用体系的重要组成。

当前,东北亚地区各国核能利用基础优良。中国拥有完备的核工业产业链,近年在建、未来新增核电装机总量在全球遥遥领先。2018 年,我国三代核电 AP1000 和 EPR 全球首堆建设投产,自主三代核电技术"华龙一号"示范工程建设进展顺利。现今,中国已成为少数自主掌握三代核电技术的国家之一,具备了自主化、批量化、规模化建设三代核电的条件和比较优势。三代核电技术代表了当今世界核电发展的最高水平,在设计上可以保障不会发生类似苏联切尔诺贝利、日本福岛那样的核事故。现今,中国核电发电量只占总发电量的 4.88%,②核电占比依然很低,还有巨大的提升空间。预计至 2035 年,中国核电装机规模将有可能达到 1.5 亿千瓦左右,核电在我国清洁能源构成中的比重将进一步提高,核能占全球总量比例将达到 30%。③

日本核电技术全球领先,"3·11"大地震发生后,日本开始深刻反思核能的安全利用问题,国内核电新建计划全部被叫停,企业被迫转向海外寻求生路,日本政府也大力支持民间企业的国际化路线。④ 日本近年逐步重启核电站,核能依然是其重要的能源来源,日本对参与区域核能合作也有较强的动力。韩国亦有较雄厚的核能基础,目前三个核电站古里核电站、韩蔚核电站和韩光核电站装机总量分别居全球第 13 位、第 15 位与第 16 位。虽政策要求逐步淘汰核电站发电,但核电仍在继续扮演重要角色,预计到 2050 年,

---

① Hyun Jin Choi. Fueling Crisis or Cooperation? The Geopolitics of Energy Security in Northeast Asia[J]. Asian Affairs:An American Review,2009(1):3-28.

② 中国国家原子能机构. 2019 年 1—12 月全国核电运行情况[EB/OL]. [2020-02-13]. http://www.caea.gov.cn/n6758881/n6758890/c6809115/content.html

③ BP. BP 2035 世界能源展望[R]. 2019.

④ 张玉来. 日本多边贸易战略新进展与中日经济关系[J]. 现代日本经济,2019(4):1-12.

核电仍占韩国发电量的 25%。[①] 目前韩国已与阿联酋、捷克等国家在核电机组设备、核电项目建设等方面展开合作,具有一定的国际核电合作经验。俄罗斯的铀矿资源十分丰富,成为区域核能利用的重要资源来源。俄罗斯具有较长的核能利用历史,在核能利用技术、核电站建设与管理方面具有比较优势。东北亚的另外两个国家,朝鲜具备一定的核工业基础,蒙古有较为丰富的铀矿资源可供出口。

东北亚地区国家间有一定的核能合作基础。特别是中俄之间,在"一带一路"框架下,中俄核能合作稳步有序推进。2017 年,中俄签署了和平利用核能的合作协议、关于田湾核电站有关问题的谅解备忘录等。2018 年 6 月,中俄签署田湾、徐大堡核电站框架合同,金额 36.2 亿美元。2018 年底,由中俄联合设计建造,两国最大的核能合作项目——田湾核电二期工程按期全面投产。俄方承担总体技术责任,中方负责总平面规划、建设调适等,电气、通信、建安等方面由双方联合设计,田湾核能项目是中俄能源合作的又一成功范例。中日韩之间在核能信息交流、培训核安全监管专业人才等方面互有交流合作。

核能合作将从两个方面促进东北亚地区能源安全与战略安全,一是通过核能合作,有效提升能源安全的可持续性、可负担性、可依赖性、可用性四个要素,从而提高区域内各个国家的能源安全水平;二是通过创新核能合作模式,将朝鲜半岛核问题纳入区域核能合作,确保朝鲜出于共同利益而积极保持在区域、国际的双多边合作,增强六方会谈机制的有效性。因此,创新核能合作模式,既有助于缓解朝鲜半岛形势,又有助于促进区域一体化。

（四）建设区域碳排放权交易市场与机制

东北亚地区国家产业结构整体呈现较大差异,区域国家在气候环境治理议题上目标一致,在碳排放权市场建设领域存在广泛的合作基础。以中日韩三国碳市场为基础建立区域碳排放权交易市场,可推动区域清洁能源合作与气候环境治理机制向纵深发展。

作为区域内最大的经济体,中国一直是区域未来温室气体排放增长的主要来源。由于中日韩俄等国家都是碳排放量大国,且人均排放量都大大高于世界水平,东北亚地区碳排放量占世界总排放量的比例大大高于该地区人口和经济总量在世界所占的比例。如表 6-2 所示。

---

① EIA. International Energy Outlook 2019[R]. 2019:102.

表 6-2　东北亚主要国家能源消费产生的二氧化碳排放量

国家	排放量(百万吨)		人均(吨)	世界排名
	2017 年	2018 年		
中国	8737	8920	6.39	1
日本	1177	1177	9.11	5
韩国	680	696	13.60	9
俄罗斯	1525	1551	10.56	3
世界	33444	33685	4.46	

数据来源:根据 BP. Statistical Review of World Energy[R]. 2019.数据统计得出。

　　中日韩三国作为东亚地区碳排放大国,已率先在各自国内尝试碳排放权交易市场与机制建设。近年来,中国已在京津冀、长江中下游、珠江三角洲等经济水平较高、能源效率偏高、产业结构高度优化的地区,尝试建立区域碳交易中心。[①] 2017 年 12 月,中国宣布启动全国碳排放交易系统,该系统将成为世界上最大的碳排放交易系统,2021 年 7 月 16 日全国碳排放交易系统正式启动。在国际碳市场上,中国的实力与潜力逐渐占据优势地位,中国有意愿与区域国家合作,探索区域性碳排放系统。[②] 日韩两国也已具备较为成熟的国内碳排放交易市场与机制。日本于 2008 年启动自愿排放交易体系,2010 年全球首个城市总量限制交易计划、亚洲首个碳交易体系——东京都总量限制交易体系正式启动。韩国也于 2015 年开始正式启动碳排放交易市场。

　　围绕能源安全共同体、绿色可持续发展的共同愿景,中日韩三国有望引领区域碳排放权市场建设发展,推动区域清洁能源合作纵深发展,并从该议题延伸到其他合作领域与机制建设,加快区域一体化进程。

　　综上所述,清洁能源合作是东北亚地区国家突破能源安全共同困境、打破能源地缘政治对立、实现能源合作与区域融合最现实的突破口。在绿色"一带一路"框架下,国家间以能源要素禀赋互补为前提,积极展开清洁能源合作与区域一体化建设,将有效提升区域总体与各国能源安全。

---

　　① 易兰,等.碳市场建设路径研究:国际经验及对中国的启示[J].气候变化研究进展,2019,15(3):232-245.

　　② Mengyu Li, et al. Emissions, Energy and Economic Impacts of Linking China's National ETS with the EU ETS[J]. Applied Energy,2019(235):1235-1244.

第二节　中亚产业升级与绿色"一带一路"清洁能源合作

一、中亚清洁能源现状与合作现实

中亚地区具有可再生能源开发的优越的自然资源条件。中亚地区位于北半球中纬度内陆,该地区光照充足,富产硅和石英等光伏原料,十分适合光伏产业发展;位于中亚的独联体国家地区风能资源丰富,有 29% 的陆地风力可达 3~7 级,[①]风电开发潜力巨大。

中亚地区现有能源互通项目不多,但有着较长的合作历史。区域内有两个重要的多边能源合作机构:独立国家联合体(独联体)电力理事会和中亚地区能源协调调度中心。前者成立于 1993 年,由所有中亚国家和亚美尼亚组成,其主要职能是资助独联体成员国电力工业的一体化,主要工作还包括协调整个区域的标准和规则,确保适当的法律和商业条件,以保障电力系统合作成功。后者成立于 2003 年,是一个由哈萨克斯坦、乌兹别克斯坦、吉尔吉斯斯坦和塔吉克斯坦组成的多边非政府、非营利性组织,负责监督协调成员国的电力传输活动。中亚五国电力系统也有互联互通,哈萨克斯坦、土库曼斯坦和乌兹别克斯坦的火电厂与塔吉克斯坦和吉尔吉斯斯坦的水力发电站,采用 220~500 千伏的电力网络链接在一起。这使得塔吉克斯坦和吉尔吉斯斯坦可以在夏季水力发电系统满负荷运行时输出电力,在冬季能源短缺时输入电力。可见,中亚区域能源电力合作有着较深厚的机制基础,这也为该区域参与"一带一路"能源合作的对接与整合奠定了良好的基础。

地理接近、要素互补是中国与中亚地区清洁能源合作的现实基础。中亚各国有其各自不同的能源禀赋:哈萨克斯坦、土库曼斯坦和乌兹别克斯坦都有丰富的天然气储备,塔吉克斯坦和吉尔吉斯斯坦水能丰富,乌兹别克斯坦和土库曼斯坦太阳能丰富,哈萨克斯坦风能丰富。中国与中亚地区国家在天然气管网建设、电气化改造、成套项目、设备技术、材料生产加工、人才培养等方面展开了形式多样的合作,还与中亚国家合作共建可再生能源示

---

① 蓝庆新,等.推进"一带一路"绿色能源国际合作[R]//张新民,等.中国企业海外发展报告(2019).2019:174-185.

范园区、技术研发和人才培养基地,并加强信息化平台建设。

现阶段,中国与中亚国家的清洁能源合作主要集中在风电、光电领域。风电领域,中亚区域装机容量最大的风电项目——哈萨克斯坦札纳塔斯100MW风电项目,已于2021年6月成功并网。该项目由国家电投中电国际和哈萨克斯坦Visor公司共同投资,中国电力受托管理。采用了亚投行与跨国银行组合融资、中国设计、中国设备、中国建设、国际监理的方式,探索出了一套高效的投资建设模式,保证了项目在疫情影响下顺利完成建设并全容量并网,对后续中亚合作具有示范效应。① 2020年7月,金风科技中标札纳塔斯二期项目,并完成签约,该项目已成为中哈"一带一路"产能合作的典范。

在光电领域,中国特变电工公司承建了哈萨克斯坦第一座太阳能电站——位于江布尔州的奥塔尔电站,2013年1月投产,一期产能504千瓦,由51组可使用25年的模块组成,光照良好时可满足周边200座房子的供电需求;2019年东方日升新能源股份有限公司在哈萨克斯坦完成了装机容量为40MW的光伏电站项目;无锡尚德太阳能电力公司投资1000万美元,与乌兹别克斯坦国家电力集团在纳沃伊自由工业经济区共同生产太阳能电池板;杭州中乌电子仪表公司与乌兹别克斯坦国家电力集团下属的吉扎克州电网公司在吉扎克工业特区合作生产太阳能热水器,年组装5万台。这些项目虽规模不大,但在中国与中亚区域清洁能源合作中却都具有一定的代表性意义。

中亚地区水电开发主要集中在吉尔吉斯斯坦和塔吉克斯坦两国,两国水电占发电总量的比例均在90%以上。发展小型水电站被吉尔吉斯斯坦确定为满足电力需求和减少温室气体排放的重要手段之一,其境内纳伦河可建34个水电站,装机容量6450MW,年均发电量250亿kWh。② 中国与中亚地区国家也展开了水电合作。2014年,三峡集团中国水利电力对外有限公司签署了哈萨克斯坦的图尔古松水电站EPC合同,该项目装机容量为24.9MW,是该公司继玛依纳水电站项目后在哈萨克斯坦的第二个总承包项目。目前项目已正式并网发电,有效缓解了东哈州地区的电力紧缺情况。

---

① 环球网.中亚最大! 国家电投哈萨克斯坦札纳塔斯100MW风电项目全容量并网发电[EB/OL].[2021-06-21].https://china.huanqiu.com/article/43cn9nncjcI.

② 孙钰,阿依娜尔.中国与中亚五国的新能源合作前景与方向[J].中国石化,2018(8):67-70.

2020 年底,由中国电力建设股份有限公司承建的乌兹别克斯坦水电站改造项目两台机组顺利并网发电。该项目下塔什干梯级水电站 9 号电站、下博兹苏伊梯级水电站 14 号电站、沙赫里汉梯级水电站 2 号电站已全部如期并网发电。在中国政府优惠出口买方信贷框架下,东方电气集团国际合作有限公司、特变电工股份有限公司、中国技术进出口集团有限公司正积极推进乌兹别克斯坦水电领域合作项目实施,两国水电领域合作已成为疫情下双边经贸合作的一大亮点。①

中亚地区最重要的清洁能源是天然气。中亚地区是全球天然气的最主要产地,目前已经探明的天然气储量占全世界的近六成,产量占全世界的三分之一以上。中国的能源来源多元化战略与中亚国家能源出口多元化需求形成战略互补,加深天然气合作将有效提升双方能源安全。随着绿色"一带一路"深入推进,中亚将成为中国最大的天然气供应来源地。目前中亚天然气管道已建成 ABC 共 3 条线,运力达每年 550 亿立方米。2019 年,中国从中亚地区进口天然气超过 479 亿立方米。D 线投产后,中亚天然气管道对中国的输气能力将增加到每年 850 亿立方米,届时将成为中国天然气进口的最大来源。

中亚地区是丝绸之路经济带的首要目标区,也是丝绸之路经济带建设的关键节点,在丝绸之路经济带建设中所占权重非常大。中亚国家拥有丰富的石油、天然气和铀资源,是世界三大能源中心之一。② 作为"一带一路"重点合作领域,中国与中亚地区的清洁能源合作除天然气外,还将扩展到生物质燃料、地热能、天然气水合物等领域,除常规的贸易、投资(在中亚生产制造设备和材料)等合作形式外,工程承包、劳务输出、人才培养、技术研发、能源标准制定、能源政策协调等诸多领域也是需要进一步拓展的合作方向。③ 总之,中国与中亚地区清洁能源合作基础良好,合作前景广阔。

---

① 商务部.中国电建承建的乌兹别克斯坦水电站项目年内如期并网发电[EB/OL].[2020-12-18]. http://www. mofcom. gov. cn/article/i/jyjl/e/202012/20201203024532. shtml.

② 韩璐.丝绸之路经济带在中亚的推进:成就与前景[J].国际问题研究,2017(3):108-124.

③ 张宁.可再生能源是中国与中亚国家的合作增长点[M]//李永全.丝绸之路经济带和欧亚经济联盟对接研究.北京:社会科学文献出版社,2017:258-267.

二、中亚工业升级诉求与清洁能源合作

中亚地区在冷战时期主要以农牧产业为主,工业基础较为薄弱,苏联解体后大部分国家主要依赖资源出口,区域整体经济增长模式粗放,工业发展速度较慢,导致迄今仍处于较低层次的工业化水平。现今中亚地区国家工业基础差、经济增长、新兴产业发展较为乏力,国内基础设施严重不足,急需资金和技术实现基础设施和工业的优化升级。中亚地区国家环境应变能力弱,人口负担重,能源结构中碳比重高、清洁能源利用比例低、碳排放与能源环境问题较为严重,这也激起了区域国家较强的能源转型意愿。

中亚地区对基础设施优化完善、工业化进步升级的诉求,必然提升区域能源需求,刺激高能源强度产业的发展,增加碳排放量,加大区域减排难度。能源合作、基础设施互联互通、经贸与产能合作是中国与中亚经济合作的重要内容。为走出绿色可持续发展道路,中国具有竞争优势的生产要素注入,使区域丰富的清洁能源资源融入工业化进程,协调推进区域经济发展与环境保护。

传统产业的改造升级是提升能效、改善环境、减少碳排放的重要手段,中国与中亚的产能合作将助力地区国家的产业升级与能效提升。绿色"一带一路"建设中,以钢铁、水泥为代表的中国传统优势产业到中亚地区投资建厂,可以就地消化丰富的油气资源,助其加快产业结构调整,实现由单一资源产业向多元产业转型。[1] 中国在传统产业改造上积累了较多环保技术与经验,如在水泥、钢铁、有色金属等高耗能行业,采用电加热回转窑、电炉炼钢热泵、感应电炉等技术和设备;在陶瓷、造纸、纺织等行业,电窑炉、热泵、电锅炉替代燃煤锅炉等技术日益成熟,对能效提升与环境优化发挥了重要作用。这些技术与经验在中亚的推广应用有助于其工业技术升级与能效提升。

在绿色"一带一路"低碳、绿色发展的指导原则下,无论是在传统工业产能合作,还是交通、能源等基础设施互联互通方面,中亚国家可在更经济、更清洁的能源利用水平、更高的环境效益下承接中国的国际产业转移。中国与中亚国家产能合作与清洁能源合作,将实现互利双赢与绿色、可持续的协调共建。

---

① 林建勇,蓝庆新."一带一路"倡议下中国与中亚国家能源合作面临的挑战与对策[R]//中国企业海外发展报告(2018).北京:社会科学文献出版社,2018:217.

　　总之,绿色"一带一路"建设为中亚地区国家强烈的工业化发展与产业升级愿望带来了新希望。绿色"一带一路"的推进使中国与中亚的生产要素流通、融合更为紧密,中亚地区将加快实现能源结构改善、产业升级,以及清洁能源合作的全面进步,也将展开绿色可持续发展的新画卷。

第三节　欧洲能源转型与绿色"一带一路"清洁能源合作

　　"一带一路"倡议以其开放合作的姿态,串联起亚太、欧洲多个经济圈。中国和欧洲分别位于丝绸之路经济带的两端,中欧产业互补性强,双边贸易规模巨大,互为彼此最重要的贸易合作伙伴。"义新欧"中欧班列、新亚欧大陆桥等联通工程在中欧之间拉起愈加紧密的纽带,更多合作成果也将落实。
　　欧洲是世界上实施清洁能源转型最积极的地区,在全球清洁能源开发中一直处于领导地位,清洁能源市场规模、技术等都是国际领先水平。中国也十分重视清洁能源产业的战略布局与国际合作,快速成长为清洁能源领域的新领军者,中欧清洁能源合作基础好、互补性强,涉及领域广泛,合作程度深。

一、欧洲清洁能源利用现状与转型趋势

　　欧盟是全球气候变化治理的主要领导者之一,为减缓气候变化,践行《巴黎气候协定》承诺,欧盟国家对绿色发展与能源转型提出了雄心勃勃的规划目标。2019 年欧盟通过清洁能源一揽子计划,提出 2030 年可再生能源消费比重至少达到 32%,能效较 2007 年基准情景提升 32.5%。2020 年 10 月 6 日,欧洲议会通过了提高欧盟 2030 年气候目标的决议,将 2030 年温室气体排放量(相比 1990 年)从 40%的减排目标提高到 60%。欧盟预计到 2030 年,可再生能源发电容量将增长 65%,届时将有容量约 300GW 的新建可再生能源发电厂投入使用,其中大部分为风电和光电。[①] 2019 年欧盟推出的"绿色协议"提出到 2050 年率先实现"碳中和",并成为首个"气候中性"大陆,欧盟预计每年增加 2600 亿欧元投资,约占 GDP 的 1.5%,[②]将可再生

---

　　①　中国—欧盟能源合作平台.中欧能源系统整合间歇性可再生能源(政策考量)[R].2020:5,8.
　　②　商务部国际贸易经济合作研究院.对外投资合作国别(地区)指南:欧盟(2020 年版)[R].2020:31.

能源作为重点发展方向。

欧洲国家就可再生能源开发利用制定了宏远的规划,提出了越来越高的标准。如丹麦提出到 2050 年完全摆脱化石能源;德国提出的目标是到 2050 年可再生能源比例提高到 60%,占电力消费的 80%;意大利发布了《2030 年气候与能源国家综合计划》,明确到 2030 年太阳能发电量目标从 72GWh 提高到 74GWh,并达到 50GWh 的装机容量。[①]

西欧国家在能源替代方面进展巨大。比利时、瑞典等 10 多个国家已全部退出煤电使用,26 个欧盟成员国承诺 2020 年以后不再新建燃煤电站,法国宣布 2021 年前关闭燃煤电站;英国计划 2025 年前逐步关停所有燃煤电站,全面转向天然气和核电等清洁能源;荷兰也宣布 2030 年前全面关闭燃煤电站。天然气发电很可能在欧洲彻底"去煤炭化"的进程中扮演十分重要的"桥梁"角色,而后将逐步提高可再生能源使用比例,直至完全替代传统能源。

荷兰、挪威、英国、法国等国还宣布了禁售燃油车时间表,这些国家将在 2025 年(如荷兰、挪威)到 2050 年(如瑞典)间以电动汽车全面替代燃油车。其中,法国是欧洲燃油替代最积极的国家,但 2019 年推出的燃油税提高计划引爆了"黄马甲"运动,使其能源结构转向绿色低碳的改革计划严重受阻。可见,在能源转型中,缓和转型给民众生活造成的负面影响与提升民众对低碳能源的支持度,是欧盟气候能源治理面临的新任务。[②]

海上风电是欧洲的优势领域,欧洲计划到 2030 年增加 100GW 海上风电。国际能源署预测,到 2040 年,海上风电有望成为欧洲的主要电力来源。[③] 得益于得天独厚的风电资源和先发优势,丹麦、荷兰、瑞典等北欧国家在风力发电领域具有全球领先水平。尤其是丹麦,世界第一个海上风电场——Vindeby 海上风电场由丹麦于 1991 年建成。2020 年丹麦公布了雄心勃勃的人工"能源岛"计划,其中拟在北海投资建设一座装机量高达 10GW 的风电岛屿。

欧洲地区电力互通也在深入推进。2000 年,挪威、丹麦、瑞典和芬兰北

---

① 刘媛媛.世界可再生能源市场:发展现状与展望[R]//黄晓勇.世界能源发展报告(2019).北京:社会科学文献出版社,2019:211-231.

② 傅聪.欧盟清洁能源与气候治理的困境[R]//周弘,等.欧洲发展报告(2018—2019).北京:社会科学文献出版社,2019:173-184.

③ IEA. Offshore Wind Outlook 2019[R]. 2019.

欧四国全部加入同一电力市场,最终形成一个以北部电力池(Nord Pool)为主的电力市场交易体系。此后波罗的海沿岸国家拉脱维亚、立陶宛、爱沙尼亚也先后加入。同时,北欧四国与英国、德国、波兰等周边欧洲国家也存在交易,形成了大型跨国电力交易市场。① 北欧电力市场是全球第一个真正意义上的跨国电力市场,具有里程碑意义。作为跨境电力合作与互联互通的范本,也为其他区域跨境电力合作提供了参考方向。英国是西欧地区电力连接的中心,目前有大约 5GW 的海底电缆输电容量连接英国与荷兰、法国和爱尔兰的电力系统。预计到 2025 年左右,英国将建设更多的海底电缆连接法国、爱尔兰、挪威、丹麦、德国和比利时,联网的输电容量预计将增长 4 倍,达到 25GW。

中东欧国家在清洁能源开发利用上历史也比较长,清洁能源应用较为广泛,开发技术比较先进。除了制定与《巴黎气候协定》相适应的国家自主认定贡献减排规划,以较高标准大力开发清洁能源,该地区许多国家还提出了提升绿色能源在供热制冷、交通运输等领域消费占比的目标。

二、中欧清洁能源合作

当前,中欧清洁能源合作主要集中在政策沟通、机制建设、贸易畅通以及具体的风电产业合作等四方面。

(一)政策沟通

清洁能源合作是中欧双方完成《巴黎气候协定》国家自主认定贡献的重要举措,符合双方共同利益。《中欧能源安全联合声明》(2012 年)、《中欧能源合作路线图》(2016 年)、《中欧领导人气候变化和清洁能源联合声明》(2018 年)等重要文件陆续出台,是指导中欧能源合作的政策指引。在政策沟通与协调基础上,双方将积极扩大清洁能源合作,以取得更多实质性成果。

中欧又签署了一系列文件落实上述文件精神,展开了更深层次的政策协调。2019 年 4 月 9 日,为配合第二十一次中欧领导人会晤,第八次中欧能源对话在比利时布鲁塞尔召开,共同签署了《关于落实中欧能源合作的联合声明》。2019 年 5 月 15 日,第二次中欧能源合作平台项目(ECECP)指导委员会会议与"中国—欧盟能源合作平台项目启动会"宣布中欧能源合作项目正式启动,并公布了项目总体工作计划和年度工作计划,这意味着中欧能源

---

① 孙一琳.能源岛助海上风电点亮欧洲[J].风能,2020(1):72-73.

合作向高质量发展的目标又迈进了一大步。[①]

中国与欧洲国家的政策沟通对双边合作起到了达成战略共识的作用。2018 年 1 月,法国总统马克龙访华,中法两国发表联合声明。声明中,两国元首高度评价中法两国的核能合作,并对台山核电站 1 号、2 号 EPR 机组即将投入运营以及两国工业企业就 EPR 开展的典范式合作表示赞赏,两国将致力于推动英国欣克利角 C 核电项目,并将继续在塞斯维尔 C 项目合作,推动布拉德韦尔 B 项目落实。两国还将共同推动中方华龙反应堆技术通过英国相关管理机构的通用设计审查和认证。[②] 政策沟通加深了中法核电合作及其他清洁能源合作。

2018 年 11 月习近平对西班牙进行国事访问,并签署了联合声明,其中提到:双方一致认为能源领域正面临着非常严峻的挑战,双方均须遵守国际承诺,推动实现可持续能源体系的变革,以保障清洁、可负担的现代能源的广泛获取;双方愿通过定期对话、经验交流和成功案例,继续推动可再生能源使用和提高能源利用效率,作为未来可持续发展的基石。[③] 声明为双方在可再生能源领域进一步务实合作做好了政策铺垫。

(二)机制建设

双边合作机制上,我国与多个欧盟成员国近年来建立了双边能源对话交流机制,其中包括中法能源对话、中瑞(士)能源工作组会议、中芬能源合作工作组会议、中德能源工作组会议、中丹海上风电交流等。依托上述机制平台,我国与欧盟及其成员国在能源转型、核电、先进光伏、储能、系统灵活性、清洁供暖与制冷、能源技术创新等领域的合作不断拓展与深化。[④]

多边合作机制上,2019 年中国国家能源局与欧盟能源总司共同成立的中欧能源合作平台项目(ECECP)是一个典型的合作机制。该项目旨在落实双方分别于 2016 年和 2019 年签署的《中欧能源合作路线图》和《关于落实

---

① 一带一路能源合作网. 扬帆起航谱新篇,中国—欧盟能源合作平台正式启动[EB/OL]. [2019-09-05]. http://obor. nea. gov. cn/pictureDetails. html? id=2561.

② 新华网. 中华人民共和国和法兰西共和国联合声明[EB/OL]. [2018-01-09]. http://www. xinhuanet. com/politics/2018-01/09/c_1122234958. htm.

③ 中国政府网. 中华人民共和国和西班牙王国关于加强新时期全面战略伙伴关系的联合声明(全文)[EB/OL]. [2018-11-29]. http://www. gov. cn/xinwen/2018-11-29/content_5344289. htm.

④ 一带一路能源合作网. 中国与欧盟国家能源领域合作情况[EB/OL]. [2020-06-30]. http://obor. nea. gov. cn/pictureDetails. html? id=2751.

中欧能源合作的联合声明》。其主要目标是,促进双方在能源政策、能源技术、能源产业等领域的全方位交流合作,重点围绕能源系统、能源效率、可再生能源和创新实体四大领域,结合我国能源行业高质量发展的经验和欧洲先进的能源技术、装备及解决方案,发挥互补优势,推动合作成果落地,引领中欧能源合作不断走深走实。

中国与中东欧国家合作的机制化成果较为显著。"一带一路"倡议提出以来,中国和中东欧的"17＋1"整体合作机制日渐加强,各国能源主管部门就共同研究制定"17＋1"能源合作纲要达成了共识。2019 年 10 月 18 日,中国—中东欧能源合作论坛在萨格勒布召开。中国和中东欧各国能源主管部门共同表示要在风电、光伏、地热等清洁能源领域扩大合作。中国企业与中东欧国家达成了 12 项清洁能源投资项目合作意向。中国—中东欧国家友好合作塑造了跨区域多边合作机制创新的典范,双方在风电、光伏等清洁能源领域也开展了一系列务实合作。

(三)贸易畅通

中欧班列的繁盛象征着丝绸之路经济带两端的贸易畅通。从开行初期只从中国运送电脑、手机等 IT 产品扩大到现今可运送衣服、鞋帽、汽车配件、葡萄酒、咖啡豆、木材、家具等各类产品到欧洲,极大丰富了货物品类。运输线路也不断拓展,截至 2019 年底,运行线路达 60 多条,通达欧洲 15 个国家的 50 多个城市,累计开行超过 14000 列,运送货物 92 万多标箱。①

陆上运输通道的畅通使货运成本大大降低,为"一带一路"带来更好的发展活力。这无疑也会对欧洲的能源转型大有裨益,具有国际竞争优势的中国制造商品,将"碳足迹"主要留在了产地中国,却为欧洲带来了价格的实惠和碳排放量的减少。在清洁能源商品方面,符合欧洲质量与标准的质优价廉的中国太阳能光伏组件、风电装备组件等清洁能源装备,通过中欧班列源源不断地输往欧洲,有助于其降低清洁能源发电成本,加速能源转型进程。

(四)风电合作

新一轮科技革命和产业变革与中国加快转变经济发展方式形成历史性

---

① 覃宝凤,彭泷阴.中欧班列助力"一带一路"见实效[EB/OL].[2020-08-11].http://fec.mofcom.gov.cn/article/fwydyl/zgzx/202008/20200802990760.shtml.

交汇,国际产业分工格局正在重塑,中国企业应紧紧抓住这一重大历史机遇,加快向全球制造业价值链最高的欧盟国家投资,全面实施制造强国战略,促进国内技术能力和水平的全面提升。① 中欧在国际产业链中优势互补,互利双赢,中欧在清洁能源领域各有所长,双方合作更能凸显出这种互补与共赢。

欧洲是最大的海上风电市场,风电合作既是中欧清洁能源合作重点,又是最具潜力的领域。我国已经与丹麦、荷兰建立了海上风电领域的双边合作机制,在政策、规划、技术和标准上开展交流与对接。未来中国企业有望与欧洲海上风电企业展开合作,发挥各自优势,共同开拓全球海上风电市场。中欧还可以开展合作研究,进一步降低海上风电成本,以在全球其他地区开展更广泛的海上风电合作。目前海上大容量机组是中国风电整机制造厂家的突破重点之一,海上风电电价机制设计、智能运维等方面也成为中国与丹麦、英国等国家开展双边合作的重点。

在具体合作项目上,许多中国新能源企业已凭借独特的竞争优势进入欧洲风电市场。国投电力、上海电气、长江三峡等中国企业与欧盟企业在股权投资与项目合作上开展了多项合作。2019 年上半年,法国电力集团与国家能源投资集团合作,共同投资位于江苏省沿海的东台四期和五期海上风电项目,这是法国电力集团在中国开展的首批海上风电项目,也是外资首次投资和运营中国海上风电项目;瑞典的布莱肯风场是迄今中国企业在瑞典获得的最大风电项目订单。该风电场是欧洲第二大陆上风场,装机总量 247.5MW,中国的东方电气为其提供了 39 台低温型 D F2.5MW-110 设备。②

除风电外,光伏方面,我国对欧盟国家光伏组件出口额持续增长,晶科电力、正泰新能源等企业相继在荷兰、西班牙等国中标光伏电站项目。在地热能、生物燃气、水电开发等方面,中国与欧洲国家也开展了丰富的合作。

新能源汽车合作成为近年中欧清洁能源合作的重要增长点。吉利汽车已在德国、瑞典等地建立了新能源汽车领域的研发中心,主要开展关键技术与零部件的研究;宁德时代于德国图灵根建立了动力锂电池的生产工厂,预计 2022 年可达到 14GWh 的动力锂电池产能。

---

① 中华人民共和国商务部.中国对外投资发展报告[R].2019:201.

② 人民网.中国风机落地欧洲第二大陆上风场[EB/OL].[2017-09-08].http://world.people.com.cn/n1/2017/0908/c1002-29524301.html.

第四节 非洲能源脱贫与绿色"一带一路"清洁能源合作

一、非洲清洁能源利用与能源脱贫

非洲国家有充裕的太阳能和风能蕴藏量,撒哈拉以南的非洲国家风力可达 3~7 级的土地面积占陆地面积的 30%。北非的撒哈拉沙漠地区在太阳能领域潜力巨大,理论上每年可利用的太阳能超过 220 亿 GWh。丰富的清洁能源储藏是落后的非洲实现能源脱贫的重要保障。

绿色"一带一路"给非洲能源带来的最大改变是助其尽快完成能源脱贫。中国向非洲提供清洁能源新技术,注入资金,合作开发清洁能源,向能源系统、生产生活方式等诸多领域渗透,助其改善能源结构,实现能源脱贫,也将极大地改变非洲落后的工业基础、社会状态。

非洲清洁能源市场具有极大的吸引力,也蕴藏着极大的潜力。中国企业积极寻求以 BOT/PPP 等投资形式及各种程度的"投建营一体化"创新模式,越来越多地参与非洲公路铁路、电站电网的开发投资和建设运营,弥补当地的产业空白,也为地区经济发展带来新的生机。

在清洁能源基础设施建设合作领域,有超常规模的代表性项目如赞比亚下凯富峡水电站项目、埃塞俄比亚阿伊萨风电项目,以及埃塞俄比亚复兴大坝水电站 500 千伏送出工程。该工程是埃塞俄比亚国家骨干网和东非骨干网架的组成部分,超过 100 家中国企业参与,树立了中国在非洲能源基础设施建设的新标杆。规模日盛的中非基建合作使广大非洲落后地区能源发展水平跃升到现代能源层级,对非洲国家的能源脱贫、能源升级和经济追赶做出了重要贡献。

二、中非清洁能源合作

（一）风、光电合作

太阳能、风能发电是中国与非洲国家清洁能源合作的重点。非洲广袤、开阔的土地蕴藏着丰富的太阳能和风能。

太阳能发电方面。2013 年 11 月,中国电力建设集团有限公司承建了其海外最大的 EPC 项目——阿尔及利亚国内首个大规模光伏电站 SKTM 光伏电站项目。建设电站 15 座,总装机容量 233MW,2018 年 4 月完成竣工验收。该项目并网发电,补充了阿尔及利亚光伏能源的空白,极大地改善了当地用电窘迫的状况。在提高当地人民生活水平的同时,还提供了 3000 多个工作岗位。2015 年 2 月,阿尔及利亚 Djanet 3 兆瓦光伏发电项目并网发电成功,是该国第一个并网的大型地面光伏发电项目。①

2018 年,中国太阳能产品制造企业隆基太阳能与突尼斯项目开发商 SHAMS Technology 签订了长期合作的意向备忘录,计划未来共同开发非洲光伏市场。2018 年 8 月,由中国电建下属山东电建三公司总承包的摩洛哥努奥光热电站三期项目发电机首次并网成功。该项目是全球单机容量最大的光热电站工程,包括二期 200MW 槽式光热电站和三期 150MW 塔式光热电站。努奥三期采用世界最前沿的塔式光热技术,是世界上首次采用混凝土和钢混合式结构的光塔,也是世界上最高的光热发电集热塔。② 2019 年,埃塞俄比亚阿伊萨Ⅱ期项目中,东方电气集团顺利完成总装机容量 120MW 的风力发电机组吊装工作。

风能发电方面。埃塞俄比亚阿达玛风电场项目是该国最大风电场,也是非洲第二大风电项目,是中埃能源合作的优秀代表和经典案例。阿达玛风电场项目装机 136 台,总装机规模 20.4 万千瓦,主要为埃塞俄比亚首都亚的斯亚贝巴新落成的非盟会议中心供应电力。这个风电场是中国第一个技术、标准、管理、设备整体"走出去"的风电项目,采用中国标准进行设计、施工和验收。一期 51MW 项目已投产发电,年供电量 1.63 亿度,对缓解首都供电发挥了重要作用。二期 153MW 全部建成后每年再增加 4.8 亿度,将满足首都 20% 的电力需求。③

（二）水电合作

水电开发可以因地制宜地根据非洲不同国家的现实灵活进行。非洲水电资源丰富,蕴藏的水电量约占世界总量的十分之一,可谓非常富裕。但因经济技术条件限制,开发程度很低。由于非洲地区国家电力需求基数普遍较小,电力消纳一直是制约大型水电站开发建设的关键问题。非洲地区分散灵活的中小型水电站（小水电）更适合其实际,将超越大型水电站,成为水

---

① 一带一路能源合作网.伙伴关系成员国——阿尔及利亚[EB/OL].[2020-08-05].http://obor.nea.gov.cn/pictureDetails.html? id=2622.

② 中国电力新闻网.世界最大塔式光热电站成功并网[EB/OL].[2018-08-23].http://www.cpnn.com.cn/zdzg/201808/t20180822_1086675.html.

③ 中国电力建设集团.习近平向非洲各国政要推荐北京院总承包的阿达玛风电二期[EB/OL].[2015-12-09].http://www.bhidi.com/art/2015/12/8/art_10126_825445.html.

电开发的主流。

2012 年 4 月由中国进出口公司总承包、中国水电集团在刚果(布)施工建设的首个大型工程项目英布鲁水电站通过最终验收。英布鲁水电站总装机容量为 12 万 kW,年发电预计达 8.76 亿 kWh,是该国迄今为止最大的水电站之一,使其不再从刚果(金)进口能源。2017 年 5 月,中国能建葛洲坝集团承建的刚果(布)利韦索水电站竣工,有效地解决了其北部地区电力短缺的问题。该公司还在安哥拉罗安达签订了安哥拉卡古路-卡巴萨水电站项目,建成后的水电站装机容量为 2171MW,项目总额 281 亿元。

"一带一路"框架下中非水电合作的典型项目主要有下凯富峡水电站、吉布 3 水电站及英加 3 项目等。2015 年中国电建水电局承建了赞比亚 40 年来建设的第一个大型水电站——下凯富峡水电站,项目首批机组 2021 年 8 月开始并网发电。该项目装机容量 750MW,将使赞比亚的电力供应增加 38%,足以满足其未来 5~10 年国内的电力需求。[①]

埃塞俄比亚水力资源丰富,号称"东非水塔"。2016 年 9 月,历时 5 年建设的埃塞俄比亚吉布 3 水电站 10 台大型水轮发电机组的安装调试和试运行完成。而从 2015 年 11 月 11 日到 2016 年 9 月 9 日仅仅不到 10 个月的时间里,中国水电八局完成了从首台到 10 台大型水轮发电机组的安装并移交业主,10 台机组均一次启动成功,验收、试验、运行参数指标均在优良范围之内,提前完成了"一年十投"的目标,这在国内外尚属首例。[②]

2018 年 10 月,以三峡国际能源投资集团为主的中方联营体与西班牙联营体、刚果(金)政府签署了英加 3 项目(Inga Ⅲ),开发刚果河水电。该项目将建成全球规模最大的水电站群,送电范围可覆盖南非、尼日利亚、埃及等多个国家,可满足非洲 3/5 的国家、70% 的人口的用电需求,有助于刚果(金)乃至整个非洲摆脱能源贫困,是名副其实的"点亮非洲"工程。

三、中非其他清洁能源合作

中国企业还在非洲积极开拓地热能源的业务。2019 年 3 月,科瑞石油联合东非地热开发公司成功签订埃塞俄比亚国家电力公司地热能源开发合同,合同金额逾 8000 万美元,是埃塞俄比亚域最大的地热项目。2019 年 5 月,中核集团与中国石油集团合作签订肯尼亚项目地热资源综合开发利用

① 人民日报.中企承建赞比亚首座大型水电站发电[N].2021-08-12(17).
② 三湘都市报.中国水电八局承建的埃塞俄比亚最大吉布 3 水电站机组全部投产[N].2016-9-24(A9).

合作协议。

中国积极推动中非清洁能源的技术交流与技术转移。作为 2010 年联合国开发计划署（UNDP）与中国政府签署的战略合作协议的一部分，"中非可再生能源技术转移南南合作项目"旨在促进中国可再生能源技术在非洲的落地与发展，以技术转移和经验共享代替物质援助和成果分享，实现联合国"人人享有可持续能源"的目标。[①]

第五节　拉美能源合作风险与绿色
"一带一路"清洁能源合作

一、拉美清洁能源开发状况概述

拉美地区自然资源禀赋优越，大部分地区非常适合发展太阳能发电和风电，火山密布的中美洲和加勒比地区则拥有丰富的地热资源。拉美地区清洁能源种类多样，开发和利用程度较高，是世界上能源结构最清洁的地区之一。区域内有数个国家可再生能源发电占比超过 50％，占比最高的哥斯达黎加有超过 95％的电力来自可再生能源。近期又有 9 个拉丁美洲国家制定了到 2030 年可再生能源发电量达到 70％的目标。

拉美地区巴西、秘鲁、委内瑞拉、巴拉圭和哥伦比亚的水能，阿根廷、巴西、哥伦比亚、哥斯达黎加的生物燃料，巴拉圭、墨西哥、萨尔瓦多、尼加拉瓜、哥斯达黎加的地热能源，巴西、阿根廷、墨西哥和智利的风能等，在地区乃至全球，开发水平都处于领先。[②] 目前拉美成为全球仅次于欧洲的第二大可再生能源投资热门地，以巴西、智利和墨西哥为主要目的国，2019 年外国投资资本支出和项目数量创新高，投资集中于太阳能和风能等可再生能源项目。

对水电的大力开发使拉美在清洁能源领域表现卓越。拉美地区的水电储量占世界总量近 20％，巴西、乌拉圭、巴拉圭等亚马孙流域国家有着丰富的水电开发经验，著名的伊泰普水电站曾经是世界上装机容量最大的水电站。巴西正在建设的贝罗蒙特（Belo Monte）水电站，坐落在亚马孙河最大

① 国际商报.中非深化可再生能源技术合作[N].2016-07-20(02).
② 王双,周云亨.世界能源秩序转型背景下的中拉能源合作——新秩序、新角色与新篇章[J].国际观察,2016(6):58-72.

的支流欣谷河上,装机容量 12230MW,建成后将成为世界第三大水电站。现今,亚马孙流域水电开发规模依然很小,仍有大量水能亟待开发,具有灵活性、低成本优势的小水电将大有可为,终将对以大水电为主导的水电系统形成重要补充。

拉美地区风能储量极其丰富,开发潜力巨大。阿根廷是拉美地区最热衷开发风电的国家,凭借开发其全境优质的风能资源,阿根廷已成为拉美第三大电力市场。中国的远景能源、丹麦的维斯塔斯等中外大型能源企业及设备制造商落户阿根廷,纷纷看好阿根廷风电市场的长期潜力。

拉美地区最大的光伏安装国是巴西(2019 年新增 2GW)、墨西哥(近2GW)和阿根廷(近 0.5GW)。其他国家也引入了大量产能,哥伦比亚建造了一座 86MW 的电厂,牙买加拟建设加勒比海最大的太阳能光伏电站(51MW)——该电站预计将提供该岛最低成本的电力。许多地区内国家还在公开招标太阳能光伏项目。[①] 近年拉美地区太阳能光伏产业增长经历了第一次发展高潮期,地区内国家对太阳能产业的激励扶持政策,区域内广泛应用的公开透明的电力拍卖体系等,为太阳能光伏产业发展提供了较好的政策与市场环境。

拉美地区具有得天独厚的提供生物质能原料的条件:良好的土壤、适宜的气候、大量可利用的土地和低廉的劳动力等组合优势。巴西的甘蔗、阿根廷的大豆都是产出生物燃料的最佳原料,这给地区生物质能开发带来了光明的前景。现今,巴西、哥伦比亚和阿根廷等国已有比较活跃的国内生物燃料市场。巴西是世界上最大的乙醇燃料出口国,占有约 90% 的全球出口市场份额。哥伦比亚和阿根廷也有相当规模的生物燃料出口能力。厄瓜多尔、秘鲁、乌拉圭和委内瑞拉等国家有显著的生物燃料生产潜力,各类生物燃料生产项目也正逐渐起步。

拉美地区国家间长期致力于通过国际双多边合作开发本地清洁能源。拉丁美洲能源组织(OLADE)是促进区域清洁能源合作最有力的地区性组织,在促进可再生能源资源开发、从技术上支持应对气候变化的调整和减排战略、推进在基础设施项目建设和能源生产发展过程中的环境综合管理等方面作用积极。拉丁美洲能源组织是聚焦拉美能源合作的专业组织,涉及墨西哥、巴西、厄瓜多尔、哥伦比亚、巴拉圭、乌拉圭、多米尼加和哥斯达黎加等国家的可再生能源发展合作。在联合国工业发展组织扶持下,该组织通

---

① REN21. Renewables 2020 Global Status Report[R]. 2020:113.

过搜集区域内国家现有的能源技术、发展水平、融资机制等信息,拟建成区域可再生能源信息平台。

二、中国与拉美的清洁能源合作

(一)水电合作

水电合作(主要是大水电)是中拉清洁能源合作的重点领域。随着中拉合作的逐渐深入,中国进入拉美水电行业,给该地区水电开发带来了新的变化。近年来,中巴水电合作成为"一带一路"拉美地区清洁能源合作的重心,也屡现亮点。2016年中国长江三峡集团公司在完成对伊利亚水电站和朱比亚水电站两座巴西水电站项目并购后,成为巴西第二大私营发电企业;扎根巴西后,三峡集团还将继续进军秘鲁和哥伦比亚等国家的水电市场。2018年,国家电投公司完成了巴西圣西芒水电站1700MW的项目交接,水电站已开始自主运营。这些中国企业为巴西的经济社会发展注入了中国动力,也将中巴两国在水电技术、项目开发与运营、水资源利用与环境保护等领域的合作推升到了一个更高的层次。

(二)风、光电合作

近年拉美地区风电、光伏开发进展迅猛。中国与阿根廷的风电合作成果最为亮眼。2019年11月26日,远景能源投资建设的阿根廷Garcia del Rio风电场项目并网成功,另一个由其承建的Vientos del Secano风电场项目在紧锣密鼓的建设之中,两者被阿方并誉为"中阿新能源合作的里程碑"。中国电建集团贵州工程有限公司承接的Helios风电群项目于2020年7月运营,新增装机容量占阿根廷2018年风电装机容量的47%,可满足10万户家庭的用电需求,每年约为阿根廷减燃标准煤65万吨、减少碳排放180万吨。[①]

中国与拉美其他国家的风电合作也有新进展。在智利,中国投资建设的首座风电场蓬塔谢拉风电场2018年8月投入使用,年均发电量为282GWh,可满足13万户家庭的用电需求,每年还能减少15.7万吨碳排放,

---

① 北极星风力发电网. 这个被称为"中阿新能源合作里程碑"的风场并网了[EB/OL].[2019-12-02]. http://news.bjx.com.cn/html/20191202/1025022.shtml.

该电站32座风机均采用了金风科技的2.5MW机型。[①] 在墨西哥,2020年7月28日,安装了远景能源36台2.5MW智能风机的半岛风电场正式投运。[②] 中国优秀的风电企业以技术创新、实干精神深耕拉美市场,因地制宜为不同国家提供同等优质的智能风机产品和技术服务,在中拉清洁能源合作中扮演着重要角色。

在光伏领域,中国凭借全球最大光伏面板及逆变器制造者地位,以及资金、技术优势,在拉美地区不断拓展合作空间。中国在阿根廷经济困难时期向其伸出援手,提供资金和技术援建全球海拔最高的光伏电站之一,也是拉美地区最大的光伏发电站——高查瑞光伏发电站,在克服了新冠肺炎疫情带来的种种困难后,于2020年9月满负荷投运并顺利并网。相当数量的中国企业还通过招投标、并购、工程总承包、援建等多种形式进入巴西、智利、墨西哥等拉美光伏重点市场,确立了在拉美区域光电合作的广泛布局。

(三)生物质能合作

中国混合燃料动力汽车保有量名列世界前茅,且新能源汽车增速较快。2017年国家发改委等部门出台政策激励生物燃料乙醇生产和推广,提出到2020年实现乙醇汽油全国基本覆盖的目标。此后山西、河北、山东、江苏等省相继发布乙醇汽油推广方案,却因燃料原料不足,实施效果并不理想。而拉美地区的巴西、阿根廷等是全球生物乙醇、生物质能原料及燃料的主要供应国家,无疑,中拉生物质能经贸合作是双赢之举,绿色"一带一路"在拉美的推进将有助于继续开拓中拉在该领域的能源合作。

(四)电力合作

中拉在电力领域的合作也取得累累硕果。仅在巴西就有数个典型合作项目,2015年启动的巴西美丽山特高压输电项目是中国特高压技术"走出去"的处女作,也是中巴电力合作领域新的重要里程碑。2016年4月,国家电网巴西控股公司独立参与的特里斯皮尔斯水电送出二期输电特许经营权项目成功中标,获得该项目30年特许经营权。2017年1月,又完成了巴西CPFL能源公司54.64%股权(141.9亿雷亚尔)的交割。此次收购是2017

① 新华网."白色巨人"送来绿色能源——中国在智利投资建设的首个风电场投入使用[EB/OL].[2018-08-26].http://www.xinhuanet.com/fortune/2018-08/26/c_129940448.htm.

② 中国新闻网.风机出口中国第一,远景能源再为拉美市场送上绿色能源[EB/OL].[2020-07-30].http://www.sh.chinanews.com/chanjing/2020-07-30/79224.shtml.

年中国电力企业对外投资金额最大的并购项目。截至 2019 年 5 月,国家电网在巴西投资额超过 124 亿美元,占其境外工程合同总额的 25%,实现了对巴西输电、配电和运营的整体产业链全覆盖。[①] 2018 年,国网国际公司又成功中标巴西的谢罗宾水电项目和加美莱拉风电项目,实现了在海外新能源绿地项目领域的新突破。

三、拉美地区清洁能源合作风险与问题

虽然拉美地区有着得天独厚的清洁能源资源,也有着较好的开发基础与发展水平,但拉美地区的能源投资与合作却面临比较复杂的外部风险与内部问题,影响投资合作与共同开发。其中,根植于深厚的民粹民族主义思想而衍生的保守、排外政策是影响投资与合作的最大风险。

(一)外部风险

拉美地区有着复杂而多元的政治思想根源,区域内很多国家执政思路常常在过渡放任的自由主义与偏执保守的民粹民族主义之间左右摇摆,国内政治频繁出现党派纷争、腐败横行、政局不稳、行政效率低下等问题,在不同党派执政时政策法律变动时有发生。

在经济领域,世界经济的持续低迷、地区国家乏力的经济管理政策、脆弱的财政货币体系,使区域经济长期低迷,债务、货币危机频发,就连巴西、阿根廷等拉美地区主要经济体,近年来也遭遇了非常严重的经济货币危机。事实上,在过去的数十年间,拉美地区众多国家之所以陷入"中等收入陷阱",都与其国内恶性循环的政治经济治理怪圈有关:被民粹主义绑架的全民普选—极化派别胜出、党派纷争不息—经济民族主义盛行、国有经济效率低下—市场萧条、经济低迷—政治动荡、社会矛盾突出—政坛剧变、社会运动。由此可见,民粹民族主义对拉美地区的国家发展与治理产生了明显的负面影响。

在社会层面,拉美地区有着悠久的民粹民族主义历史传统,拉美社会更是一个长期充斥着民粹民族主义思潮与运动的社会。民粹主义的本质是松散的人民势力与建制派之间就民众所关注的问题和需求进行的改革斗争,民粹主义强调大众民主、人民力量,又受感性与情绪的强烈驱动,在短期内可能爆发出巨大的动员力量,形成威胁度比较大的社会化运动。

---

① 新华网.国家电网在巴西投资超 124 亿美元[EB/OL].[2019-05-24].http://www.xinhuanet.com/2019-05/24/c_1124539171.htm.

本轮反全球化潮流的最突出特点,就是将从根本上否定全球化的思潮以及极端民族主义政治运动、政党政治、政治选举,和国家的去全球化政策与行动(如英国脱欧)整个地贯穿起来,演变成为世界政治舞台上的全局性政治大变动。这必将对世界政治经济发展的走势产生深远的影响。[①] 近年来愈演愈烈的逆全球化浪潮也波及拉美,拉美地区的资源民族主义、保护主义迅速复兴。在资源民族主义思潮影响下,民众对外国投资更敏感,西方捏造的"中国威胁""债务陷阱"等负面舆论也在区域内广泛传播,引发对劳工、环境、债务等问题的特别关注,甚至还会爆发游行示威、社会运动等。由此可见,偏执的民粹民族主义及其引发的社会运动对外国投资的影响大都偏向负面,给"一带一路"在拉美区域的能源投资合作造成了诸多外部风险。

综上,拉美地区敏感的民粹民族主义神经极易受到外部环境的挑动,并对区域内国家政治、经济、社会产生深刻影响。受此影响,区域内国家投资合作的外部环境风险加大,营商环境恶化,使很多海外投资者望而却步。这导致拉美地区虽有着世界上最丰富的可再生能源资源,却没有足够的资金、技术以及有吸引力的政策环境吸引投资开发。归根结底,民粹民族主义思想是拉美清洁能源投资合作中主要外部风险的根源所在。

(二)内部问题

拉美地区清洁能源合作的主要内部问题有能源结构失衡、投资不足与投融资机制缺乏、基础设施不完善等。

第一,拉美国家能源结构失衡问题依然十分突出,主要表现在两方面。一方面,可再生能源总体开发比例过低,占能源组合中的比例很小。如巴西、秘鲁、委内瑞拉、巴拉圭和哥伦比亚在该地区水电产量上占据重要的位置,总份额占到地区水电产量的 3/4 以上,却只有不到 1/3 的水电潜力被开发。巴西、墨西哥和智利三国现有的风力发电能力超过地区总装机容量的 80%,而整个区域的风能利用率却低于预测的风能潜力的 1%。[②] 另一方面,各种清洁能源的比例严重失衡。如巴西的清洁能源结构即失衡严重,巴西的水电在清洁能源电力乃至整体电力结构中占据绝对比例,而水电的间歇性和受气候影响的敏感性特征迫使巴西不得不调整其现有发电结构,使风电、太阳能、生物质能等可持续能源形式发挥更大的作用,这对于巴西的

---

① 刘贞晔.全球大变局:中国的方位与出路[J].探索与争鸣,2019(1):32-41.

② OLADE. *Latin American and Caribbean Energy Organization（ENERLAC）Magazine*[R].2010,2(2):18.

电力安全有重要意义。然而从风电、太阳能等产业的投资现状来看,这些可持续能源发电形式在未来较长时间内依然处于水电的补充地位,结构不合理问题短时期内仍无法得到有效解决。[①]

第二,拉美国家可再生能源开发所需的投融资严重不足。阿根廷是最明显的例子。连年的经济滞胀、货币贬值,削弱了其偿还国际债款的能力,屡屡发生拖欠、违约,使其在国际信贷市场上获得贷款更为艰难,因此可再生能源的投资开发日益缺乏来自资金雄厚的融资机构的支持。拉美区域内普遍缺少专门的能源投资开发融资机制,可再生能源开发融资渠道一般是省级机构基金、电力发展基金以及国际组织通过某些职能部门的援助等。融资机制的缺乏成为清洁能源开发合作的一大障碍。

第三,拉美地区的工业化发展长期停滞不前,由此形成了基础设施不完善的突出问题。现今,拉美地区能源电力基础设施比较落后,能源开发所需的基础设施匮乏,交通运输领域化石能源燃料比例依旧很高,因此,在农村电气化、能源分散化、运输燃料非化石能源化、关键能源基础设施建设及能源管理系统等方面的发展与合作就显得尤为重要。

总之,拉美地区政治社会、经济金融系统复杂度较高,区域内国家清洁能源部门虽然发达,清洁能源国际合作却面临一系列区域性的内外部因素困扰。因此,绿色"一带一路"框架下该区域的清洁能源合作仍需克服大量现实问题。

第六节 本章小结

通过对中亚、欧洲、非洲、拉美等四个绿色"一带一路"合作区域的重点分析,发现不同区域对清洁能源开发的动机、思路与规划存在较大差异,绿色"一带一路"建设需要根据不同区域的现实态势与问题,因地制宜地设计区域合作战略与政策规划。

对于急于摆脱产业落后、升级乏力局面的中亚地区,中国可通过绿色产能合作、传统产业的基础设施改造、新能源基础设施共建等形式,助其尽快

---

① Rodrigo Correa da Silva, et al. Electricity Supply Security and the Future Role of Renewable Energy Sources in Brazil[J]. Renewable and Sustainable Energy Reviews,2016,59 (6):328-341.

实现工业升级与能源转型。对于已进入后工业化时代并积极推进能源转型的欧洲地区,中国应与其在政策沟通和加强机制化建设的基础上,继续发扬清洁能源贸易传统,在双方合作较深的新能源产业上(如风电)推进产能合作与技术研发。对于经济发展水平落后、尚未摆脱能源贫困的非洲国家,绿色"一带一路"带来了区域基础设施、贸易、资金的畅通,也给区域国家民众生活改善、能源脱贫、工业进步、经济发展带来了福祉,中非合作前景光明。对于清洁能源开发基础较好而合作环境不佳的拉美地区,中国的资金、技术结合本地区丰富的可再生能源,可产出丰硕的合作成果,但应特别注意规避地区根深蒂固的民粹民族主义思潮带来的政治、经济、社会等方面的外部投资风险。

总之,绿色"一带一路"框架下区域能源合作战略应顺应区域国家的现实需求,考量区域国家的合作舒适度,根据不同区域的现实问题探索创新开发合作模式,因地制宜,务实合作,将绿色"一带一路"清洁能源合作推向深水区。

第七章 绿色"一带一路"清洁能源 合作重点国别解析

当今,绿色"一带一路"区域清洁能源国际合作正不断深化。中国在水电、风电、光电等领域的投资与开发规模全球领先,电力技术也取得了长足进步,煤电超超临界、超低排放、特高压、远距离、大容量的输电技术,都达到了世界先进水平。中国清洁能源的综合能力与技术水平,更契合沿线发展中国家的经济发展水平和发展需求,从规划、设计、制造到运营维护,中国借助工程建设、装备制造、技术输出等方面的优势,与区域各国共商、共建绿色"一带一路",共享绿色发展成果。本章将通过对几个重点合作国家的深入分析,揭示绿色"一带一路"清洁能源合作的前沿方向、进展、问题及前景等。

第一节 中俄:能源战略高度契合下的清洁能源合作

一、中俄能源战略高度契合

中俄是有着悠久友好外交关系的一对战略伙伴,一个是日益强大的新兴大国,一个是前超级大国顺承而来的世界大国,两国是一超多强格局中的最重要两极。在国际政治经济秩序剧烈演变的今日世界,美国借军事、经济霸权优势不断对中俄进行战略施压、经济制裁、挤压生存发展空间等,使两国有了越来越多的战略契合与共同的战略利益。

在能源领域,中俄之间形成了良好的要素互补。俄罗斯是世界上能源资源最丰富的国家之一,全球需求中心的东移、美欧的经济制裁,使俄罗斯坚定不移实施东向能源战略,积极开拓亚太市场。中国则有着制度、市场优势及相对丰厚的资金与技术。为缓解国际地缘政治动荡、能源海运脆弱对本国能源安全带来的负面影响,同周边国家展开密切的能源合作,加强陆上油气管道互联互通,成为中国最现实的选择。面对美国施加的战略压迫,中俄合作开发东西伯利亚、远东以及北极地区丰富的能源资源,符合两国共同的战略利益。

现今,中国在"一带一路"传统油气投资项目上,已基本形成了集勘探开发、管道建设运营、工程技术服务、炼油和销售于一体的油气全产业链、全方位合作的局面。随着中俄能源战略的相向而行,两国能源贸易规模逐年扩大,俄罗斯已稳坐中国最大原油进口来源国之位,(管道)天然气对华出口量快速攀升。但中俄两国能源合作尚存在一定结构性问题,主要表现在能源合作形式和内容依然处于较低层次,目前还是以初级燃料能源进出口贸易和基础设施建设为主要形式,合作内容还比较单一,这与两国的能源合作历史、产业结构等因素有较大关系。基于俄罗斯的资源禀赋及中俄能源合作趋势判断,中俄能源合作仍有很大潜力,油气贸易量、上游合作产量、油田工程技术服务合同额最终目标可望在现有基础上翻数番,[①]两国能源合作质量也有很大提升空间。

随着中俄双方战略目标趋同、政治关系日渐紧密、经贸合作日益频繁,能源关系也不断深化。中俄在深度战略对接与政策协调下可实现能源合作的互利共赢,成为"一带一路"框架下国家间能源合作的典范。

二、中俄清洁能源合作现实

俄罗斯丰富的化石能源,使其在清洁能源开发领域动力不足,清洁能源产业发展落后。为适应气候变化,完成国家自主认定贡献的要求,俄罗斯政府也提出了一系列可再生能源发展计划,主要目标是:通过发展清洁能源拉动国内经济增长,促进就业;拓宽和丰富俄罗斯能源供给种类,为远东及北极等偏远地区提供更多的能源选择;提高可再生能源电力在国家电力生产结构中的比例,逐步降低天然气、煤炭发电比例;减少能源生产和消费相关碳排放,履行应对气候变化和节能减排的国际责任。[②] 此外俄罗斯 2013 年

　　① 刘贵洲,等. 对俄油气合作仍需韧而前行[J].中国投资,2019(13):71-72.

　　② 徐洪峰,王晶.俄罗斯可再生能源发展现状及中俄可再生能源合作[J].欧亚经济,2018(5):83-92.

颁布的"449号法令"也是支持可再生能源的重要政策。为了促进光伏产业发展,俄罗斯已计划将可再生能源电力补贴延长至2035年,并追加投资近84.24亿元。① 这给俄罗斯清洁能源发展及中俄清洁能源合作提供了宽松的政策空间。

俄罗斯高度依赖水电开发,使其水电比重畸高。从发电装机比重看,俄罗斯水电装机比重占可再生能源发电比重的97.9%,而其他可再生能源占比则十分微小,形成了可再生能源结构严重失衡的局面。近年来俄罗斯光伏发电装机容量增长迅速,至2019年底,光伏发电累计装机规模已达1.2GW。

当前中俄清洁能源合作的重心是天然气合作。亚马尔天然气、中俄东线天然气管道等合作项目的巨大进展将使俄罗斯成为中国最大的天然气供应国。亚马尔项目高标准、高质量、高效率推进,被合作方誉为中国和俄罗斯能源合作的典范;因其对国内相关制造业巨大的示范拉动效应,成为"一带一路"建设特别是"冰上丝绸之路"的重要支点。② 2018年7月,中方参与的亚马尔液化天然气项目运营较为顺利,首船LNG试航"冰上丝绸之路"成功运抵江苏如东港,此后每年至少将有400万吨LNG运往中国市场。

而在管道天然气合作上,随着中俄天然气贸易规模的不断扩大,中俄除了已通气的东线和计划修建的西线(西伯利亚-2)天然气管道外,还需建设超大规模的天然气基础设施,特别急需更高规格的中低压天然气配送网络。从哈巴罗夫斯克到贝洛戈尔斯克(阿穆尔州)的天然气管道,修建从"萨哈林-3"项目的基林斯基及其南部气田到中国的第三条运输线路,将是未来中俄管道建设中需要考虑的重点线路。

在核电领域,中俄合作成果显著,俄罗斯是中国核电建设的重要伙伴。田湾核电站是中俄核能合作的标志性工程,一期工程于1999年10月20日开工建设,1、2号机组于2007年投入商业运营,2018年田湾核电站3、4号机组投入商业运营。2018年6月8日,中国国家主席习近平与俄罗斯总统普京共同见证并签署了《田湾核电站7、8号机组框架合同》《徐大堡核电站框

---

① 电力头条.俄罗斯首座浮式光伏电站投运[EB/OL].[2020-01-22].https://www.chinapower.org.cn/detail/243843.html

② 光明日报."冰上丝绸之路"极地启航[N].2017-12-10(08).

架合同》，此后中俄双方签署了一揽子政府和企业间合作文件与采购合同。①
2021年5月19日，两国元首通过视频连线共同见证田湾核电站和徐大堡核电站的开工仪式，标志着中俄核能合作又取得重大突破。现今，核能合作已经成为两国在科技、能源和经贸领域优先发展的方向之一。中俄希望将核领域合作打造为中俄合作的火车头和压舱石，为中俄新时代全面战略协作伙伴关系注入新的内涵。

风电是目前中俄两国可再生能源合作的主要领域之一。中俄两国最大的可再生能源合作项目为乌里扬诺夫斯克风电项目，该项目是俄罗斯第一个大规模风电项目，总装机容量35MW，计划安装14台由东方风电提供的DF2.5MW-110LT型直驱永磁风电机组。中国能建集团黑龙江火电三公司中标该风电场设备安装项目，这也是该公司首个国外风电建设项目。②因俄罗斯风电开发较少，目前中俄风电合作规模还比较小。

中俄水电开发合作项目较少，总体合作仍局限在双方企业达成的合作意向、协议，具体合作有待深入。2014年中国长江三峡集团、中国电力建设股份有限公司与俄罗斯水电集团就水电站建设签署《关于双方成立合资公司开发俄罗斯下布列亚水电项目的合作意向协议》，协议总金额约3700亿卢布（约合79亿美元），该项合作有利于中方参与到俄罗斯水电项目的上下游，并深化与俄罗斯的水电合作。在2019年6月第二届中俄能源商务论坛上，中国电建与俄罗斯水电集团签署了《中国电建与俄罗斯水电股份公司在抽水蓄能电站建设领域合作协议》。该协议主要针对列宁格勒抽水蓄能项目，双方的合作范围包括项目融资、交钥匙工程、科技领域交换信息、技术支持以及设备供应等。③

地理位置毗邻、政治关系融洽，促进了中俄两国电力输配合作的升级。2010年11月29日，中俄500千伏跨国输电线路黑龙江大跨越工程竣工，500千伏中俄直流联网黑河背靠背换流站建成投运。这对提高俄罗斯远东地区能源利用率，促进中俄双方地方经济发展，扩大中俄两国间能源项目合

① 北极星电力网新闻中心.新春之际中俄核能合作再获丰硕成果[EB/OL].[2020-01-22].http://news.bjx.com.cn/html/20200122/1038458.shtml.
② 徐洪峰，王晶.俄罗斯可再生能源发展现状及中俄可再生能源合作[R]//孙壮志.俄罗斯发展报告(2018).北京：社会科学文献出版社，2018.
③ 北极星电力网新闻中心.中国电建与俄水电集团签署合作协议[EB/OL].[2019-06-11].http://news.bjx.com.cn/html/20190611/985302.shtml.

作,促进国产电力设备国际化具有重要的战略意义。[①]"一带一路"倡议提出以来,中国国家电网公司积极响应,推出与周边国家的电网互联互通工程。在东北亚地区,国家电网已与俄罗斯、蒙古国等周边国家建成十余条输电线路,从俄罗斯叶尔科夫齐能源基地到中国河北的输电工程正在规划设计中,计划 2025 年前将通过该线路向中国输送电力 1000 亿 kWh。这些电网的互联互通将极大促进东北亚地区能源优化配置与电力互补互济。

三、中俄(清洁)能源合作中的战略问题

能源合作是中俄合作中分量最重、成果最多、范围最广的领域,中俄能源合作进展与中俄两国的战略关系、国家利益有着紧密关联。中俄能源合作中的战略问题主要表现在以下几个方面。

一是战略互信仍待提升。从战略关系上,中俄两国虽然在维护以联合国为核心的多边主义、倡导国际关系民主化、抵制美国军事金融霸权等方面有着高度契合的战略利益,但在新型中程核导弹、远东地区人口与经济影响力变迁等较为敏感的军事经济安全领域,俄罗斯对中国仍有较多战略疑虑。无疑,持续加强各层面的战略互信有助于两国深化能源合作。

二是中俄能源战略对接充满挑战。鉴于中俄之间日益紧密的能源合作关系,能源合作战略对接将成为两国首要、务实的战略对接领域。通过对俄罗斯主流媒体的观点梳理可知,俄罗斯在地缘政治层面上对中国的影响力扩展有所忧虑,与"一带一路"倡议开展战略对接时,俄罗斯一直强调中俄合作必须在由其掌握话语权的欧亚经济联盟的框架下进行。[②]因此,"一带一路"倡议与俄罗斯主导的欧亚经济联盟(简称"一带一盟")的战略对接成效将对中俄两国能源合作深化有着重要影响,中俄能源战略对接任务较重。

三是能源合作的新领域、新区域仍存在战略疑虑。在清洁能源合作上,中俄两国在清洁能源科技合作领域的基础还比较薄弱,在页岩油气、可燃冰、氢能、特高压输电等方面缺乏共同的技术研发与合作交流,其主要原因是两国技术交流合作仍受到较多战略、政治因素影响。北极油气共同开发是近年中俄能源合作的新增长点,"冰上丝绸之路"倡议使中俄在北极的经济合作有所加强,中俄北极合作项目也有所进展,但俄罗斯依然很难摆脱地

① 中国日报.中俄跨国输电"背靠背"工程有望年底投入运营[EB/OL].[2011-07-26].http://www.chinadaily.com.cn/dfpd/hlj/2011-07-26/content_12986991.htm.

② 拉丽萨·斯米尔诺娃,禚明亮,张欢欢.俄罗斯媒体对"一带一路"的认知[J].俄罗斯学刊,2018(1):82-97.

缘政治考量,将其在北极的地缘政治经济安全置于两国经贸合作关系之上,因此中俄在北极的能源合作开发仍面临较多变数。

第二节　中巴:全天候战略合作伙伴
关系下的清洁能源合作

一、中巴全天候战略合作伙伴关系

中国与巴基斯坦有着兄弟般的国家间关系,紧密的关系为中巴合作奠定了雄厚的政治基础。2015 年 4 月 20 日,中华人民共和国和巴基斯坦伊斯兰共和国在伊斯兰堡发表《中华人民共和国和巴基斯坦伊斯兰共和国关于建立全天候战略合作伙伴关系的联合声明》,将中巴战略合作伙伴关系提升为全天候战略合作伙伴关系,是中国外交关系中的最高级别。

该声明指出,巴方欢迎中方设立丝路基金并将该基金用于中巴经济走廊相关项目,将坚定支持并积极参与"一带一路"建设。丝路基金与长江三峡集团等机构联合开发巴基斯坦卡洛特水电站等清洁能源项目,是丝路基金成立后的首个投资项目。丝路基金愿积极扩展中巴经济走廊框架下的其他项目投融资机会,为"一带一路"建设发挥助推作用。双方认为"一带一路"倡议是区域合作和南南合作的新模式,将为实现亚洲整体振兴和各国共同繁荣带来新机遇。①

当前,中巴合作以中巴经济走廊为引领,以瓜达尔港、能源、交通基础设施和产业合作为重点,形成了"1+4"经济合作布局。瓜达尔港、能源作为四大领域中两个重要部分,深度准确诠释了中巴全天候战略合作伙伴关系的内涵。

巴基斯坦独特的地理位置对于中国构建跨国陆上油气运输系统和缩短海上石油运输距离具有举足轻重的作用。特别是瓜达尔港,作为"丝绸之路经济带"和"21 世纪海上丝绸之路"的交会点,该港在中国经营下逐渐成为海

---

① 中华人民共和国外交部. 中华人民共和国和巴基斯坦伊斯兰共和国关于建立全天候战略合作伙伴关系的联合声明(全文)[EB/OL]. [2015-04-21]. https://www.fmprc.gov.cn/web/gjhdq_676201/gj_676203/yz_676205/1206_676308/1207_676320/t1256274.shtml.

上丝路经济带上的重要港口,也为巴基斯坦经济注入了新活力。① 瓜达尔港除具有重要的军事与地缘战略价值外,对于中国的陆地能源运输而言也具有重要的战略意义。中国大约 60％的进口原油来自毗邻瓜达尔港的海湾国家,由于瓜达尔港坐落在阿拉伯海与波斯湾入口上,如果将原油海运到瓜达尔港再改由陆路输往中国,路程最多可缩短 85％,能够有效减少运输成本及风险。若能通过瓜达尔港修建一条连接至中国西部的油气输送通道,特别是油气管线,将确保在瓜达尔港转运的石油天然气可直接输送至中国境内。因此,瓜达尔港有望成为保障中国未来能源供应安全的重要战略通道。

二、中巴清洁能源合作成效

中巴在清洁能源开发与转型合作方面成功展现出互利双赢的特征。在中巴经济走廊的宏观规划下,中巴清洁能源合作成就卓越,中国给巴基斯坦带来的先进的技术、雄厚的资金以及精尖的运维管理人才等,使其走上了现代清洁化能源利用与绿色发展的光明之路。中巴能源合作充分开发巴基斯坦境内丰富的风电、水电、太阳能等清洁能源资源,改造旧设备,提升电网运行效率,使巴基斯坦的能源结构持续优化,能源效率持续提升。

中国以其强大的基建能力与成熟的技术水平帮助巴基斯坦建设了大量符合绿色环保标准的火电站,十分明显地缓解了该国电力短缺的问题。2017 年 10 月,巴基斯坦容量最大、技术最先进、环保指标最优的绿色环保型电站——萨希瓦尔燃煤电站开始商业运行。中国承建的卡西姆港燃煤电站一期、二期也采用了先进的火电技术和环保技术。

中巴可再生能源合作也愈加深入。2015 年巴基斯坦巴哈瓦尔布 QA 光伏园区光伏发电项目启动,是当时全球规模最大的单体光伏发电项目。中国电建公司是深度参与中巴风电合作的典型企业,自 2012 年进入巴基斯坦新能源领域以来,累计在巴基斯坦承建了 11 个风电项目,签署的风电项目合同装机总量共计 940MW,获得了各投资方和融资方的一致好评。其投资建设的 50MW 大沃风电项目,成为巴基斯坦风电领域第一品牌。②

真纳太阳能工业园、卡洛特水电站、巴基斯坦国会大厦太阳能光伏发电项目等一大批重大清洁能源合作项目,都是中巴清洁能源深度合作的典范,显示出中巴清洁能源合作的紧密程度。中巴能源合作加速了巴基

---

① 何帆,朱鹤,张骞.21 世纪海上丝绸之路建设:现状、机遇、问题与应对[J].国际经济评论,2017(5):116-133.

② 中国水电水利规划设计总院.中国可再生能源国际合作报告(2019)[R].2020:71.

斯坦能源转型,使中巴经济走廊区域清洁能源开发逐步升级,电力互通网络也逐渐成形。

三、中巴经济走廊与能源合作

中巴经济走廊北接"丝绸之路经济带",南连"21世纪海上丝绸之路",是贯通南北丝路的关键枢纽。2013年5月李克强总理访问巴基斯坦,签署了包括《关于开展中巴经济走廊远景规划合作的谅解备忘录》等系列合作协定和谅解备忘录,标志着中巴经济走廊建设的开端。2017年12月,中巴两国发布《中巴经济走廊远景规划(2017—2030)》,清晰规划了走廊界定和建设条件、规划愿景和发展目标、指导思想和基本原则、重点合作领域、投融资机制和保障措施等多个方面,从总体规划上将巴基斯坦"愿景2025"与"一带一路"倡议进行深度战略对接,并将互联互通、能源、经贸及产业园区、农业开发与扶贫、旅游、民生领域合作和民间交流、金融等作为重点合作领域。①作为"一带一路"的主推国家,中国对中巴经济走廊寄予厚望,希望将其打造成示范项目、旗舰项目,以提升沿线国家对"一带一路"建设的信心。

中巴经济走廊第一阶段主要以基础设施和能源建设为主。电力基础设施建设是中巴经济走廊"早期收获"阶段重点合作领域之一。2017年中巴经济走廊首个电网项目——巴基斯坦默蒂亚里—拉合尔±660千伏直流输电项目启动,该项目建成后将打通巴基斯坦南电北送的输电走廊,缓解巴基斯坦最重要的经济中心旁遮普省和首都伊斯兰堡地区的电力短缺。萨希瓦尔燃煤电站、卡西姆燃煤电站、胡布燃煤电站、三峡巴基斯坦第一风力发电项目等中巴经济走廊能源合作重点建设项目现已投入运营,巴基斯坦电力不足的问题得以基本缓解。

然而中巴经济走廊建设并非一帆风顺,前路不乏风险与挑战。近前的问题是2020年开始的新冠肺炎疫情对于"一带一路"沿线工程建设的影响是十分明显的,中巴经济走廊原计划"早期收获"阶段完成的多项工程,也因疫情而延期,原计划节奏被打乱。中巴经济走廊第二阶段可能面临更多风险与挑战。如巴基斯坦财政紧张造成的合作困难,巴基斯坦投资营商环境欠佳使投资、贸易和经营始终面临较大风险。随着合作深入,第二阶段将引起比第一阶段更多的政治问题,巴基斯坦中央与各省及地方部落存在激烈的利益争夺,每个省份都享有自治权并对中巴经济走廊合作中的获利十分

---

① 经济日报.推动两国协同发展,中巴经济走廊远景规划发布[N].2017-12-20(12).

关切,巴基斯坦国内对中巴经济走廊建设一直存在路线之争;在社会层面可能会因巴基斯坦土地所有权、教育、经济制度改革等而出现一连串的社会问题。中国的国有企业与民营企业,由于跨国管理水平和员工素质参差不齐,对伊斯兰教传统文化、复杂的政商关系及法律体系缺乏了解,会用中国人所谓的"关系"来行贿政府官员,甚至破坏中国"不附加政治条件"的合作方式,结果造成道德风险。[①]近来巴基斯坦国内分裂、恐怖势力针对中国投资者的恐怖活动有加剧之势,"7·14"等恶性事件导致中企承建的开普省达苏水电站项目已伤亡数十人,"一带一路"中巴合作的安全问题愈发严峻。这些风险与挑战大都具有相当的隐蔽性、突发性、复杂性、关联性等,因此对合作造成的破坏性也比较大。

展望未来,中巴清洁能源合作前景美好,但随着中巴经济走廊建设的深入推进,也会遇到各层面的诸多风险与挑战。面对新形势、新问题和新挑战,中巴两国应注重展开战略对接与政策协调,深化清洁能源合作与绿色发展,持续打造更多的清洁能源合作示范项目。

第三节　中巴(西):金砖国家集团中的清洁能源合作

一、金砖国家集团中的中国与巴西

中国与巴西同属金砖国家集团,是新兴工业化国家的优秀代表。中巴两国有着极其深厚的经贸关系,中国是巴西第一大出口市场和第一大进口来源地。自 2009 年起,中国已连续十几年稳居巴西第一大贸易伙伴,巴西也是中国在拉美地区最大的贸易伙伴、最大的投资目的地国。在清洁能源开发利用领域,中巴两国各自具有竞争优势,在全球可再生能源产业中占据举足轻重的地位。借助金砖国家峰会平台,中巴两国能源合作紧密程度、机制化程度日益加深。当前中国已是巴西最大的投资来源国,中国企业在巴西承建火电厂、特高压输电线路、天然气管道等大型基础设施项目。

2018 年 7 月,南非约翰内斯堡举行金砖国家领导人第十次会晤,会上发表的宣言强调,金砖国家致力于加强能源合作,尤其是向环境可持续型能源

---

① 张耀铭.中巴经济走廊建设:成果、风险与对策[J].西北大学学报(哲学社会科学版),2019,49(4):14-22.

体系转型,以支持全球可持续发展议程、平衡的经济增长,以及人民的经济社会整体福利;继续努力实现能源普遍可及、能源安全、能源可负担,减少污染,保护环境。宣言重申了包括可再生能源和低碳能源在内的能源供应多元化、能源和能源基础设施投资、能源产业和市场发展以及金砖国家间主要能源可及性合作,将继续是五国能源安全的主要支撑。[①] 能源合作特别是清洁、可再生能源合作,正逐渐成为金砖国家的重点合作领域。中国与巴西的清洁能源合作在金砖国家清洁能源合作中地位最突出、成果最丰硕,中国在巴西以水电为代表的可再生能源的投资和基础设施建设发挥出越来越大的影响。

二、巴西可再生能源发展概览

巴西政府长期激励可再生能源应用于其电力、交通等部门,优先扶持具有国际比较优势的水电、甘蔗乙醇等产业,将其作为巴西可再生能源发展战略中的重点方向。巴西可再生能源利用比例逐步提升,成为世界上可再生能源利用组合最好的国家之一。目前巴西电力供应中83%来自可再生能源,其中水电占63.8%,风电占9.3%,生物质发电占8.9%,太阳能发电占1.4%。[②]

根据REN21《可再生能源现状报告》排名,在年度投资、新增装机容量方面,巴西的水电、生物柴油、燃料乙醇、风电等可再生能源产业,排名均居世界前列。至2019年底,巴西可再生能源(含水电)装机容量/发电量仅次于中国和美国,位列第三,可再生能源投资额增量也在全球名列前茅。在金砖五国中,2019年巴西的水电总装机量与新增量世界第一,为五国最高,乙醇、生物柴油产量新增五国最高,太阳能热水器新增量全球前五,五国中仅次于中国。[③] 这显示出巴西可再生能源产业既具有雄厚的存量优势,发展势头也极为迅猛。

水电部门是巴西最发达的可再生能源部门。巴西拥有世界18%的淡水资源,人均淡水拥有量2.9万立方米,水力蕴藏量达1.43亿千瓦/年。巴西2/3的水电资源蕴含在西南部的亚马孙丛林地区,世界第一大河流亚马孙河

① 新华网.金砖国家领导人第十次会晤约翰内斯堡宣言(全文)[EB/OL].[2018-07-27].http://www.xinhuanet.com/world/2018-07/27/c_1123182948.htm.

② 商务部国际贸易经济合作研究院.对外投资合作国别(地区)指南:巴西(2020年版)[R].2020:28.

③ REN21.Renewables 2019 Global Status Report[R].2019:36.

流经该地区,水流充沛、落差较大,适宜大中型水电开发,曾占据世界发电量第一位的伊泰普水电站就建在该地区,是巴西水电的强大象征。巴西数十年来进行了以大中型水电为主的水电开发,使水电在整个电力系统中占据了庞大比例,其水电装机总量在地区内也遥遥领先,占拉美与加勒比区域的一半以上。

巴西北部地区水电开发量较少,以小水电开发为主,但比例尚不足百分之十。在这些比较偏远的地区,受森林保护和地理条件约束,大中型水电无法建设,而小水电则可发挥构造简单、建设灵活的优势。随着大中型水电的逐步饱和,2018年初巴西宣布结束亚马孙地区大规模水电站建设,巴西小水电建设将逐渐步入兴盛期,成为巴西水电系统的重要补充。

生物质能源是巴西可再生能源的另一张闪亮名片。巴西森林覆盖率达62%,木材储量658亿立方米,占世界1/5,蕴藏着丰富的生物质能。巴西具有优越的自然地理条件,适合生产甘蔗、玉米、大豆、薪炭木材等生物质能原料,甘蔗乙醇、生物柴油及薪炭木材等是其三种主要的生物质能利用形式,其中最发达、最成熟的是甘蔗乙醇。巴西有8.51亿亩土地,大都处于赤道和南回归线之间,气候条件、降水都比较适宜甘蔗生长,可以很小的生产成本获得最大产量。巴西由甘蔗生产的可再生能源占巴西能源消费总量的17.4%,遥遥领先于其他国家。巴西的甘蔗乙醇产业已经成长为支柱性产业之一,带动了数百万人就业,也为巴西经济环境可持续发展、碳减排做出了重要贡献。

巴西有着四十多年的生物质能生产历史,在生物质能源产业起步时期,相比传统能源,较高的生产成本、不成熟的科技手段、匮乏的基础设施等都使其处于竞争力相对弱势的地位。政策扶持成为巴西生物质能产业可持续发展的主要驱动力,1975年出台的"全国乙醇计划"(Proálcool),2004年推出的"国家生产和使用生物柴油计划"(PNPB),以及近年来不断抬升的强制性混合燃料比例标准,成为巴西生物质能蓬勃发展的重要政策支柱。目前巴西是世界最大的乙醇燃料出口国,仅次于美国的第二大乙醇燃料生产国。

自2000年弹性燃料汽车引入巴西汽车市场以来,为巴西的生物质能产业发展注入了新的活力。背靠高度发达的生物质能产业,巴西政府通过强制性政策提高其运输部门乙醇燃料混合率,2015年强制性乙醇燃料混合比例已提升至27%,未来可能进一步提高至更高比例,直至完全被纯乙醇燃料替代。现今巴西80%以上的汽车都采用"灵活燃料"发动机,既可使用混合汽油,也可使用乙醇燃料,而整个交通部门使用了近 97％～98％ 的乙醇燃料。[①] 在交通领域,生物燃料的消费市场还会持续扩张。

　　巴西优越的地理位置与广阔的腹地,蕴藏了大量可供开发的太阳能、风能、潮汐能、地热能及其他多种形式的可再生能源。这为巴西大力发展可再生能源产业提供了丰厚的物质条件。尤其在政策激励与有利的市场环境下,巴西光伏、风电产业快速发展。巴西电力能源研究机构(EPE)发布的电力能源招标项目显示,2020—2024 年能源招标项目的总装机容量达51.438 GW,其中,光伏发电项目达到 794 个,占比 55％。预计到 2024 年,巴西光伏发电装机规模增至 7GW,约占总发电量的 3.3％,2050 年有望提升至 18％。[②] 可见,太阳能是巴西近中期重点发展的可再生能源。巴西拥有拉美地区最成熟的风电市场,也是该领域的领导者。政府规划至 2024 年,风电装机量达到 24GW。[③] 巴西风电产业发展也为推动拉美地区风电价格的持续下降做出了重要贡献。

三、中国与巴西的清洁能源合作

　　中国是巴西能源电力市场上的新角色,进入巴西清洁能源市场的时间较短,随着"一带一路"合作在拉美的循序展开,中巴清洁能源合作也进入了一个快速成长阶段。中国与巴西的清洁能源合作主要围绕以下领域展开。

　　第一,基础设施建设与电力合作是中巴合作重点领域。与很多"一带一路"沿线国家一样,巴西也缺乏清洁能源开发的重要基础设施,很多基础设施老旧或无法与新能源配套。巴西虽然有着丰富的可再生能源、成熟的可再生能源开发经验,却因基础设施的落后而无法充分发挥其优势,使可再生能源得以最大化利用。其中传输线路是制约巴西可再生能源项目发展的最大瓶颈,目前巴西国内大部分可再生能源传输线路项目都落后于原计划,而传统输电线路又存在不适合长距离输电、损耗高等问题,这些都严重限制了

　　① Yujie Su, Peidong Zhang, Yuqing Su. An Overview of Biofuels Policies and Industrialization in the Major Biofuel Producing Countries[J]. Renewable and Sustainable Energy Reviews,2015,50(10):991-1003.

　　② 北极星太阳能光伏网. 隆基、晶澳、阿特斯等光伏企业聚焦巴西[EB/OL]. [2020-03-05]. http://guangfu.bjx.com.cn/news/20200305/1051064.shtml.

　　③ GWEC. New markets to push down LatAm wind prices as Brazil leads,says GWEC [EB/OL]. [2016-05-11]. http://www.gwec.net/new-markets-to-push-down-latam-wind-prices-as-brazil-leads-says-gwec/.

其可再生能源开发效率与效用。因此可再生能源产业比较发达的巴西急切需要建设适合长距离、低损耗的特高压输电线路作为配套,这恰恰是中国的优势所在。

随着"一带一路"倡议的深入推进,中巴在巴西水电工程、输电网络等建设项目上展开了紧密合作,中国在可再生能源基础设施建设、运营管理、资金技术等方面的优势正助力巴西可再生能源电力使用效率提升。2014 年 2 月、2015 年 7 月,国家电网公司中标 ±800 千伏特高压直流输电一期、二期项目。该工程将巴西北部的水电直接输送到东南部的负荷中心,线路全长 2084 公里,是巴西规模最大的输电工程、南北方向的重要能源输送通道。该工程集"远距离、大容量、低损耗"的中国特高压直流技术,以及中国标准、中国装备、中国建设于一体,是中国在巴西打造的绿色、高效的"一带一路"示范工程。[①] 2019 年 8 月项目提前 100 天投运,创巴西大型电力项目建设纪录。2019 年 6 月,美丽山二期工程还以卓有成效的环境保护工作被授予"巴西社会环境管理最佳实践奖"。

巴西是中国国家电网公司的海外重点投资对象,截至 2019 年 10 月,国家电网在巴西累计总投资约 125 亿美元,占其境外投资总额的 60％ 以上,为里约热内卢、圣保罗、巴西利亚等 15 个州提供输配电服务,为巴西电网运行提供坚强支撑。[②] 中国三峡集团在巴西的电力合作业务成就斐然。2016 年三峡集团通过并购获得对巴西朱比亚水电站和伊利亚水电站 30 年特许经营权。如今,中国三峡巴西公司拥有 17 座水电站、11 座风电场和 1 家电力交易公司,业务分布在巴西 10 个州,可控装机和权益装机容量约 8280MW,成为巴西第三大发电企业、第二大私营发电企业。[③]

巴西在光伏、风电领域同样存在布局分散、入网困难等可再生能源消纳问题,中企也有广阔的参与空间。"一带一路"建设的推进使越来越多中企凭借各自竞争优势广泛参与到巴西能源电力基础设施建设中,将巴西偏远地区生产的水电、风电、光电等分散的可再生能源电力输送至里约热内卢、

---

① 王双. 巴西可再生能源产业竞争优势及其启示[J]. 价格理论与实践,2019(4):59-62.

② 中国电力新闻网. 国家电网在里约热内卢发布巴西社会责任报告[EB/OL]. [2018-10-09]. http://www.cpnn.com.cn/zdyw/201910/t20191018_1171210.html.

③ 中国长江三峡集团公司. 三峡巴西成立五周年[EB/OL]. [2018-10-09]. https://www.ctg.com.cn/sxjt/xwzx55/zhxw23/813883/index.html.

圣保罗等电力消费中心,明显缓解了长期困扰巴西的远距离能源输送难题。

第二,中巴风电合作欣欣向荣。中国与巴西风电合作最成功的企业当属金风科技。2015年,金风科技临危受命,承接了巴西风电运营商Energimp风电机组修复项目。针对第三方故障和停运机组,金风科技向巴西市场推出了的"设备更换、机组修复、技改及后服务"整体解决方案包,开创了全新业务范围和服务模式,打开了巴西市场及类似后服务市场的大门。截至2019年3月1日,金风科技已完成Energimp项目84台机组的技改、调试,目前242台机组共有145台并网发电,进入正式服务期。作为Energimp五个风电场中技术难度最高、执行风险最大的Morgado风电场,其19台风机于2018年12月13日全部通过试运行并满负荷并网发电。[1] 在该项目中,中国的基础设施建设、技术、模式创新等发挥了独特的优势,而金风科技项目团队通力合作,克服了法律和财税体系复杂、语言不通、环境恶劣、工期紧张等一系列困难,成功应对了全新业务模式下的项目挑战,保证了项目顺利推进。

第三,中巴光伏太阳能合作进展加速。近年来巴西的光伏产业发展迅猛,2015—2017年短短两年间,巴西就成为拉美地区继智利之后第二个光伏装机超过1GW的国家。为刺激光伏产业发展,巴西政府为太阳能生产企业提供了一系列优惠政策,对投入运行的太阳能光伏电站用户的收费优惠由50%提高到80%,优惠期长达10年。预计至2035年,巴西可拥有超过80万套太阳能光伏设备,装机容量超过2000MW。[2]

在巴西光伏利好政策的驱动下,隆基、晶澳、晶科等中国光伏企业通过出口光伏组件、开设配件工厂、竞标建设太阳能电站等形式逐渐站稳巴西市场。如今巴西太阳能电池板十大制造商中,有9家来自中国;2020年上半年巴西进口组件2.49GW,天合光能和晶科以454MW和451MW供货量位列第二、第三大供应商;中广核在巴西已拥有330 MW的太阳能装机容量,[3]超过了来自英、法等国更早进入巴西的供应商,彰显出中国企业在巴西市场的

---

① 金风科技.从"0"到"1"!金风科技:那些在海外"随风起舞"的日子[EB/OL].[2019-05-03].http://www.goldwind.com.cn/news/focus-article? id=1707.

② 科技日报.巴西发展太阳能有市场有潜力[N].2020-09-02(02).

③ 全国能源信息平台.巴西上半年进口光伏组件2.5GW,阿特斯、天合、晶科位列前三[EB/OL].[2019-09-07].https://baijiahao.baidu.com/s? id=1675355545961833473&wfr=spider&for=pc.

巨大成功。

第四,中巴生物质能合作潜力巨大。中巴两国在生物质能禀赋上互补性强、潜力巨大,但现今相关合作仍以初级商品贸易为主。2019 年,巴西对华出口大豆5796.35 万吨,共计204.52 亿美元,约占巴西大豆总出口量的 78%。[①] 巴西在生物燃料方面技术领先,在开发利用上破解了一系列关键性技术和产业化难题,可为我国通过发展生物质能源以丰富能源多样性、推动农村能源革命提供有益参考。[②] 未来两国可增加在生物质液体燃料等领域的合作,如合作研发新一代燃料技术、普及生物燃料汽车等,实现优势互补,促进互利共赢。

第四节　中埃(塞):清洁能源南南合作的领跑者和示范者

中国与埃塞俄比亚建交 50 多年,两国关系稳定健康发展,政治互信日益加深。2018 年 9 月中埃签署《中华人民共和国政府和埃塞俄比亚联邦民主共和国政府关于共同推进丝绸之路经济带和 21 世纪海上丝绸之路建设的谅解备忘录》,两国进入了"一带一路"框架下更紧密合作的新时期。近年中埃经贸合作规模不断加大,2017 年双边进出口总额达 50.5 亿美元。截至2017 年底,在埃注册中资企业达 1210 家。中国在埃直接投资超过 40 亿美元,涉及 400 多个项目,其中 100 多个项目是合资经营。[③]

中国是埃塞俄比亚最大贸易伙伴、最大工程承包方和主要投资来源国,一个个成熟的中国方案在埃塞俄比亚不断落地,埃塞俄比亚第一家工业园,第一座风电站,第一条高速公路、城市轻轨、跨国电气化铁路,以及数之不尽的公路、大坝、电站、工厂等合作结晶成为中埃友好合作的亮丽名片,中埃合作已成为南南合作和中非合作的领跑者与示范者。

2010 年以来,埃塞俄比亚先后制订了两个 5 年期"经济增长与转型计划",提出 2020 年前实现利用可再生能源增加全国电力供给的目标,将可再

---

①　商务部国际贸易经济合作研究院.对外投资合作国别(地区)指南:巴西(2020 年版)[R].2020:34.

②　中国能源报.巴西能源战略——"生态"之光[N].2019-02-11(004).

③　一带一路能源合作网.中埃能源合作[EB/OL].[2019-09-07].http://obor.nea.gov.cn/pictureDetails.html? id=2577.

生能源产业作为重点发展方向之一。其中水电是其重点开发形式,风能、地热、太阳能和生物质能等也将进行相当规模的开发。埃塞俄比亚清洁能源利用比例极高,电力供应 95.5% 来自水电。

中国与号称"东非水塔"的埃塞俄比亚的水电合作最为亮眼,其中吉布 3 水电站的建成标志着埃塞俄比亚跨时代的电力进展。2011 年,电力短缺的埃塞俄比亚启动了吉布 3 水电站建设,电站总装机容量达 187 万 kW,是非洲当时最大的水电站项目,有"非洲三峡工程"之称。2016 年 9 月,该水电站 10 台机投产后发电量几乎与该国此前全国电力总装机容量持平,中国公司不仅帮助埃塞俄比亚完成了电力自给,还助其实现了电力出口。埃塞俄比亚正积极推进装机容量达 5150MW 的复兴大坝水电项目建设,建成后可向周边国家出口更多电力,成为名副其实的东非地区电力供应中心。[1]

埃塞俄比亚阿达玛风电场项目是埃塞俄比亚最大的风电场,也是非洲第二大风电项目。该项目 2011 年 6 月开工建设,装机 136 台,总装机规模 20.4 万 kW,是首个采用中国资金、标准、技术、设备、运维的国际风电 EPC 工程。[2] 阿达玛风电项目是埃塞俄比亚与中国在能源建设领域合作的优秀代表和经典案例。

2016 年 8 月,由中国电力技术装备有限公司(国家电网)承建,投资总额达 14 亿美元的埃塞俄比亚—肯尼亚联合输变电项目正式动工。该项目是在埃塞俄比亚和肯尼亚两国间搭建一条长 1045 公里、容量 2000MW 的输电线路,[3]建成后,乌干达、南苏丹等国家可将其电网与肯尼亚境内的新建电网连通,实现东非国家电网的互联互通。

地热是埃塞俄比亚清洁能源开发的新领域。2019 年 3 月,科瑞石油联合东非地热开发公司成功签订埃塞俄比亚国家电力公司地热能源开发合同,合同金额逾 8000 万美元,成为埃塞俄比亚域最大的地热项目。

综上所述,在绿色"一带一路"的合作框架下,中国与埃塞俄比亚的清洁能源合作成果愈加丰硕,中埃清洁能源合作已超越双边范畴,日渐成为南南合作中的领跑者和示范者。

---

① 中华人民共和国商务部,中国对外承包工程商会. 中国对外承包工程国别(地区)市场报告 2019—2020[R]. 2020:129.

② 一带一路能源合作网. 可再生能源[EB/OL]. [2017-12-24]. http://obor. nea. gov. cn/v_practice/toPictureDetails. html? channelId=1086.

③ 人民日报. 中国对全球能源发展贡献突出[N]. 2018-05-22(21).

第五节　本章小结

通过对中俄、中巴、中巴(西)、中埃(塞)等几对双边能源合作关系的分析可见,战略需求、双边关系、要素互补性以及本地资源的丰富程度等是绿色"一带一路"清洁能源合作中比较重要的影响因素。

中俄两国基于共同的国际战略、能源安全合作需求,在日渐加深的能源战略关系基础上,不断扩展清洁能源合作,但限于传统油气合作的巨大惯性,中俄在清洁能源合作方面处于起步阶段,中俄清洁能源合作符合两国利益,将带来更好的经济与环境效益。中国与巴基斯坦之间有着源远流长的政治友好关系,成为两国能源关系不断深化的政治基础,在"1+4"的总体合作框架下,中国与巴基斯坦合作建设了一系列重大工程和示范项目,为缓解巴基斯坦的电力紧张、提升经济发展水平贡献巨大。中国与巴西虽相隔遥远,但同属于具有"金砖"潜力的新兴经济体,中国在已经有着较好可再生能源开发利用基础的巴西,凭借自身竞争优势,在电力建设、水电、风电等领域都站稳了市场,两国在金砖国家合作机制下也有着密切的能源合作。在埃塞俄比亚,中国的投资与援助使其本地可再生能源焕发光彩,为其经济发展、人民生活水平提高及能源结构优化带来了新的机遇,中埃日渐成为南南国家清洁能源合作中的领跑者和示范者。

绿色"一带一路"清洁能源合作在重点国家创新合作模式、实施示范项目,日益重视高标准、惠民生、可持续目标,为其带来了切实的绿色发展利益。虽然绿色"一带一路"下中国与不同国家清洁能源合作中仍存在诸多风险与挑战,但区域合作共识逐渐凝聚,绿色发展合作理念日渐深入人心,未来合作前景无限。

第八章　绿色"一带一路"清洁能源产业与项目合作最佳实践解析

　　"一带一路"初步完成全球布局之后,需要做足最佳实践、做实重点项目,特别是与沿线重要国家、重要城市、重点港口进行重点项目合作,做出标杆性项目,以起到示范及引领作用,并不断积累成功合作经验,使之成为可操作、可复制的模板,推动共建"一带一路"从以双边层面的线性合作为主到区域层面的立体合作模式的转型升级。①

　　"一带一路"宏伟工程由不同产业分工下具体的合作项目汇聚而成。绿色"一带一路"共建国秉承绿色发展理念,依据产业分工优势合作打造一个个造福当代、惠及未来的绿色项目。从产业与项目角度展开案例分析,总结最佳实践,宣扬合作典范,对绿色"一带一路"的高质量发展具有重要的现实意义。

第一节　绿色"一带一路"项目的界定与分类

　　绿色"一带一路"带来了大量海外投资合作项目,其中涉及中企响应绿色"一带一路"建设积极"走出去"与沿线共建国家展开的绿色发展与合作项目。不同的国际合作项目涉及不同区域国家、产业行业及各层次行为主体

---

　　① 蔡春林,陈雨."一带一路"倡议及其对深化金砖合作的影响与作用[R]//郭业洲.金砖国家合作发展报告(2019).北京:社会科学文献出版社,2019:280.

等,因此首先需要甄别"一带一路"、绿色"一带一路"项目,再对最佳实践进行梳理与总结、分享与传播。

一、绿色"一带一路"项目的界定

由于中国一向保持开放合作的态度与区域国家共建"一带一路","一带一路"项目迄今未有明确的界定标准,仅以地域范围界定"一带一路"项目既不符合"一带一路"官方文件的要求,更不利于"一带一路"的绿色可持续发展。有中国学者指出,共同发展、民心相通和全球治理是"一带一路"倡议赋予中国企业的三重使命,因此中国企业对外投资项目符合以下三类条件才能算是"一带一路"项目:通过企业国际合作方式推动共同发展;通过企业软实力建设促进民心相通;通过标准国际化参与全球治理。如果该项目对这三方面贡献大,那么该项目的"一带一路"含量就高,就值得学习和推广。[①]

绿色"一带一路"项目除达到"一带一路"项目的标准,还应凸显出绿色发展的本质。典型的绿色"一带一路"项目是能够贡献于区域国家绿色发展、气候变化治理与环境改善,并有助于提升民生福利、深得民心的项目。如吉尔吉斯斯坦达特卡—克明输变电、老挝胡埃兰潘格雷河水电站、巴基斯坦卡洛特水电站、巴基斯坦真纳太阳能园区等项目,非常明显地缓解了当地能源紧缺、电力不足的矛盾,不但促进了本地经济社会发展,也对区域气候环境产生了积极的影响。中国企业在参与此类项目国际合作的过程中,完成了企业走出去、产品升级、产业转型的过程,合作双方都实现了互利双赢。

二、中国参与的绿色"一带一路"项目分类

当前中国参与的绿色"一带一路"项目主要可分为两类。

第一类合作项目集中在传统能源基础设施改造与能效提升方面,中国的工程技术优势与引领作用正日益凸显。在对传统能源的改进与效率提升上,中国致力于从高环保标准的新火电站建设和老旧火电站、电网改造升级两方面与区域共建国家展开合作,以清洁低碳和能效提升缓解区域能源环境问题。当前"一带一路"沿线国家普遍存在火电效能低下、电力设施老旧、国内供电不足等问题,而中国在火电行业标准、设计施工、运营维护等方面优势明显,又掌握先进的清洁燃煤和火电技术,有能力在平衡生态环境与经济社会发展的前提下引领区域能源转型。中国在绿色"一带一路"清洁燃煤

---

① 柯银斌:如何评估投资项目的"一带一路"含量[EB/OL].[2018-07-25].https://www.yidaiyilu.gov.cn/xwzx/roII/61029.htm.

电站建设领域独树一帜,承担了沿线国家越来越多的燃煤电站建设工程。2020 年,"一带一路"建设的重点项目、中企承建的中东首个清洁燃煤电站阿联酋哈斯彦清洁燃煤电站项目克服了疫情的巨大困扰,成功并网发电。该电站将改变迪拜长期依赖进口天然气发电的历史,并助其实现能源结构多元化。凭借先进的清洁燃煤发电技术,中国甚至还在环保要求异常严格、从未有燃煤电厂建设先例的新加坡建设了登布苏火电项目,改写了新加坡能源发展的历史。[①]

老旧火电站改造有助于能效提升,加快能源转型。在老旧火电站改造中,中国(企业)秉承清洁低碳理念,做到了工程高质量、环保高标准。随着国际碳约束的不断增强、清洁燃煤技术不断成熟与成本不断降低,老旧火电站改造项目将越来越多,中国的作用也将愈发突出,在国际市场上占据有利地位。在引领电力转型上,中国丰富的理论和实践经验及电力工程优势凸显。中国承接了吉尔吉斯斯坦、乌克兰、印度尼西亚、埃及、肯尼亚、乍得等数十个沿线国家的电网改扩建项目。对沿线国家的能源基础设施建设与改造升级大大缓解了其供电不足的困境,提升了能效,使其得以快速实现从传统化石能源向清洁能源与现代电力转型,以及绿色跨越式发展。

第二类是在新兴可再生能源领域,日渐繁盛的可再生能源合作项目,成为中国引领区域清洁能源开发与能源转型的新抓手。绿色"一带一路"框架下,中国聚焦区域清洁能源开发合作,凭借可再生能源产业技术、替代价格等相对优势在此类合作项目中引领能源转型与合作升级。

中国拥有完整的工业生产体系,风能、光伏、核电、特高压等清洁能源产业技术处于国际前沿水平,水电、核电的海外工程项目更铸就了中国清洁能源产业的国际名片。相比欧美日等发达国家,中国的可再生能源发展模式与经验更契合发展中国家的现实需求。中国与发展水平较低的沿线国家在光伏、风电、小水电等分散式可再生能源开发合作中,灵活采取属地就近开发和电网连接相结合的方式,保障了"人人获得可负担、可靠和可持续的现代能源"(SDG7)进程。中国风力发电技术惠及亚非拉 30 多个国家,使这些国家每年的风力发电量总计达到 66 亿度,相当于减少二氧化碳排放量 1000 多万吨;[②]2019 年 3 月中国企业承建的博阿利水电站项目开工,建成后将新

---

① 孙昌岳.绿色是"一带一路"最动人的色彩[N].经济日报,2021-02-27(04).

② 蓝庆新,梁伟,唐琬.绿色"一带一路"建设现状、问题及对策[J].国际贸易,2020(3):90-96.

增发电能力 10 兆瓦,总发电量提升 50％。中国在非洲建设的数十个类似的中小规模水电站,已经取代了昂贵且高污染的化石能源发电项目,正助力非洲逐步实现清洁电力互联,实现区域经济和社会协调发展。① 在水电、核电产业合作领域,以"中国技术＋中国标准＋中国装备＋中国建设"为特征的整体解决方案与创新合作模式日渐成熟,既缓解了区域国家能源基础设施匮乏、能源效率低下、能源环境污染严重等问题,又给中国高端装备制造出口、产业升级、经济转型带来了新机遇。

实现可再生能源替代是能源转型的目标和方向。依托绿色"一带一路"建设,大批中国风电、水电、太阳能光伏等可再生能源合作项目已遍布东亚、南亚、中亚、中东欧、非洲、拉美等区域,中国与区域各国在产能合作、技术转让、标准对接、管理能力建设等领域全方位合作,清洁能源合作广度与深度在不断拓展与深化。中国将分布式能源技术结合区域国家特殊国情进行适当的本土化改造,依托企业、项目载体,实施技术援助、转让合作,提高了新能源开发利用水平。② 通过清洁能源合作,中国有效带动了沿线国家的能源转型升级,以及区域能源合作整体水平的提升。

从老旧能源基建改造到新能源基建兴起,从天然气合作开发到可再生能源合作项目广泛铺展,中国与沿线共建国逐渐迈向产业优势互补、项目日益涌现的低碳能源合作之路、绿色发展合作之路。

第二节　清洁能源国际合作产业与项目最佳实践案例

为更全面地展现中国企业在绿色"一带一路"建设清洁能源合作项目中的角色、作用与影响,梳理总结合作经验与教训,本章选取了萨希瓦尔燃煤电站、亚马尔天然气项目、真纳太阳能工业园区、卡洛特水电站等不同清洁能源产业典型项目进行深入分析,总结绿色"一带一路"清洁能源合作项目的最佳实践。

一、清洁燃煤:萨希瓦尔燃煤电站项目

巴基斯坦萨希瓦尔燃煤电站项目以国际先进的清洁燃煤技术实现了能

① 中国积极推动可再生能源国际合作[N].人民日报,2020-07-25(01).
② 林益楷.深化中国与上合组织国家能源合作[J].中国石油与天然气(英文版),2019(2):36-38,84-85.

源利用低碳化、低污染,成为惠及民生的典范。该电站的建成具有重要意义,标志着中巴经济走廊能源项目迎来了密集建设、建成期,将极大缓解巴基斯坦国内能源电力短缺的情况,造福民众。萨希瓦尔燃煤电站项目的特色表现在:

其一,中企施工高质高效。萨希瓦尔项目由中国电建核电公司以EPC+F方式总承包,山东电建一公司承担施工任务。项目于2015年7月31日开工建设,1、2机组分别于2017年5月24日和6月8日通过168小时满负荷试运并移交生产,2017年10月28日正式进入商业运行,2018年8月17日全面竣工。中国电建秉承"海外项目的质量就是最好的国际名片"理念,施工过程中努力克服建设工期紧、设备清关时间长、夏季高温、冬季多雾等诸多不利因素,有效应对设计、物资、运输、气候、施工等方面的难题,实现了项目建设又好又快推进,历时22个月就圆满完成了1、2号机组建安工作,创造了公司海外项目最快施工纪录,成为迄今中巴经济走廊建设速度最快、装机容量最大、技术领先、节能环保的高效清洁燃煤电站,被巴基斯坦政府誉为"巴电力建设史上的奇迹",创造了"萨希瓦尔速度",[①]树立起高质量、高效率的"中国电建"品牌。

其二,绿色技术惠及民生。萨希瓦尔燃煤电站是目前我国企业在海外建成的最大规模的清洁燃煤电站,更是巴基斯坦规模最大、技术最先进、环保指标最优的绿色环保型电站。该电站采用了世界先进的超临界机组和低氮燃烧技术,建设了高效率静电除尘、湿式脱硫和污水处理等环保设施。机组投运后烟尘、二氧化硫排放量极低,灰渣综合利用率达到了100%,整个生产过程实现了废水零排放。该电站可满足当地1000万人的电力需求,有望填补巴基斯坦1/4的用电缺口。[②]

其三,中巴能源合作项目典范。能源合作是"1+4"经济合作布局中四大合作重点领域之一,能源项目也容易成为中巴诸多合作项目中的优先实施项目、典范项目。萨希瓦尔燃煤电站项目是"一带一路"倡议的重点工程之一,是中巴经济走廊优先实施项目中第一个按照中国标准和巴基斯坦标

---

① 中国电力建设集团有限公司.公司EPC总承包建设巴基斯坦萨希瓦尔电站项目全面竣工[EB/OL].[2018-08-17].http://www.powerchina.cn/art/2018/8/20/art_7440_372876.html.

② 史小今.中巴经济走廊能源合作:重点、案例、风险及对策建议[J].国别和区域研究,2019(3):21-40,163.

准相结合的方式实现商业化运行的项目,树立了中巴清洁能源合作项目的典范,提供了可供借鉴的经验。

二、天然气:亚马尔天然气项目

亚马尔半岛拥有俄罗斯乃至全世界最大的天然气储量,其存量甚至比鄂毕湾其他地区的气存量更高,估计气藏量高达 55 万亿立方米,被形容为"俄罗斯战略性的石油天然气储备区"。亚马尔天然气项目位于北纬 71 度,在亚马尔半岛萨别塔镇附近,濒临鄂毕湾,深入北极圈内 600 公里的北冰洋极寒地带,最低气温可达零下 50 摄氏度。亚马尔天然气项目的可采天然气储量 1.3 万亿立方米,可采凝析油储量 6000 万吨;项目规划建成 3 条年产量550 万吨的液化天然气生产线,全部建成后每年可生产液化天然气 1650 万吨(250 亿立方米),凝析油 100 万吨。①

亚马尔项目是"一带一路"倡议提出后实施的首个海外特大型项目,集天然气和凝析油开采、天然气处理、液化天然气制造和销售、海运于一体,由俄罗斯诺瓦泰克公司、中国石油天然气集团公司、法国道达尔公司和丝路基金共同合作开发。天然气勘探开发许可有效期至 2045 年。该项目具备 650万吨液化天然气的年产能,其中每年至少将有 400 万吨运往中国市场。

亚马尔天然气项目对我国天然气贸易战略布局与"一带一路"中俄能源合作都有着重大意义。亚马尔液化天然气项目地处北极圈内高纬度地区,一旦北极东北航道正式开通,我国沿海诸港到北美东岸的航程比巴拿马运河传统航线缩短 2000～3500 海里;上海以北港口到欧洲西部、北海、波罗的海等港口将比传统航线航程短 25%～55%,每年可节省 533 亿～1274 亿美元的国际贸易海运成本。② 因此,以亚马尔天然气项目为起点,未来北极天然气的充足供应将对我国天然气供应形成强有力的补充。

亚马尔天然气项目是中国企业综合实力、国际竞争力、团队协作能力全面提升的一个缩影。在竞争激烈的竞标过程中,中国石油海洋工程有限公司历经艰险,经过 27 个月,不断优化施工方案和施工工艺,积极降低成本,最终中标 36 个核心工艺模块,打破了韩国企业长期垄断 LNG 核心模块建造的亚洲市场格局。中国石油积极履行股东职责发挥拉动效应,引荐多家中国企业参与全产业链合作,从单打独斗到抱团取暖再到强强联合。通过

---

① 观察者网.超级工程:中俄北极天然气项目投产,普京亲自装船[EB/OL].[2017-12-09].https://www.guancha.cn/global-news/2017_12_09_438476_s.shtml.

② 同上。

"练兵"亚马尔,中国企业实现了由单一产品到项目承包、由低端制造到高端"智"造的跨越式发展,中国制造成为北极的一张新名片。[①]

在亚马尔项目施工中,中国的基建优势得以充分发挥。通常情况下一般大型液化天然气项目从最终投资决策到第一条生产线投产,大都需要52个月甚至54个月的时间。但从2014年1月到2017年12月第一条生产线投产,亚马尔项目总用时48个月,这得益于中国生产的技术模块很多都早于时间表完成生产,缩短了整个建设周期。中方单位参与了地质研究、钻机制造、模块建造、工程监理、海运物流、物资供应、造船、LNG采购等涉及LNG价值链的各个环节。[②] 亚马尔项目施工中遵循绿色环保原则,使用了高科技环保工艺,体现出绿色"一带一路"的环境标准与工艺水准。

三、光伏太阳能:真纳太阳能项目和马克图姆太阳能公园项目

真纳太阳能项目是中巴经济走廊首个开工建设、首个完成融资、首个并网发电和首个商业运营的新能源项目,建成后成为全球规模最大的单体光伏发电项目。以真纳太阳能项目等为代表的中巴清洁能源合作,为中巴经济走廊区域乃至绿色"一带一路"带来了巨大的经济、社会、环境效益,也成功探索了可供参考、可供普及的太阳能园区建设与合作模式。

该项目建设分三阶段循序完成,采用了EPC、BOO、PPP等多种工程模式相结合。第一阶段(100MW):由特变电工新疆新能源股份有限公司作为该电站EPC总承包商并负责运营维护(BOO);第二阶段(300MW):由中兴能源有限公司作为该电站的独立开发商(IPP),2016年6月,光伏电站300MW正式并网发电;第三阶段(600MW):目前在建。

真纳太阳能项目具有良好的环境效益。该太阳能发电项目基于光伏多晶技术,适用于电厂寿命长达25年以上的沙漠地区。在项目建设过程中,90%均采用中国标准,建设质量严格把关,第一阶段的100MW项目与联合国气候变化机制进行了有效对接,注册了UNFCCC清洁发展机制(CDM),该机制是联合国在发展中国家实施的温室气体减排项目,允许非缔约方的发展中国家与缔约方的发达国家进行项目级的减排量抵消额的转让与获

---

① 中国石油."冰上丝绸之路"新支点:亚马尔天然气项目启示录[EB/OL].[2017-11-29]. http://www.cnpc.com.cn/cnpc/trqxgdt/201711/ccb521fccf144df08cddadbd11001196.shtml.

② 观察者网.超级工程:中俄北极天然气项目投产,普京亲自装船[EB/OL].[2017-12-09]. https://www.guancha.cn/global-news/2017_12_09_438476_s.shtml.

得。项目完工后每年提供清洁电力约 12.71 亿度,节约标准煤约 39.4 万吨,减排二氧化碳 82.6 万吨,减排二氧化硫 0.05 万吨。项目还采用了独立供排水系统,水质经过净化水系统排放,避免污染。[①]

真纳太阳能项目为巴基斯坦带来了巨大的社会效益。截至 2020 年 2 月,电站并网运行已经有 3 年多的时间,累计发电量约 18.8 亿度,满足了约 28 万户家庭居民的用电需求。自电站建成后,供电地区停电时间缩短为 1～2 个小时。项目还为当地劳务市场带来了就业机会。在项目施工高峰时期,施工机械超过 300 台,施工人员超过 3000 人,项目建成后将保留 80% 的本地工程师作为运维人员,为缺乏光伏产业经验的巴基斯坦培养了大量技术工程师,有效拉动了当地就业。在建设期间充分照顾本地文化与信仰,保留了电站园区内的清真寺并翻修墙体及屋顶,修缮水井,极大地方便了周围村民及本地员工;运维期间,在传统的开斋、宰牲等节日,巴基斯坦当地员工可以享受带薪假。

穆罕默德·本·拉希德·阿勒马克图姆太阳能公园(Mohammed Bin Rashid Al Maktoum Solar Park)是迄今全球最大的聚光太阳能项目,还配备世界上最强的储热能力。该项目投资 500 亿迪拉姆,计划到 2030 年总容量达到 5000MW,建成后每年将产生 70 万 kW 清洁电力,为迪拜 27 万家住户提供清洁电力,每年减少 140 万吨碳排放量。[②] 其中,装备总量 950MW 的马克图姆太阳能公园项目第四阶段是世界上最大的投资项目,建成后将拥有世界上最强的 15 小时储能能力,从而实现全天候能源供应。

2018 年,上海电气与沙特国际电力和水务公司首次合作组成的联合体,成为太阳能公园四期 700MW 光热及 250MW 光伏电站项目的总承包方,当年 8 月份开工建设。2020 年 7 月底,上海电气集团与沙特国际电力和水务公司再次联手成为马克图姆太阳能公园五期 900MW 独立发电项目总承包方,五期项目是目前阿联酋已生效且采用双面组件的装机容量最大的太阳能发电项目。2021 年 6 月,该项目工程已完成并网发电,向当地提供源源不断的绿色电源。

中国企业承揽全球规模最大的马克图姆太阳能公园项目,显现出中国在光伏项目建设方面的实力和底蕴,获得了较高的国际认可度。项目施工

---

① 人民日报.中巴经济走廊为共同发展的梦想插上翅膀[N].2016-02-02(03).

② 阿联酋通讯社.穆罕默德·本·拉希德·阿勒马克图姆太阳能公园拥有世界上最大的储能能力[EB/OL].[2020-11-28].https://wam.ae/zh-CN/details/1395302890927.

中上海电气投入最强、最好、最优的资源,克服疫情带来的种种不利影响,保质保量如期完成了工程建设,在中东乃至全球光伏产业领域提升了品牌知名度与影响力,也彰显出中国速度与中国力量。

总之,两个太阳能光伏合作项目都展现出中国企业为促进当地经济发展、改善人民生活、拉动社会就业、培养光伏人才、优化能源结构等做出的积极贡献,堪称国际清洁能源合作项目的典范。

四、水电:卡洛特水电站项目

巴基斯坦卡洛特水电站项目是"一带一路"倡议沿线的第一个大型水电投资建设项目、中巴经济走廊重点建设项目。中国国家开发银行、中国进出口银行、丝路基金和中国国际金融公司等组成的银团以项目融资模式为其提供约14亿美元的贷款支持,这是丝路基金成立以来资助的第一个可再生能源项目。三峡南亚投资有限公司为卡洛特电力有限公司的主要股东。

卡洛特水电站项目按照巴基斯坦标准制定了环境和社会保护计划,包括确保下游环境和灌溉用水要求,加强管理施工区内的污水、粉尘、噪声、垃圾等。施工方还采取技术措施以尽量减少对周围的水和地质条件的影响。水电站建成后预期每年将发电32亿度,可大大缓解当地电力供应不足的问题,此外还将减少使用约210万吨的煤炭,有助于减少温室气体排放、缓解环境负面效应。

巴基斯坦输配电公司作为卡洛特水电站项目购电方,与巴基斯坦政府密切合作,充分关注经济可持续发展。公司与项目签订购电协议,长期购买该项目产出的电量,并按约定支付电价,保障了项目的可持续运行。

卡洛特水电站项目还将持续为巴基斯坦带来重大的社会、经济和环境效益。该项目在建设阶段创造了超过2200个工作岗位,在运营期间每年将提供150~300个就业和专业技能培训机会。该项目还将建设或改造公路11公里,建设2座钢筋混凝土公路桥梁,1座悬索步行桥,1.3万平方米的永久住房,以及医疗机构和清真寺等10个公共设施,有助于改善当地基础设施和当地民生。[①]

作为中巴经济走廊重点建设项目之一,卡洛特水电站建设受到较多瞩

---

① 国家开发银行,联合国开发计划署.融合投融资规则 促进"一带一路"可持续发展——"一带一路"经济发展报告(2019)[R].2019:67.

目。该项目的顺利投产以绿色可持续、惠及当地民生的事实强力破除了针对中国的"输出污染""债务陷阱"等国际负面舆论,在绿色"一带一路"建设中树立起清洁低碳、务实高效的发展合作范例。

五、风电:黑山莫祖拉风电项目

黑山莫祖拉风电项目由中国国家电力投资集团下属上海电力股份有限公司与马耳他政府共建,是中国与马耳他在第三方市场能源领域合作的成功案例之一。项目位于黑山南部莫祖拉山区,建设有 23 台中国制造的 2MW 低风速智能风机,总装机容量 4.6 万千瓦。项目于 2017 年 11 月 7 日正式开工;2018 年 12 月 22 日实现首台风机并网;2019 年 11 月 15 日完成技术验收流程后获得黑山政府颁发的使用许可,实现工程竣工;2020 年 4 月 25 日投入试运营。莫祖拉项目顺利投产后每年可提供 1.1 亿度清洁电力,约占黑山全国发电总量的 5%,将主要满足巴尔和乌尔齐尼两座城市的用电需求,可供 10 万居民使用,每年可为黑山减少约 3000 吨温室气体排放。①

黑山国内电力供应长期不足,经常需要从塞尔维亚、马其顿、阿尔巴尼亚等国进口电力,2017 年其电力进口量约占电力消耗总量的 32%。为此,当地政府制定了清洁能源发展战略,目标是在 2020 年前全国可再生能源发电占比达到 33%。莫祖拉风电项目正式运营后,对黑山实现电力稳定供应起到了立竿见影的成效,还助其实现新能源装机容量翻番的目标,使其有望成为南欧电网枢纽中心。

莫祖拉风电场采用了中国先进的"智能风电"技术,其特点是通过智能控制技术、先进的通信和信息技术建设能源互联网。其中核心的技术是智能控制技术,通过人工智能算法,突破传统风机的技术限制,使得风机发电效率提升 15%～20%。中方企业自主开发的智慧风场软件产品,可以将传统风电场转型为智慧风场,与传统风电场相比,发电量提升 10%,运营成本降低 20%以上。②

六、核电:卡拉奇核电站项目

近年来,核电"走出去"已经成为从国家到企业层面的一个共识。中国

---

① 人民日报.中企参与的黑山莫祖拉风电站项目投入试运营,当地居民表示——"风电给我们带来实实在在的福利"[N].2019-07-02(03).

② "一带一路"绿色发展国际联盟."一带一路"绿色发展案例报告(2020)[R].2020:21-22.

领导人在出访中多次将核电"走出去"作为双边交往的一个重要议题。我国核电企业也已在巴基斯坦、英国、罗马尼亚、阿根廷等国取得重要进展。

2021 年 5 月 20 日,中巴建交 70 周年之际,两国核能合作再结硕果。"华龙一号"海外首堆工程——巴基斯坦卡拉奇核电 2 号(K-2)机组建造、安装、调试各项工作圆满完成,正式进入商业运行。这标志着中国自主三代核电"走出去"第一站顺利建成,创造了国际最佳建设业绩,成为中巴能源合作示范工程,中国核电实现了从"跟跑"到"并跑"。中国核电产业用过硬的技术和工程建设能力推动绿色"一带一路"走深走实。

卡拉奇核电 2 号、3 号(K-2、K-3)机组直接带动装备出口超过 120 亿元,项目全寿期可持续带动我国核燃料及核电站建设、运维、退役全产业链"走出去",直接创造经济收入将超过 1000 亿元。①

第三节　产业与项目最佳实践经验总结

一、清洁能源产业合作最佳实践

绿色产业与清洁能源的合作是绿色"一带一路"重点内容之一。新兴可再生能源产业发展的初始阶段离不开政府的支持,发达国家大都建立了包括法律、财政、税收,以及市场经济条件下的金融支持(如低息补贴、贷款担保等)和贸易支持等具体而有效的新能源发展支持体系。过去十几年,中国在可再生能源产业发展中探索出一套对发展中国家具有较强适应性的发展模式、激励措施、支持体系等,经过一定改善后可作为最佳实践在沿线国家推广。

第一,产业合作规模化、园区化。产业合作规模化、园区化使绿色"一带一路"产业合作提质增效。如今,在绿色"一带一路"倡议下,已在周边区域优选资源条件优越、产业基础坚实、能源需求强烈的国家,合作建设出一批产业发展特色鲜明的绿色产业园区(如东南亚的绿色产业园区)、能源合作走廊(如中巴能源走廊)等国际合作示范区,实施一批重要的绿色产业项目,制定落实配套的绿色产业发展合作政策,树立一批优质产能绿色品牌,建成

---

① 人民网."华龙一号"海外首堆——巴基斯坦卡拉奇核电 2 号机组投入商业运行[EB/OL].〔2021-05-22〕. http://finance.people.com.cn/n1/2021/0522/c1004-32110515.html.

一批绿色产业合作示范基地,从生产、流通、消费的全产业链角度推动绿色产业发展。

第二,注重与共建国产业优势互补与产业协同。在绿色"一带一路"产业合作中,中国在多种新能源、核能、电力、特高压等清洁能源产业领域的相对优势与沿线国家的资源优势、市场需求充分互补。中国积极推动区域可再生能源产业布局,以境外电站投资、境外电站 EPC、境外研发及标准的国际合作等为抓手,充分考虑东道国的经济发展需求与战略需要,把中国优势和东道国资源有效对接,把可再生能源企业对外投资战略、东道国能源战略及所在区域的生态环保要求协同起来,[①]加强区域内产业协同,逐渐打造出一体化的能源产业链、价值链。

第三,以创新合作推动产业深度融合。绿色"一带一路"建设在区域内带来能源产业、科技服务等更为广泛的合作,在新工业革命带来的产业发展新机遇下,刺激了新产业、新业态、新模式的跨境发展。由技术进步和创新引发的变化必然推动产业的外溢性布局,中国积极响应国际产能合作的巨大市场需求,并与相关国家推进市场化、全方位的产能合作,积极引领国际新能源产业发展,培育新动能、新业态,促进沿线国家产业结构升级、产业发展层次提升,探索更适合的产能合作路径与合作模式,从而推动产业深度融合。

二、清洁能源工程建设合作项目最佳实践

绿色"一带一路"区域有着丰富的水能、风能、太阳能等可再生能源亟待开发,伴随可再生能源成本的持续下降,高效开发这些资源将成为区域绿色可持续发展的重点任务,对清洁能源工程建设也提出了更高要求。高质量的清洁能源工程项目将为绿色"一带一路"建设和区域绿色可持续发展带来新的景象,也将积累更多的建设经验与最佳实践。

水电基础设施建设可集中体现中国工程基建优势。在绿色"一带一路"水电合作项目中,中国有效整合了开发管理水资源的参与者网络,被称作"中国水机器"(CWM),[②]网络成员包括中国政府机构、企业、中国及国际融

① 中国新能源海外发展联盟."一带一路"可再生能源发展合作路径及其促进机制研究[R].2019:7.

② Webber Michael,Han Xiao. Corporations,Governments,and Socioenvironmental Policy in China:China's Water Machine as Assemblage[J]. Annals of the American Association of Geographers,2017,107(6):1444-1460.

资机构、国际行业协会和其他相关组织等。在庞大而复杂的"水机器"中，中国进出口银行、国家开发银行等国家政策性银行是为中国的海外合作项目融资的关键金融角色；中国水电等具有国际竞争力的典型国企作为核心成员和规划单位，通过与东道国水电公司、材料供应商、工程研究院和大学等各类机构合作形成强大而全面的设计、施工、管理能力；合作项目中还不可避免地与本地网络、国际网络交织，如共建国的当地参与者、组织，世界银行及其他国际组织等。有效地将多元化的市场、融资渠道、参与者及利益相关方兼容入一个合作共建体系内，保障了中国工程基建的效率。

在劳动力使用方面，中国企业也颇具独到之处。中国承担的海外项目用工广泛采取了一种独特的"梯形"组合模式：大多数施工人员是本地工人，作为施工主体；由占据一定规模的中国技术人员来培训本地工人；中国管理人员、工程师与设计人员，以及国际顾问等占据较小比例，是核心管理层。这种用工模式在保障项目顺利推进的前提下，既降低了用工成本，又增加了本地就业，承担了一定社会责任。

三、产业园区合作项目最佳实践

产业园区建设模式源自西方，现已有德国、印度、阿联酋等国家开展了不同规模的太阳能园区建设。操作流程一般为：由政府提供土地、基础设施和输电设施，开发商在建立厂房前与入驻企业签订电力购买协议。产业园区内电站建设可分批建设、陆续并网，园区规模可逐步扩大，园区内多家电站共用基础设施与输变电设施产生的规模经济效应，极大降低了电力生产成本。

太阳能产业园区是当今最成功也是最为普及的国际合作园区模式。该模式充分利用了当地政府的投资激励政策，可简化整体能源发展规划与程序，提高生产效率，扩大生产规模。借鉴该模式，可进一步推进光伏项目大规模建设，形成"光伏可及"的大型清洁能源示范项目。中巴经济走廊太阳能光伏合作充分发挥了园区合作开发优势，优先开发光伏等可再生能源促进了中巴经济走廊合作的高质量发展。其中，真纳太阳能园区项目成功打造出绿色"一带一路"清洁能源国际合作典范。

近年中国也与"一带一路"沿线部分国家探索合作建立中国工业园区模式，绿色"一带一路"以东亚、南亚为聚集地区，以光伏产业为主形成了各具特色的海外绿色产业园区。为将产业园区打造成绿色发展试验区、示范区,中国与东道国从规划到运营以绿色发展理念为引领,以优先实施高比例可再生能源替代为目标,以现代化信息技术支撑智慧化管理。如在中国—马来西亚共建的钦州产业园区,在绿色发展核心理念下制定了总体规划、管理条例、生态环保标准等,为园区绿色发展与产能合作提供了坚实保障。

第四节 本章小结

"一带一路"宏伟工程由不同产业分工下具体的合作项目汇聚而成。绿色"一带一路"涉及大量海外投资合作项目,典型的绿色"一带一路"项目是能够贡献于区域国家绿色发展、气候变化治理与环境改善,并有助于提升民生福利、深得民心的项目。当前中国参与的绿色"一带一路"清洁能源合作项目主要可分为两类:第一类集中于传统能源基础设施改造与能效提升,第二类是日渐繁盛的可再生能源合作项目。

本章从清洁燃煤、天然气、光伏太阳能、水电、风电、核电等不同产业领域选取了萨希瓦尔燃煤电站、亚马尔天然气项目、真纳太阳能工业园区、卡洛特水电站、黑山莫祖拉风电项目、卡拉奇核电站项目等典型合作项目进行深入的案例分析,发现每个成功的合作项目背后都有着中国相关产业的相对竞争优势与项目管理的独特之处,中国通过这些项目树立了高质量、高效率、高环境标准、高工艺水准的"中国品牌"。

中国在过去十几年在可再生能源产业发展中探索出一套对发展中国家具有较强适应性的发展模式、激励措施、支持体系等,经过一定改善后可作为最佳实践在沿线国家推广。清洁能源产业合作最佳实践可归纳为:产业合作规模化、园区化;注重与共建国产业优势互补与产业协同;以创新合作推动产业深度融合。清洁能源工程建设合作项目最佳实践方面,中国承建方有效地将多元化的市场、融资渠道、参与者及利益相关方兼容入一个合作共建体系,广泛采取由少数中国管理人员、工程师与设计人员等组成核心层,熟练的中国技术人员占据一定规模,大量雇用本地工人作为施工主体的独特"梯形"组合模式。产业合作园区最佳实践还在不断改良,中国与东道国从规划到运营以绿色发展理念为引领,以优先实施高比例可再生能源替代为目标,以现代化信息技术支撑智慧化管理,使产业园区合作项目持续繁盛。

第九章　绿色"一带一路"清洁能源合作战略优化:空间布局与复合体系

　　新中国成立以来,中国的外交基本线索是"改变自己,影响世界",①中国自身的变革越剧烈,取得的成果越丰硕,其国际影响力就越大。中国在国际合作中经历了从接触、参与到逐渐融入国际社会,再到引领"人类命运共同体"构建的渐进式历程。绿色"一带一路"开创了中国从深度融入国际合作与治理体系到探索引领区域乃至全球绿色可持续发展的战略性新布局。

　　当前,绿色"一带一路"框架下清洁能源合作战略布局尚有诸多不足,需在优化国际合作空间的基础上,从顶层设计、战略框架、政策体系、"五通"建设等各领域优化国际合作战略,构建机制化更高、联动性更强,多元化、多层次、多维度的国际合作新体系。

第一节　清洁能源国际合作空间布局优化

　　绿色"一带一路"框架下清洁能源国际合作的空间布局对于清洁能源合作的发展方向起到重要影响。国际合作空间布局既反映出"看不见的手"——市场自由交易前提下合作的基本格局,又受到"看得见的手"——政府政策的规划与引导,在两种重要力量的作用下,形成了交织互联、层次丰

---

　　①　章百家.改变自己,影响世界——20世纪中国外交基本线索刍议[J].中国社会科学,2002(1):4-19.

富的国际合作空间布局。绿色"一带一路"下清洁能源国际合作空间布局优化需聚焦三个维度。

一、深度对接联合国可持续发展目标

绿色"一带一路"的提出并非"另立山头"，而是在国际可持续发展诉求愈发强烈和"一带一路"纵深推进的背景下应运而生。联合国 2030 议程为各国以社会、经济和环境三要素全面衡量国家发展进步提供了一个权威框架，成为制定国家(绿色)目标和参照指标的重要依据；将国家目标和指标与完善的国际进程相关联，促进可持续发展战略受到更广泛的接纳和认可，并促进国际经验交流。[①] 2030 年联合国可持续发展目标 169 个具体目标中，有超过 86 个目标涉及环境的可持续性，[②]而绿色"一带一路"与联合国 2030 议程的"经济适用的清洁能源"(目标 7)、"可持续的城市和社区"(目标 11)、"气候行动"(目标 13)等在理念、目标方面都高度契合。

在国际多边合作中，中国始终秉承多边主义、合作共赢理念，坚定维护以联合国为核心的国际多边治理机构。"一带一路"倡议实施过程中，中国愈加强调这样一种发展合作基调：几乎所有新成立的"一带一路"倡议相关组织和网络，包括"一带一路"绿色发展国际联盟、"一带一路"绿色制冷倡议、"一带一路"绿色照明倡议、"一带一路"绿色走出去倡议等，都必须以加强现有多边机制和促进 2030 年可持续发展议程落实为目的。[③] 中国将绿色发展理念与生态文明建设实践有机融合为一种独创性的绿色可持续发展模式，为"一带一路"国家提供发展新思路、新模式，中国也逐渐成为国际绿色发展的引领者。

在绿色"一带一路"清洁能源合作中，区域能源转型与革命、能源合作进程的深入需与联合国可持续发展目标深度对接、密切联动。绿色"一带一路"与联合国 2030 可持续发展议程联动共建，将为区域国家带来更全面、更实惠的可持续发展利益，使区域绿色可持续发展景象焕然一新。

二、重点遵循点—线—面推进的战略方向

丝绸之路经济带建设重构了中国周边的空间结构，使周边单一的国家

①　中国环境与发展国际合作委员会.2035 年环境质量改善目标与路径(专题政策研究报告)[R].2019:30.

②　自然资源保护协会.中国高耗能行业"一带一路"绿色产能合作发展报告[R].2018:6.

③　中国环境与发展国际合作委员会.绿色"一带一路"与联合国 2030 年可持续发展议程(专题政策研究报告)[R].2019:25.

间关系变成次国家层面的跨境关系、国家层面的互动关系、区域层面的合作关系等多层次关系,集中体现了"一带"建设中从点到线、从线到面的发展逻辑。① 绿色"一带一路"国际合作以点—线—面的空间布局展开,遵循由浅入深、由易到难的基本规律与合作战略。当前,以走廊建设为重要通道,以枢纽建设为核心节点,以园区建设为辐射面的合作空间格局已基本成型:以青岛、厦门、海参崴、鹿特丹等港口城市和以西安、重庆、撒马尔罕、海得拉巴等区域中心城市为代表的重要节点城市作为"一带一路"重要枢纽(点);以新亚欧大陆桥、中俄蒙、中国—中亚—西亚、中国—中南半岛、中巴、孟中印缅等经济走廊为重要通道线(线),以产业示范基地与园区等实验区、示范区为重点建设区域;以枢纽和通道线向周边区域不断扩张辐射合作(面),使"六廊六路多国多港"的互联互通架构初现雏形。

点—线—面的布局规划有利于提升资源、技术、资本等要素在区域间的流动性与活跃度,从而实现海陆、内外等毗邻空间的高效联动。其中,基础设施联通是互联互通的重中之重,铁路、公路、水路、空路、管网、电网等六路基础设施建设需有序遵循从枢纽(点)到通道(线),再辐射到更广区域(面),各方向稳扎稳打,逐渐形成新的发展格局。

经济走廊在由点到面的链接中起到关键作用,其建设成效决定着"一带一路"建设的推进进度。经济走廊建设是一个从点到线到面、从局部到全面铺展的渐进过程。经济走廊建设从低级到高级、从国内到国际可以划分为不同的发展阶段,最初阶段的主要任务是建设以基础设施为主的交通走廊,逐渐拓宽到经济走廊,如推进贸易便利化,最终要协调不同国家区域发展的计划与政策。实践中经济走廊的形成大体要经过四个步骤:一是以基础设施投资为主体构建狭义的经济走廊;二是通过城镇化、更新城乡基础设施、促进工业发展、改善中小企业投资环境与增加旅游基础设施投资等方式实现所谓的"地区发展计划",拓宽经济走廊;三是以贸易便利化为核心,促进跨境商品、服务和人员的流动;四是协调不同国家区域发展的计划与政策,形成真正意义上的跨境经济走廊。其中前两个步骤的重点限于国内区域发展,后两个步骤的重点则是跨境或国家间的协调。②

---

① 刘雪莲,沈娜.丝绸之路经济带建设对中国周边关系的多层次建构[J].哈尔滨工业大学学报(社会科学版),2021,23(2):1-8.

② 李向阳."一带一路"的高质量发展与机制化建设[J].世界经济与政治,2020(5):51-70,157.

　　现今,"一带一路"框架下的大多数经济走廊还停留在运输通道建设阶段。能源通道①建设是当前经济走廊建设的前沿方向之一,是实现国家、区域能源联通的核心环节。中巴经济走廊能源通道在经济成本、供给时间、能耗与环境影响方面都比现有能源供应通道更具优势,中巴经济走廊建设将能源合作、能源通道建设作为合作重点,发挥出重要的示范作用,不断成形的中巴能源通道正成为绿色"一带一路"能源互联互通的重要通道线。

　　绿色"一带一路"国际清洁能源合作的机制化建设也可重点采用点—线—面推进的操作思路。能源通道争端解决机制和安全合作机制②建设可遵循"中间开花,连点成线,汇线成面"的思路,将中亚、西亚、欧洲能源通道争端解决机制由双边安全合作机制逐步向区域性多边安全合作机制延伸,形成横跨亚非欧的国际能源通道安全协作机制。③ 其他能源合作领域的机制亦然。

　　点—线—面的合作战略布局推进是一个曲折渐进的过程,在战略规划中各环节的衔接需契合区域国家舒适、渐进、包容、互赢的国际合作诉求,这或将在一定时期内牺牲一定的效率,因此更需长期耐心经营、扎实稳步推进。

三、合力共建区域生态环境共同体

　　共建绿色"一带一路"、生态环境共同体顺应了国际社会绿色发展潮流与现实诉求。"一带一路"沿线国家普遍面临着气候变化、大气污染、能源短缺、荒漠化等严峻的生态问题,工业化带来的生态危机、能源环境问题尤为严重,区域存在明显的污染物跨境传输和复合污染问题。初步评估显示,沿线国家单位 GDP 能耗、原木消耗、物质消费和二氧化碳排放量高出世界平均水平一半以上,单位 GDP 钢材消耗、水泥消耗、有色金属消耗、水耗、臭氧

---

　　① 能源通道是指通过航运、陆路以及管道等方式为国家安全和经济发展提供稳定能源供应的线路。参见岳鹏.印度能源战略通道建设及其地缘影响[J].南亚研究季刊,2017(1):9-16,111.

　　② 能源通道争端解决机制和安全合作机制是能源通道机制的重要组成。能源通道机制的功能包括解决国际性和区域性争端事件、保障跨境跨国通道畅通、建立能源交易市场规则与标准、增强市场约束力和能源战略互信等。参见徐斌.市场失灵、机制设计与全球能源治理[J].世界经济与政治,2013(11):78-95,159.

　　③ 余晓钟,白龙."一带一路"背景下国际能源通道合作机制创新研究[J].东北亚论坛,2020(6):77-93,125.

层物质消耗是世界平均水平的两倍甚至更高。①中国与区域国家是同一生态
环境共同体的有机组成,而绿色转型、可持续发展是区域国家的必由之路。
克服从宏观的全球变暖到微观的区域性自然灾害、生态危机等生态环境威
胁,实现经济、社会、环境的可持续发展是绿色"一带一路"区域国家的共同
愿望,共建区域生态环境共同体成为区域国家的宏伟愿景。共建"一带一
路"生态环境共同体不仅将环境保护和绿色发展嵌入政策各领域和实践全
过程,而且通过共建共享生态治理成为促进人与自然和谐共存、建设清洁美
丽世界的重要探索,为全球经济持续发展和人类社会文明进步提供中国
方案。②

　　绿色"一带一路"的绿色发展导向响应了共建区域生态环境共同体的诉
求,绿色"一带一路"在区域生态环保合作中的平台性作用正日益显现。
2019年4月25日,第二届"一带一路"国际合作高峰论坛设置了绿色之路分
论坛,主题为"建设绿色'一带一路',携手实现2030年可持续发展议程",旨
在分享生态文明和绿色发展的理念与实践,推动共建国家和地区落实2030
年可持续发展目标,打造绿色命运共同体。

　　近中期中国可将打造"一带一路"绿色发展示范区建设作为重点,从打
造一批绿色产业合作示范基地、绿色技术交流与转移基地、技术示范推广基
地、科技园区等国际绿色产业合作平台入手,为引领绿色发展与能源合作提
供保障。③ 绿色"一带一路"以绿色产业示范基地和园区为重点合作建设区
域,逐渐向周边区域辐射、扩展,向区域生态环境共同体目标迈进,绿色"一
带一路"也将在日益紧密的合作中由愿景变为现实。

第二节　清洁能源国际合作战略优化

　　"一带一路"在理论认知、政策规划、合作实践等方面都在动态进化,推

---

　　①　21世纪经济报道."一带一路":首次评估沿线38个国家的资源环境绩效[EB/OL].
[2015-05-30]. https:∥m. 21jingji. com/article/20150530/770cbc391bb8060e455a6bc9200a2e
b4. html.

　　②　李丹,李凌羽."一带一路"生态共同体建设的理论与实践[J].厦门大学学报(哲学
社会科学版),2020(3):66-78.

　　③　新华网.共建"一带一路"倡议:进展、贡献与展望[EB/OL]. [2019-04-22]. http:∥
www. xinhuanet. com /2019-04/22/c_1124400071. htm.

动"一带一路"的愿景已由起初的打造"区域经济合作架构"提升为"构建人类命运共同体实践平台"。[①] 在绿色"一带一路"框架下清洁能源合作的具体实践中,战略规划与制度安排模糊、战略框架不充实、机制化程度不足、联动性发展微弱等问题突出。对此,可从以下几方面依次递进,优化清洁能源合作战略。

一、完善顶层设计

顶层设计是绿色"一带一路"国际合作的总纲,起到提纲挈领的重要作用。当前,绿色"一带一路"顶层设计尚有很多方面亟待完善,绿色"一带一路"框架下的清洁能源合作战略规划与制度安排依然模糊。《关于推进绿色"一带一路"建设的指导意见》《"一带一路"绿色投资原则》等顶层设计文件虽涉及清洁能源国际合作议题,却未对相关战略规划、重点方向等做出明确表述。因此,绿色"一带一路"从政策框架设计到愿景目标规划,应遵循理论导向、长远发展、时代需求,逐步完善顶层设计。

在顶层设计上,《关于推进绿色"一带一路"建设的指导意见》旨在推动提高对外合作的"绿色化"水平,《"一带一路"生态环境保护合作规划》出台绿色产业引导政策和操作指南,绿色"一带一路"建设应在上述政策文件基础上,继续完善顶层设计。

从长远规划看,绿色"一带一路"推进进程中几个重要的时间节点与十九大报告中强国战略规划、联合国 2030 议程的路线图相契合,2030—2035年是其从初步设计到走向成熟的关键阶段,到 21 世纪中叶,绿色"一带一路"愿景目标可基本实现。在此进程中应探索"顶层设计—愿景目标—约束条件—政策框架"这一完整的发展轨道,使绿色发展合作的战略规划与政策框架更加完善,绿色"一带一路"愿景更加清晰。

从中短期规划看,根据《关于推进绿色"一带一路"建设的指导意见》等政策文件,我国确立了绿色"一带一路"建设目标。力争用 3～5 年时间,建成务实高效的生态环保合作交流体系、支撑与服务平台和产业技术合作基地,制定落实一系列生态环境风险防范政策和措施,为绿色"一带一路"建设打好坚实的基础;用 5～10 年时间,建成较为完善的生态环保服务、支撑、保

障体系,实施一批重要生态环保项目,并取得良好效果。① 伴随着绿色发展理念、最佳实践逐渐渗入到绿色"一带一路"建设的各个方面,战略规划、政策体系等将逐渐优化,相应的合作模式、制度、措施等也将逐渐完善。

清洁能源作为"一带一路"国际合作先行领域对绿色"一带一路"顶层设计的优化完善起到提纲挈领的作用。中国参与绿色"一带一路"清洁能源国际合作规划应与绿色"一带一路"中短期规划协同一致,以沿线重点区域清洁能源项目合作为主,扩大清洁能源项目海外投资的宣传和推广;在2020—2025年及以后,逐步完善清洁能源一体化项目的开发及智慧能源、微电网等项目的应用和推广,着力提高中国在"一带一路"区域清洁能源市场参与度与市场认可度。② 中短期内,区域各国需围绕与《巴黎气候协定》2℃温控目标相关的可再生配额与碳交易、可再生能源补贴政策协调等热点主题,在清洁能源国际合作规划中进一步落实。

二、充实战略框架

随着"一带一路"进入"工笔画"的精细设计与布局阶段,充实清洁能源各领域合作的战略框架成为保障绿色"一带一路"成功推进的前提。充实清洁能源合作战略框架可从以下几点入手。

第一,加强区域多边国家间双边合作机制、组织建设。如"一带一路"沿线的南亚区域合作联盟(南盟)、环孟加拉湾多领域经济技术合作倡议、大湄公河次区域经济合作组织、东盟、欧亚经济共同体、上海合作组织、大图们江倡议、澜沧江—湄公河流域合作和欧亚经济合作组织等国际性组织大都具有能源合作、政策对话的功能与渠道,可与这些国际组织充分对接协调,在建立战略互信和政治共识的基础上,充分发挥其机制化功能在能源合作中的影响,协调推进绿色"一带一路"清洁能源合作。

充实战略框架可协调不同层次行为体、相关方的利益,避免重复建设。充实策略框架可将超国家、国家、次国家及非政府性组织等不同层次行为体纳入战略规划,制定准则规范,既可以避免重复建设,又可以充分借助各相关方定位不同的功能,实现合作利益的最大化。如,将世界银行、亚洲开发

---

① 环境保护部、外交部等四部委. 关于推进绿色"一带一路"建设的指导意见[EB/OL].[2017-04-24]. http:// www. zhb. gov. cn/gkml/hbb/bwj/201705/t20170-505_413602. htm.

② 中国新能源海外发展联盟."一带一路"可再生能源发展合作路径及其促进机制研究[R].2019:7.

银行、亚洲基础设施投资银行、国际能源署和国际可再生能源组织等国际机构纳入合作战略框架，充分考虑其在促进国际合作中不同的定位与作用，有助于促进区域、国家等层次的战略对接协调与深度合作。在国家政府和国际机构的共同扶持下，沿线国家的系统运营商、传输公用事业和技术机构也应在各自次领域进行对接协调，确保区域电力传输等跨国基础设施互联互通规划的兼容。

当前，一些具有国际影响力的区域性组织已在某些清洁能源合作战略规划中取得显著进展。如2017年亚太经济与社会委员会（ESCAP）通过决议成立了能源互联互通专家工作组，由专家工作组提出了区域能源互联路线图的建议，制定了区域路线图草案，描述了整合次区域和更广泛的亚太地区电网所需的政策、监管和制度安排，为区域电力互联互通做出了详细规划。在区域国家的大力支持、密切合作下，电力合作机制框架日益充实，规划设计日益变为可操作的政策。

第二，战略合作框架中应构建信息资源与最佳实践共享机制。既有经验表明，政府间组织、各国政府、多边金融机构及能源企业等各层次行为体，合力致力于在新技术应用、能效提高、智能电网建设、市场招投标等领域共享信息和专业知识，有助于区域清洁能源合作信息的畅通，从而提高清洁能源开发的系统效率。

"一带一路"大部分区域已在不同程度上开展了智能电网、能效提升以及太阳能和风能混合发电等清洁能源融合项目，但区域间、国家间信息、数据、最佳实践等的分享机制仍比较缺乏。因此，需有效协调区域能源部门，建立信息交流与最佳实践共享机制，建设信息、数据和最佳实践的分享平台，而区域、全球性能源互联网建设可作为信息资源、最佳实践共享与传播的重要抓手。

第三，探索清洁能源合作与治理的新机制框架。绿色"一带一路"清洁能源合作中需探索构建区域能源合作与治理的新机制框架。如推动设立以绿色"一带一路"绿色发展合作为主题的国际性区域能源合作机制，探索和完善绿色"一带一路"区域能源合作对话机制等。在清洁能源技术领域加强技术交流与创新合作，加强与欧洲等高技术国家的能源技术共同研发，建立联合资助机制，并积极推动建立高技术国家向沿线发展中国家的技术转让机制等。

"一带一路"区域清洁能源治理机制建设可将"一带一路"能源合作俱乐部等创新性机制作为重要合作平台。"一带一路"能源合作俱乐部是随"一带一路"成长出的新合作机制,承担着更好地促进绿色"一带一路"清洁能源合作的政策工具作用。从共享绿色国际公共产品角度,能源合作俱乐部可将绿色国际公共产品界定在"俱乐部"范围内,有助于区域国家在共同利益基础上,进一步加强战略、规划、政策、标准等方面的交流和对接;在产业技术合作中,能源俱乐部有助于加强产能融通、能源科技研究,开展关键技术和核心装备联合攻关,推动重大项目、先进标准和工程服务合作,协同提高区域能源供应和保障能力等。随着"一带一路"能源合作俱乐部、"一带一路"生态环保大数据服务平台、《"一带一路"绿色投资原则》等组织形式各异、机制化程度不同却承担着多方能源协调与对话作用的合作平台、合作机制不断创设,清洁能源合作与治理的新机制框架也将不断充实。

第三节　打造清洁能源合作复合战略新体系

　　机制化和联动性是绿色"一带一路"清洁能源合作体系优化发展的两个核心维度。"一带一路"本质上是一种新型区域经济合作机制,机制化建设是"一带一路"框架下深化合作的内在要求,是应对外部挑战的必然选择,是对接现行全球治理体系的前提条件;[①]联动发展既是"一带一路"的核心要义之一,也是促其顺利推进的主要驱动力之一,加强绿色"一带一路"有机联动,有助于逐渐构建起绿色联动发展的新体系。

一、深化机制建设

　　国际机制安排对于制定战略、确定目标、推进发展、实施计划、中途修正、整合与管理资源以及能力建设都很重要。[②] 机制化是"一带一路"建设的重要战略着眼点。随着"一带一路"机制化的不断完善,区域合作与区域一体化融合程度也将大幅提升。近年,中国已从主要依托以清洁发展机制为核心的全球多边合作和以欧美日为主要对象的双边合作,向依托"一带一

---

　　① 李向阳."一带一路"的高质量发展与机制化建设[J].世界经济与政治,2020(5):51-70,157.

　　② The Economic and Social Commission for Asia and the Pacific(ESCAP)of United Nations. Electricity Connectivity Roadmap for Asia and the Pacific:Strategies Towards Interconnecting the Region's Grids[M]. Thailand:Bangkok,2019:45.

路"自主设计、主导的区域多边合作机制转变。① 但当前区域机制化与一体化整体进程缓慢导致绿色"一带一路"区域特有的、专业的清洁能源合作组织仍较为缺乏,绿色"一带一路"清洁能源合作机制安排远未成熟,机制化建设任重道远。强化机制化建设可聚焦以下几点。

首先,渐进完善、创新清洁能源合作体系的机制框架。"一带一路"机制化建设具有显著的渐进性特征,具体表现为:规则所涵盖的成员不断增加、规则所涵盖的领域不断扩展和规则的约束力不断增强。"一带一路"的渐进性、发展导向性决定了其在初创期只能是一种区域多边合作机制,其机制化建设要么在现行多边贸易机制之外构建一套全新的规则体系,要么在现行多边贸易机制框架下制定新规则,而不应复制现行区域经济一体化的机制化模式。② 这要求绿色"一带一路"清洁能源合作需在遵循现有原则基础上进行机制创新尝试,渐进地推进区域清洁能源合作体系的机制框架的完善。

在绿色"一带一路"机制化合作中,一个清晰、透明、稳定的监管体系框架是能源项目投资的必要条件;一个能够处理潜在贸易争端和跨境问题的多边法律框架是绿色"一带一路"能源投资的必要保障;全球气候变化背景下新兴的碳排放权交易、碳税等新机制可为绿色可持续发展提供必要的政策环境;创新贸易规则和统一各类工程、服务、技术标准,以及加强"软基础设施"对接是机制化建设的新增量,将为能源合作提供新动力。

随绿色"一带一路"建设不断涌现的一些合作新区域、新领域有望成为机制创新的新起点。如北极圈"冰上丝绸之路"天然气开发合作机制、东亚区域清洁能源合作机制与碳排放交易机制、国际清洁能源治理机制等合作机制建设中,中国都能起到积极的引领作用乃至主导性作用,在条件成熟时可将这些合作机制向更深的机制化方向推进。

其次,协调对接现有国际能源合作体系的机制框架。多边合作机制的综合性与影响力使其有能力在现有合作框架内促进信息资源与最佳实践的共享,促进超国家(国际组织)、国家、次国家(地方政府)等不同层次行为体在能源新技术、能效、智能电网、可再生能源市场招投标等领域共享

①　李昕蕾."一带一路"框架下中国的清洁能源外交——契机、挑战与战略性能力建设[R].国际展望,2017(3):36-57,154-155.

②　李向阳.亚洲区域经济一体化的"缺位"与"一带一路"的发展导向[J].中国社会科学,2018(8):33-43;李向阳."一带一路"的高质量发展与机制化建设[J].世界经济与政治,2020(5):51-70,157.

信息、专业知识和最佳实践,从而提高区域清洁能源开发的系统效率与合作水平。

目前中国虽已参与、建立了功能繁多的多边能源合作机制,但尚不具备构建以自身为主导的国际能源合作体系的能力。"一带一路"国家参与的国际多边能源合作机制众多,主导性国家缺失、机制碎片化等问题导致合作凝聚力和行动效力不足。因此现阶段中国在"一带一路"能源机制化合作中的战略重心是对接现有国际能源合作机制,增进机制间的沟通协调,降低制度成本与行政阻力,减少碎片化,并逐渐完成从区域能源合作机制参与者向领导者的转变。

在中国发挥主导作用的合作框架内,"一带一路"国际合作高峰论坛有望成为推动国家层面机制化合作的重要平台。现阶段,国际合作高峰论坛的定位、目标要符合最大公约数或利益交集的原则,与"一带一路"的定位、目标相吻合,特别是必须区分短期目标与长期目标、中国的目标和沿线国家的目标。①

"二轨"机制建设打开了中国引领区域对话合作的新窗口。凭借更灵活的沟通渠道、更多元的对话主体,"二轨"机制对促进国际合作起到"奇兵"之效。中国与沿线国家通过政党、议会、智库、地方、民间、工商界、媒体、高校等"二轨"交往渠道,围绕共建"一带一路"开展形式多样的沟通、对话、交流、合作。近年来,中国组织召开了中国共产党与世界政党高层对话会,就共建"一带一路"相关议题深入交换意见。中国与相关国家先后组建了"一带一路"智库合作联盟、丝路国际智库网络、高校智库联盟等。英国、日本、韩国、新加坡、哈萨克斯坦等国都建立了"一带一路"研究机构,举办了形式多样的论坛和研讨会。中外高校合作设立了数量规模庞大的"一带一路"研究中心、合作发展学院、联合培训中心等,为共建"一带一路"培养国际化人才。②

再次,将绿色"一带一路"创新型政策工具作为加强机制化的主要抓手。"一带一路"的推进带动了国内外政策目标的高质量完成,也创造出实用性

---

① 李向阳."一带一路"的高质量发展与机制化建设[J].世界经济与政治,2020(5):51-70,157.

② 新华网.共建"一带一路"倡议:进展、贡献与展望[R/OL].[2019-04-22].http://www.xinhuanet.com/2019-04/22/c_1124400071.htm.

的政策工具。① 绿色"一带一路"也衍生出根植于绿色发展理念的众多创新性政策工具，如绿色贸易准则、绿色债券与投资基金、绿色财税工具等，这些政策工具在国际合作中实用性突出，有望进一步提升机制化水平。《"一带一路"绿色投资原则》是其中最具效用性的代表，将绿色发展理念融入项目实施、产品开发、风险控制的全流程管理，对国际合作起到了重要的指导性作用。中国可巧用善用此类绿色创新型政策工具，利用制度优势、产业优势充分调动区域与次区域、不同行政层级、各相关方、各类要素的有效参与，促进绿色"一带一路"清洁能源的机制化合作。

二、提升联动水平

无论是就国际合作还是区域一体化而言，联动发展对于促进绿色"一带一路"互联互通、区域融合都至关重要。绿色联动发展涉及绿色基础设施互联互通、绿色产业融合，以及区域国家间绿色发展战略规划协调、空间结构与地缘经济关系改进等。在区域内构建绿色联动发展机制、形成绿色联动发展新空间，有助于清洁能源合作战略体系的优化。然而，在现有战略规划、合作体系中，绿色"一带一路"发展合作尚缺乏有机联动。

鉴于清洁能源国际合作是一套涵盖了从凝聚绿色发展共识（理念），到合作制度框架设计、合作政策与协议达成，再到合作项目具体实施的复杂互动程序，该程序每个环节都要求相关国家在理念、施政等方面密切联动。因此，加强绿色"一带一路"绿色联动发展，应注重构建联动发展的基本框架。在现有条件下，主导国家可从空间联动（包括海陆联动、区域次区域间联动、国家间地区间联动等）、战略政策联动（包括战略联动、政策联动等）、产业联动（包括不同产业间的联动、产业内联动等）三个层面引导联动发展，使三者相互支撑，形成联动发展的基本框架。

首先，空间联动在区域空间连接、基础设施互联互通中发挥重要作用。空间联动有利于提升资源、技术、资本等要素在区域间的流动性与活跃度，从而实现海陆、内外等毗邻空间的密切联动。现今，"一带一路"从枢纽（点）到通道（线），再辐射到更广区域（面）的空间联通布局循序展开，"六廊六路多国多港"的互联互通架构已基本形成，但"一带"与"一路"之间的联动性、融合性尚且不足，下一步需要根据"一带一路"的总体走向，

---

① Stephen Aris. One Belt, One Road: China's Vision of "Connectivity"[R]. Center for Security Studies Analyses in Security Policy, 2018(195): 118.

依托陆上、海上、空中、网上国际大通道,陆上以丝绸之路经济带沿线中心城市为支撑,海上以"21世纪海上丝绸之路"重点港口为节点,推动形成陆海内外联动、东西双向互济的开放格局,使"一带一路"区域真正融合为一个联动发展的有机整体。

在内外联动方面,中国近年为配合"一带一路"建设,在国内规划确立了京津冀一体化、长三角经济带、海南自由贸易港等三大国家区域发展战略,并于2016年划定了广西东兴、云南勐腊、内蒙古二连浩特等5个沿边重点开发开放试验区,72个沿边国家级口岸,28个边境城市,17个边境经济合作区及中哈霍尔果斯国际边境合作中心等重点沿边合作名录;①对外则扩大外资市场准入、更大规模增加商品和服务进口等,推动我国东中西部陆海区域的均衡开放发展,推动国内与亚欧非大陆、美洲、大洋洲等跨区域双向联动的共赢发展。② 在能源合作的空间联动上,中国需与沿线国家不断创新发展,合力共建,优先形成与周边次区域、重点国家能源合作联动发展的良好局面。如中巴能源经济走廊日益成为"一带一路"建设中创设的重要能源通道,在带动区域能源空间联动发展过程中产生了强大的示范效应。

其次,战略政策联动对联动发展起到基础性的政策保障作用。当前沿线各国提出或已实施形形色色的经济发展、绿色环保战略,绿色"一带一路"框架下的能源合作战略与这些战略有效对接可实现更好的规模效应、更高的联动发展效能。

在能源环境问题日益凸显、碳约束日趋紧张的国际背景下,与沿线区域、国家相关的环境可持续、清洁能源、绿色发展等战略对接与政策协调是战略政策联动的重要前提。绿色"一带一路"区域环境保护、绿色发展合作中涉及诸多清洁能源、可再生能源国际合作事务,对此,应以对接东道国能源战略为抓手,以促进全方位的清洁可再生能源国际合作、协调、联动机制为目标。

为鼓励绿色发展,绝大多数区域国家制定了不同类型、不同程度的清洁能源扶持政策,需要根据现实情况对这些政策进行对接协调。政策协调问题繁多,应因地制宜,充分考虑沿线国家的政策偏好,将可再生能源合作与

---

① 中国政府网.国务院关于支持沿边重点地区开发开放若干政策措施的意见[EB/OL].[2016-01-07].http://www.gov.cn/zhengce/content/2016/01/07/content_10561.htm

② 光明日报.在形成陆海内外联动、东西双向互济的开放格局上率先取得突破[N].2019-09-17(05).

沿线国家、地区的生态环保标准相协同,积极探索在碳排放权交易、碳税、政府补贴等敏感问题上的合作新模式,营造有利于绿色"一带一路"推进的政策环境。

在政策联动上,各国政府及其国内私营部门在绿色"一带一路"建设中扮演的角色愈加重要,使该问题愈加复杂化。因此需要有效协调各方利益,特别以绿色、可持续发展为引导力创造合作机遇,加强政策联动。

再次,产业联动起到充实联动机制、联动体系的作用。近年来,新兴能源产业发展与产业内联动,以及与其他产业的产业联动效应愈加凸显。"新能源+"模式通过新能源产业内联动、与传统产业联动,衍生出各种各样的新业态、新模式,爆发出澎湃的发展动力,促进沿线地区绿色产业升级甚至跨越式发展。如能源互联网对能源相关产业联动提出更高要求,构建能源互联网需在电力(以特高压为主)、网络信息技术、清洁能源、传统能源等产业间实现紧密耦合、谷峰配合,在电气化、智能化等能源发展趋势作用下,有望实现更深入的产业融合。

中国在"一带一路"产业联动中的作用不可替代。近年来中国企业在"一带一路"合作过程中逐渐摸索出主导产业带动国内上下游或关联产业"抱团出海"的产能合作模式。[①] 中国能源企业在"一带一路"能源合作中持续创新,通过 BOOT、EPC、并购、建厂以及不断翻新、灵活实用的合作模式,参与沿线国家传统能源电力基础设施的改造、新能源的开发合作,为区域国家绿色发展、能源产业创新与联动发展做出了突出贡献。

此外,科技创新在联动发展建设中的引领性作用应引起足够重视。科技先行、创新引领是清洁能源合作中的先行性政策配套,与三个联动领域密切配合,将逐步构建起多因素多维度密切作用的有机联动发展体系。

如图 9-1 所示,以"丝绸之路经济带"(清洁)能源绿色联动发展为例,该区域呈现出"两中心、三要素、三联动"的联动发展基本格局:能源绿色联动发展围绕两个地缘中心,一是以中国为代表的能源消费中心,二是以俄罗斯、中亚、中东等能源富裕地区为代表的能源供应中心;[②]资源、技术、资金等三个核心生产要素在两个中心之间自由、广泛地流动。微观层面的要素流

---

① 何帆,朱鹤,张骞.21 世纪海上丝绸之路建设:现状、机遇、问题与应对[J].国际经济评论,2017(5):116-133.

② 俄罗斯、中东等地区除煤炭、石油等传统能源外,天然气、核能、可再生能源等储量也十分丰富,因此仍以它们作为区域能源供应中心。

动在宏观层面的表现是:合作轨迹从装备制造输出到基础设施建设铺展,到逐渐建设起能源通道与能源走廊,再到最终建成区域能源互联网,推进区域国际合作由点到线到面循序渐进地展开。在新兴能源科技突破与合作模式创新的驱动下,绿色"一带一路"(清洁)能源合作从区域、国内、产业三层次将逐渐形成空间联动、战略政策联动、产业联动等多维联动发展的新格局。

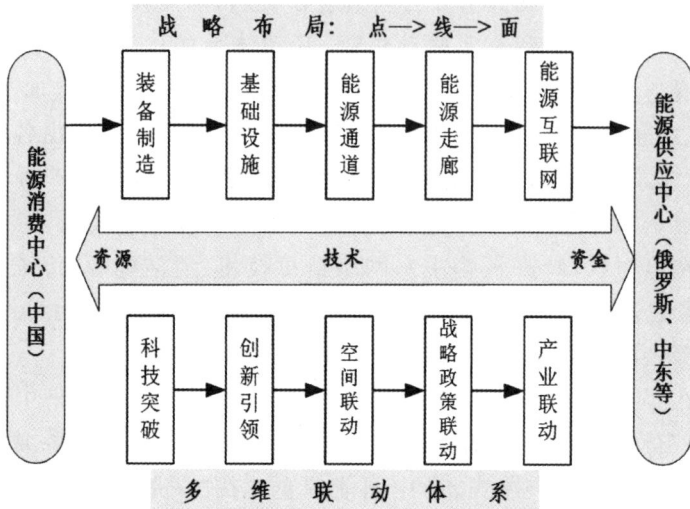

图 9-1　绿色"一带一路"(清洁)能源绿色联动发展示意

　　总之,绿色"一带一路"的推进路径应对内力促绿色转型深入,对外以绿色产能合作为抓手,进一步打造我国与绿色"一带一路"区域的联动发展合作体系,将国内高质量发展与"一带一路"的有力推进密切联动,以科技引领、市场驱动为核心动力,形成区域、国家、产业等多层次联动,内外、海陆多维度联动发展的新格局。

　　综上所述,完善顶层设计、充实战略框架是绿色"一带一路"框架下清洁能源合作战略体系优化中的两个关键性的战略补充,而机制化和联动性是绿色"一带一路"框架下清洁能源合作战略体系优化的两个关键发展向度。清洁能源合作战略优化需在完善顶层设计、充实战略框架的基础上,进一步迈向机制化程度更高、联动性更强的合作方向,最终使区域生态环境共同体与绿色"一带一路"的愿景逐步变为现实。总之,四个领域组成了绿色"一带一路"框架下清洁能源合作战略体系优化的四块"战略基石",四方面的进展与优化将为打造清洁能源合作复合战略奠定牢固的基础。

第四节　本章小结

从宏观上看，稳步推进绿色"一带一路"建设需要从合作战略上着眼于增进政治互信、完善顶层设计、统筹内外布局等大框架方向的稳定，[①]战略规划设计需要统筹全局、协调各方。绿色"一带一路"倡议的提出使中国主导的区域清洁能源国际合作显著推进、能源合作体系持续改善，但绿色"一带一路"框架下的清洁能源国际合作战略仍需继续优化。

绿色"一带一路"框架下清洁能源国际合作的空间布局深度影响着清洁能源国际合作的战略。清洁能源国际合作的空间布局优化需以联合国可持续发展目标为重要参照，加强与联合国 2030 可持续发展议程目标的配合协调；遵循由点到线到面的合作空间布局，发挥经济走廊、能源通道的关键作用；以共建区域生态环境共同体，应对严峻的区域生态环境问题与区域国家生态环保的紧迫现实需求。

在绿色"一带一路"框架下的清洁能源合作战略体系中，战略规划与制度安排模糊、战略框架不充实等问题依然突出。对此，清洁能源合作战略规划应将完善顶层设计、充实战略框架作为夯实合作战略的基础。清洁能源合作战略优化需从长远和中短期规划的角度优化清洁能源合作战略的顶层设计；从优化能源各领域合作机制、构建信息资源与最佳实践共享机制等方面充实战略框架。

机制化和联动性是绿色"一带一路"框架下清洁能源合作体系优化发展的两个核心向度。推进机制化建设，应渐进地完善、创新清洁能源合作体系的机制框架，协调对接现有国际能源合作体系的机制框架，将绿色"一带一路"创新型政策工具作为加强机制化的主要抓手。而在加强联动性方面，区域主要国家可结合现有条件，从空间联动、战略政策联动、产业联动三个层面引导绿色联动发展，使三种联动相互支撑，形成绿色联动发展新空间，打造绿色联动发展新机制。

当前中国正处于以能源革命为核心的世界新产业革命持续发酵与努力实现中华民族伟大复兴的重大历史交汇期。中国应依托"一带一路"建设持

---

① 何光强，许培源.21 世纪海上丝绸之路建设：进展、问题与对策[R]//贾益民.21 世纪海上丝绸之路研究报告(2018—2019).北京：社会科学文献出版社，2019：23.

续推进国际能源合作,实施集多层次的国际能源合作对象、多渠道的国际能源合作形式、多元化的国际能源合作方式、多领域的国际能源合作内容、多任务的国际能源合作进程等于一体的国际能源合作战略。①在完善顶层设计、充实战略框架、深化机制建设、提升联动水平四块"战略基石"上,绿色"一带一路"框架下可打造出集多层次、多元化、多形式、多领域于一体,深度复合的清洁能源国际合作战略体系。

---

① 傅聪.巴黎气候变化大会:欧盟的立场、行动与作用[R]∥黄平,等.欧洲发展报告(2015—2016).北京:社会科学文献出版社,2016:108.

第十章　绿色"一带一路"清洁能源合作
路径:可行情景与基本框架

　　绿色"一带一路"是一个系统宏伟的工程,从理念到实践,从顶层设计到政策实施,从合作制度(机制)到合作项目转化,程序复杂,历时持久,绿色"一带一路"建设因此成为一个曲折渐进的过程。

　　围绕习近平主席关于打造"绿色丝绸之路"的战略构想,探索具有科学性、前瞻性、可操作性的推进路径具有特别重要的意义。绿色"一带一路"合作需在遵循既有格局、规则的基础上进行最大程度的模式、机制创新,探索一条从"愿景目标—顶层设计—约束条件—政策体系"渐进地优化完善的国际合作路径。

第一节　绿色"一带一路"清洁能源合作路径情景展望

　　绿色"一带一路"倡议工程浩大、历程漫长、涉事繁多,清洁能源合作面临各类复杂的影响、挑战与问题。从顶层设计到实施路径,绿色"一带一路"推进需在总结既有模式与经验的基础上,对合作的约束条件做出深入研究与准确预判,对未来发展可行情景做出科学展望,形成理念—政策—实践有机联动的合作体系,在动态调适中不断探索创新模式、积累最佳实践,逐渐摸索出清晰、科学、可操作的合作路径。

一、约束条件分析

当前,绿色"一带一路"清洁能源国际合作之路面临一系列约束条件。

第一,绿色"一带一路"清洁能源合作的理念基础仍很薄弱。由于"一带一路"区域广阔、需求多样、环境复杂,在打造"和平、繁荣、开放、绿色、创新、文明、廉洁之路"的进程中,绿色发展合作意识与共商共建共享理念仍很薄弱。

从理念层面上看,从传统发展模式到绿色发展模式必须经历绿色转型这一过程。绿色发展理念旨在冲破人类中心主义发展观的藩篱,修正人类控制、改造自然的模式,最终对传统发展观形成颠覆性的革命。基于生态文明的绿色发展,要求用新的发展理念重新衡量发展标准,启动绿色发展的新逻辑,激励绿色创新思想渗透,通过提升市民的绿色认知加强观念转变,形成一种自下而上的绿色发展路径。在清洁能源国际合作方面,"一带一路"沿线很多国家发展水平不高,经济发展与工业化仍是其当务之急,因而其很难兼顾环境效应与绿色发展。"一带一路"沿线虽有着丰富的可再生能源、清洁能源储备,但当前大多数国家仅处于清洁能源开发利用的初期阶段,清洁能源使用成本与经济性对区域国家的清洁能源开发利用和能源转型进程影响颇大,这导致清洁能源合作尚未得到足够重视。作为清洁能源国际合作的理念基础,绿色发展理念与绿色合作共识仍有待汇聚。

第二,清洁能源国际合作项目仍难以打破效率低下的困局。绿色"一带一路"清洁能源合作项目从装备制造贸易、基础设施建设,到跨境电力调配与输送、区域能源互联网建设等,往往涉及多个区域、多个国家及地方政府,在规划、设计、评估、建设、运营过程中面临不同的准入程序、规则和标准等,必须经过有效的政策对接协调,才能实现顺利落地。在一些行政效率较低的国家和地区,清洁能源合作项目被拖延时有发生,这也拖累了绿色"一带一路"整体进程。

跨国项目实施效率低下的另一个原因是信息公开与透明度不足、信息不对称。由于绿色"一带一路"项目的规划、设计及实施大多是分散进行,尚缺乏整体性、系统性安排,因此相关数据、资源也难以集中和有效调配。

第三,营商环境影响与合作细节分歧。在"一带一路"合作中,双方政府态度对项目落地的成败发挥着重要影响,因此与东道国政府的有效对接十分关键。在项目落地与企业合作上,国家之间在环保要求、社会习俗、文化价值观等方面存在差异,环境标准、劳工问题等可能标准不一,引起的争议不断,这些细节日渐成为阻碍合作项目顺利落地的重要干扰因素,影响到清洁能源合作的进展。因此需在充分理解这些差异的基础上,以务实有效的策略推进绿色投资与绿色"一带一路"清洁能源合作。

近期我国电力工程企业参与境外投融资项目还面临"签约难、生效难、落地难"的困境。近年传统的 EPC、EPC+F 业务模式面临巨大挑战,主要体现在：部分国家主权债务违约风险加大,金融机构暂缓放贷,融资框架项目急剧减少,合作国普遍要求国际承包商通过投资参与其项目建设;我国企业项目融资主要还是依赖主权担保,项目融资、次主权担保模式难以被普遍接受;企业融资渠道窄,融资成本高,融资难度大,资金落地困难;我国对企业对外投资监管严格,审批程序和时限不能满足企业对外投资决策需要。①

第四,可再生能源的可持续发展问题。最直接的矛盾聚集在可再生能源开发对环境的负面影响上,如可再生能源设施及电力发展需占用宝贵的土地资源;从森林和农业中提取生物质能对生物多样化和生态系统造成负面影响;大规模水力发电对环境和社会的影响尚难以进行科学衡量;可再生能源开发严重依赖稀有的矿产资源(如稀土、锂、钴等),采矿导致污染增加、森林面积减少、环境破坏等问题。在深受资源民族主义思潮影响的地区,相关国家在可再生能源开发合作中,必然将环境与资源问题作为重要的考量因素,这就对可再生能源的可持续发展形成障碍。

可再生能源开发仍难以脱离间歇性、分散性等结构性特征,与传统火电系统兼容困难。随着可再生能源发电机组比例提高,未来火电机组将从基荷电源转变为备用电源,在可再生能源发电高峰期,大量火电机组要停摆或低负荷运转,以保证可再生能源机组优先发电;而当可再生能源发电回落时,火电机组又要承担电网的主要负荷。这对火电机组的灵活性提出了更高的要求,但现今火电机组规模大、灵活性差,且 600MW 的超临界机组如果低负荷运行,煤耗和排放会大幅增加,反而有悖于节能减排的目的。②可再生能源电力与主电网系统之间的兼容问题因此成为束缚可再生能源可持续发展的一个技术性难题。

第五,绿色"一带一路"区域国家间及国家内部的能源转型政策协调问题。国家能源转型受经济结构、能源效率、消费模式、人口密度和气候条件

---

① 商务部,中国对外承包工程商会.中国对外承包工程发展报告(2019—2020)[R]. 2020:3.

② 朱彤.能源转型中我国电力能源的结构、问题与趋势[J].经济导刊,2020(6):48-53.

等多种因素影响,由于不同国家追求不同的能源目标与转型效用,因此在能源转型进程中,国家间能源政策冲突、经济摩擦、产业竞争等问题难以避免,从而影响绿色"一带一路"清洁能源合作路径选择及进展成效。

在国家内部,供电、供热、供气、交通等能源利用相关部门隶属于不同部门规划、管理与运营,能源子系统之间的固有藩篱使得多能源链之间协同较少,互联互通有限。这导致了一系列国内能源衔接问题:各行政层级可再生能源规划不协调,使能源转型进程慢于预期;电网规划与可再生能源开发规划缺乏衔接,使电网建设滞后于可再生能源发展;等等。国内能源系统的不协调将导致国际合作的无从开展或效率低下,因此需打破各种现实的制度、系统障碍,加强可再生能源更多元的类别与更复杂的生产、流通、储存流程之间的协调衔接与互联互通。

总之,绿色"一带一路"清洁能源合作中存在绿色发展合作理念淡薄、合作效率低下、合作细节争议,以及可再生能源可持续发展难题、能源转型政策协调问题等现实约束条件,因此需要战略对接、政策协调、项目磋商等艰巨而繁琐的工作,以保障合作的顺利推进。

二、可行情景分析

可行情景是对未来情景、愿景目标的形象描绘与展望,使情景规划尽可能接近现实,从而可以使决策者、项目参与者以及公众等从认知、情感上理解未来趋势,并为此情景做好充分的政策应对与心理准备。因此,可行情景展望与科学规划对于愿景目标的实现有着重要作用。

绿色"一带一路"愿景是在严格遵循生态文明、绿色发展和可持续发展理念的基础上,通过共商共建共享,使"一带一路"区域生态环境良好、产业繁荣、创新活跃,最终走上共同繁荣的绿色可持续发展之路。根据发展现实、约束条件、目标前景等影响因素,可演绎出绿色"一带一路"清洁能源合作三种未来可行情景,如表 10-1 所示。

表 10-1　绿色"一带一路"清洁能源合作的三种情景

可行情景	发展现实	约束条件	目标前景
顺利推进	顶层设计较完整;战略政策协调有序;联动发展、"五通"顺畅;快速直线上升路径	约束条件较少,或不会遇到比较棘手的推进难题	合作共赢、开放包容、绿色发展的"一带一路"成为现实,愿景目标实现

续表

可行情景	发展现实	约束条件	目标前景
曲折渐进	顶层设计有待完善；战略政策协调时有不足；联动发展、"五通"水平亟须提高；螺旋形上升路径	受到内外诸多因素影响，推进中充满各种已知或未知但总体可以克服的问题与挑战	曲折渐进地达成愿景目标，抑或在规划时间延迟、质量降低的前提下完成总体目标
冒险失败	顶层设计存在难以弥补的缺陷；政策协调不顺；联动发展、"五通"不畅；螺旋形下降或骤降的退化路径	绿色发展失败；外部面临域外大国对冲、负面舆论及其他外部问题的冲击；内部对接协调不力、陷入"绿色转型陷阱"、沿线国家消极或反对合作	绿色发展之路受挫，区域合作与国家发展退回原态或更弱状态

在"顺利推进"情景下，在我国与沿线各国的共同努力下，绿色"一带一路"清洁能源合作体系遵循顶层设计发展思路，区域、国家间战略政策对接协调有力、联动密切，清洁能源"五通"得以顺利实现。绿色"一带一路"合作引领各国向绿色发展转型，绿色发展理念逐渐深入人心，在规划设计期限内，合作共赢、开放包容、绿色发展的"一带一路"成为现实，愿景目标实现。

"曲折渐进"情景是一种渐进式发展情景。此情景下风险挑战因素将对未来趋势产生重大影响，绿色"一带一路"清洁能源合作受到内外诸多因素困扰和影响，推进将充满荆棘，除了已被认知和识别的现有问题与挑战，随着绿色"一带一路"的深入推进，还可能衍生出更多未知问题与风险，受这些因素影响，绿色"一带一路"发展轨迹呈现出螺旋形上升的曲线，在共商共建共享原则及中国的坚定引领下，最终克服重重困难，曲折达成愿景目标，抑或在规划时间延迟、质量降低的前提下完成总体目标。

"冒险失败"情景是绿色"一带一路"清洁能源合作最悲观的一种发展情景。冒险失败的原因可能是来自域外敌对国家的强力干扰与破坏，如"五眼联盟"对"一带一路"的围堵产生突出效果，政治和意识形态敌对国家撕毁合作协议，大量针对绿色"一带一路"的负面舆论导致沿线众多国家退出合作规划，等等，这些挑战都存在现实发展的土壤。失败原因也可能是区域合作发展受阻、对接协调不力等；或由于沿线国家出于现实考虑不愿推进能源转型、采用绿色发展模式，消极应对或反对国际合作；或由于沿线国家采取与自身发展实际不相匹配的清洁能源发展合作战略，陷入"绿色发展陷阱",不得不倒退回原来的发展轨道;或由于缺乏强有力的领导国家,缺少具有示范效应的合作项目,区域协调、绿色可持续的发展之路难以走通,绿色"一带一路"最终难以承担起引领"一带一路"绿色发展的重任。

从以上三种可行情形中,可分析出最贴近未来现实的可行情景。考虑到以现有主权国家为核心的国际关系体系惯性影响依旧强大,以西方自由主义为基础的国际政治经济秩序依然维系,绿色发展与绿色转型下的清洁能源合作仍然面临诸多现实问题,顺利推进只能是一种理想状态。然而在"中国模式""中国方案""中国智慧"日渐增强的影响下,中国的区域影响力与绿色发展引导力已然成为绿色"一带一路"持续推进的强大动力。在中国强大的核心驱动力以及与区域国家的共商共建共享下,多种现实约束与不断出现的问题挑战虽会造成一定阻力,但区域清洁能源合作体系将逐步优化,能源系统将逐渐向清洁、低碳、安全、高效转型,绿色"一带一路"愿景也将在曲折中渐行渐近。因此,"曲折渐进"情景将是最接近现实的可行情景,绿色"一带一路"能源合作政策体系的完善需立足此可行情景,选择适配的政策工具与最优化的政策组合。

三、理念—政策—实践的动态调适

绿色"一带一路"合作路径完善是一个不断弥合愿景目标、可行情景与发展现实之间差距的过程。在绿色"一带一路"的推进过程中,清洁能源合作需把握好从愿景目标到可行情景,从顶层设计到政策选择、实践成效的动态一致。因此,绿色发展与清洁能源合作深化需在理念—政策—实践之间建立密切的有机联动。

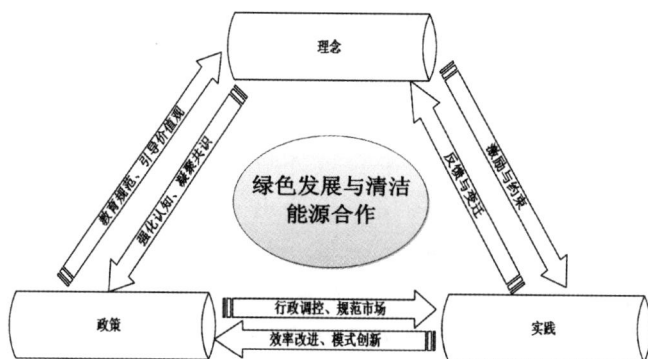

图 10-1　绿色发展与清洁能源合作的理念、政策与实践逻辑关联

如图 10-1 所示，围绕绿色发展与清洁能源合作的理念、政策与实践三者之间呈现相辅相成的逻辑关联。从理念层面强化认知、凝聚共识，可以促成政策的布局与落地，政策则从教育规范、引导价值观方面对理念进行疏导；政策将通过行政调控、规范市场等手段促进实践的推进，实践则反过来倒逼政策效率提高与模式创新；理念与实践之间的关系寻常论之，理念对实践起到激励或约束作用，而实践的进展则可反馈出理念是否具有价值与方向，并触动理念的变迁。

虽然当前全球能源地缘格局正经历剧变，但政府仍是重塑能源体系、推动全球能源变革的最重要力量。面对非常规能源开发带来的种种不确定因素，只有政府能够营造决定能源创新和投资的环境，只有政府能够向业界传递关于能源行业未来发展道路的明确信号和清晰方向。①政府努力促成能源转型实践与新发展理念之间的有机联动，并积极协调绿色发展目标、政策与公众行动的一致性，将对绿色发展与清洁能源合作起到不可或缺的保障作用。

而在国际合作领域，绿色发展合作、区域融合的有序推进很大程度上依赖于从国家到地区发展理念、合作思维的转变，发展理念与合作思维的转变成为区域绿色协调、可持续发展的关键要素之一。因此绿色发展与清洁能源合作的国际实践也有赖于政府间合作理念的进化与演变。

针对以上绿色发展与清洁能源合作的现实问题，各国政府应采取新理念、新思路以应对不可逆转的能源转型、能源革命潮流，针对能源转型与革命带来的科技、气候、经济、政策的不确定性，填补知识信息鸿沟，引领社会认知与国民观念的转变。在清洁能源合作中，需要各国政府、国际组织、私营部门乃至市民社会等各层次行为体采取更多、更集中、重点突出、协调一致的行动，探索可操作的能源政策组合，使理念—政策—实践高度协同。

第二节　绿色"一带一路"清洁能源合作推进路径

随着绿色"一带一路"的推进，清洁能源合作战略体系的不断优化，绿色"一带一路"清洁能源合作推进路径正变得日渐清晰：在深化"一个中心"绿色发展理念基础上，中国与绿色"一带一路"区域国家两个主要行为体携其

---

①　国际能源署. 世界能源展望 2019（执行摘要）[R].2019:5.

他次要行为体一道,从区域层面的能源转型与升级、国家层面的绿色科技创新与传播、产业层面的绿色产能合作与融合等合作领域,依托优化顶层设计、充实战略框架、深化机制建设、提升联动水平四块重要的"战略基石",着力加强清洁能源"五通",逐步完善政策体系。

一、深化"一个中心"绿色发展理念

绿色发展是绿色"一带一路"的核心发展思路。它从发展观念上冲破人类中心主义发展观的藩篱,形成对传统发展观的颠覆;从发展模式上颠覆传统工业化的发展模式,通过环境革命跳出"发展—污染—治理—再发展"的怪圈;从发展前景看,绿色发展是一种在有限的环境和生态承载能力下实现可持续经济增长的新途径,展现出一种别样的、典型的工业经济增长前景。

绿色发展理念支撑绿色"一带一路"由内向外延伸,使区域获得源源不断的可持续发展、绿色发展动力。公众认知、理念与舆论成为影响清洁能源国际合作的重要因素,而积极引导社会公众对可再生能源创新与能源转型的认知、理念与舆论,是弥合能源转型与国际合作过程中理念鸿沟的关键。

未来,无论是在国家,还是区域及全球层面,政策决策者、私营企业、市民社会组织乃至普通消费者在能源转型与清洁能源合作事务中将扮演越来越重要的角色,这些日益复杂多元的利益相关方的第一要务是就能源转型与绿色发展达成共识。深化绿色发展理念需要在凝聚绿色发展合作共识的基础上,推广能源转型与绿色发展最佳实践,不断增强各相关方的认知、理念及信心,最终使绿色发展理念与能源转型进程高效协同,共建绿色"一带一路"。

二、深入推进"两主体"在"三层面"的合作

绿色"一带一路"为清洁能源国际合作,为区域绿色发展、清洁能源开发带来了新机遇,开拓出广阔的市场新空间,绿色"一带一路"也成为中国引领区域绿色发展、清洁能源产业合作的重要平台。随着中国与区域清洁能源合作的不断深化,中国在绿色"一带一路"国际清洁能源领域中的引领性地位日益突出,在推动区域清洁能源项目落地与产业技术转移中发挥着日渐重要的影响与作用。中国日渐成为绿色"一带一路"清洁能源合作体系中的核心主体角色,而区域合作中的对象国则可视为一个整体性的主体角色,"两个主体"的简化区分有助于更好地认知和理解中国在合作体系中的角色、地位、影响,也有助于更好地观察和分析中国与区域合作对象国之间的互动逻辑与合作动态。

从区域、国家、产业三个层面可以比较全面地展现出中国与绿色"一带一路"区域国家两个主体之间的合作脉络、深度与广度等，中国正从区域层面上引领区域能源转型升级，从国家层面上促进清洁能源技术创新与传播，从产业层面上推动绿色产能合作与产业融合。中国在绿色"一带一路"清洁能源国际合作中的战略定位愈清晰，合作路径的脉络走向就愈清晰。

两个主体在区域、国家、产业三个层面上的合作从宏观到微观，各有侧重、互促互构、相辅相成，三个层面的合作综合体现出中国在绿色"一带一路"清洁能源合作中的主导性地位，以及区域国家在绿色"一带一路"清洁能源合作中的主体性地位。总之，深入推进"两主体"在"三层面"的合作是清洁能源合作路径优化的关键环节。

三、巩固四块"路径基石"

完善顶层设计、充实战略框架、深化机制建设、提升联动水平是清洁能源国际合作战略优化的四块"战略基石"，起到统领全局、提纲挈领的作用，为战略优化指明方向。清洁能源合作路径需要更细化的政策布局与实施，而完善政策体系、创设合作平台、加强对接协调、促进绿色"五通"四个方面则可视作清洁能源合作中的四块"路径基石"，对绿色"一带一路"清洁能源合作起到稳基固本的作用，为深化合作路径打下深厚的根基。

（一）完善政策体系

第一块基石是完善清洁能源合作政策体系。战略规划与政策框架等顶层设计涉及总体战略布局，追求宏观、长远、高屋建瓴，而具体施政则需精准、实效、因地制宜。完善绿色"一带一路"清洁能源合作政策体系需在政策对比中总结、探索更多新型政策工具，创新合作模式，寻求最优政策组合。

第一，动态调适，选择最优政策组合。绿色"一带一路"推进过程中会受到各种因素与现实问题的约束与影响，绿色"一带一路"能源合作政策体系完善是一个不断弥合愿景目标、可行情景与现实情景之间鸿沟的过程，因而探寻最优政策组合是从动态角度寻求最契合愿景目标与最适合现实发展需求的政策的过程。在绿色"一带一路"的推进过程中，政策体系完善与最优政策选择应把握好从愿景目标到可行情景，从顶层设计到政策选择的动态一致性，动态跟踪不同区域、不同阶段、不同时期的发展合作现实态势，据此对政策组合、实践成效等进行适时评估、调适，不断摸索出更适合的政策工具与合作模式，使绿色"一带一路"合作政策体系的更新完善与现实发展动态相适应，最终使合作政策体系更精细、更优化。

第二,细分目标,明确基本条件。绿色"一带一路"推进中应按照战略规划确定方向、重点、目标和任务,根据不同发展阶段,将目标细分为可操作、可评估的具体目标,明确不同区域、不同发展阶段、不同工业化进程国家的现实条件、主要障碍、重点领域等,突出重点,补足短板,重视政策体系的阶段性特征,出台具有针对性的应对措施。

如应重点抓住新亚欧大陆桥(259.85GW)、孟中印缅(177.74GW)及中非合作机制(141.084GW)三个可再生能源总量达 100GW 级别的重点可再生能源市场开发的战略性发展机遇,以光伏、风电为主线,积极开发生物质、地热能项目,研究共同推进可再生能源合作的实施方案、行动路线图。[①] 在宏观规划与顶层设计的基础上,对于发展现实与动态情景,从政策目标、基本条件、具体措施等方面进行细化、评估与调适,结合现实要素,对国内外绿色发展合作的模式与政策进行全方位对比分析,不断摸索出更适合的政策工具与合作模式,使绿色"一带一路"合作路径更精细、更优化。

第三,谨慎论证,优化决策审查。中国(企业)普遍缺乏对合作东道国的信息与情报掌握,这是其在国际合作中的一个软肋,东道国国内政治经济细分领域的细微变化有可能对国际合作造成巨大风险,导致投资损失。以电力合作领域为例,应在投资合作决策之前进行科学化论证与决策审查,采用尽职调查等方式,对东道国外交策略、社会与安全形势、法律体系完备性、风险评级、经济发展现状与趋势、资本市场与金融体系、产业政策等宏观动态,以及电力供需形势、电力结构与规划、电网体系与消纳能力、电力市场体系与交易规则、电价确定机制、电费回收保障机制、电力投资竞争格局等微观动态进行细致研究,对市场选择的必要性、可行性及面临的机遇与风险进行深入分析,编制国别市场分析报告,系统研究潜在风险,以制定相应的应对策略。[②] 谨慎论证投资合作的可行性,并进行科学化的审查决策,既能提升合作效率,又能有效防控风险,对清洁能源合作进展与合作政策体系优化可起到事半功倍的效果。

(二)加强对接协调

第二块基石是加强对接协调。由于绿色"一带一路"沿线国家国情和发

---

① 中国新能源海外发展联盟."一带一路"可再生能源发展合作路径及其促进机制研究[R].2019:58.

② 商务部,中国对外承包工程商会.中国对外承包工程发展报告(2019—2020)[R].2020:110.

展阶段不同,利益诉求、合作动机、机制制度、对接能力等也各有差异,清洁能源合作战略对接与政策协调是"一带一路"走深走实的重要保障,是关系绿色"一带一路"推进成效的重要影响因素。

首先,清洁能源合作战略对接与政策协调应当抓住不同区域、国家间双多边战略对接与政策协调的重心。与国际、区域多边组织机制的战略对接相呼应,国家间战略对接是"一带一路"建设基本格局中的另一个重要层面,两者从宏观、中观两个维度构建起"一带一路"框架下的战略协调机制。国家间战略对接与政策协调根据国家间关系性质与相互意愿实现难度不一,相对而言,国际、区域合作组织机制的战略对接与政策协调中相关行为体更多元,涉及事务更广泛,因而对接协调工作更加繁琐,难度更大,这就形成了国际合作战略对接协调中以国家间双边战略协调为主流的基本格局。而在一体化程度比较高的区域(如欧盟),战略对接协调中以与国际化、区域化多边合作组织机制的战略对接与政策协调为主,则可能起到事半功倍的效果。可见,因地制宜推进区域多边、国家双边两层面战略对接协调,使其密切配合,可保障战略对接协调更为顺畅。

当前"一带一路"沿线国家根据其发展需求出台了形形色色的经济振兴、绿色发展战略,如俄罗斯"欧亚经济联盟"战略、哈萨克斯坦"光明大道"战略、沙特阿拉伯"西部规划"、波兰"负责任的发展战略"等,这些发展战略各有侧重,战略目标也不尽相同。绿色"一带一路"倡议与这些战略对接不但涉及对象国家内部不同层级、不同角色、不同部门的利益关系,还可能涉及其所在地区及相关国际组织之间错综复杂的网络关系,因此对接脉络异常繁多,内容异常庞杂。

"一带一路"倡议实施过程中战略对接工作复杂而艰巨,需坚持以战略眼光、战略思维审视全局,抓住对接主线,突出重点,才能有的放矢。对于绿色"一带一路"各国而言,需在充分照顾各方利益和关切的基础上,凝聚共识,将共识转化为行动,按照战略对接、规划对接、平台对接、项目对接的工作思路,形成更多可视性成果,实现优势互补,促进共同繁荣发展。[①]

当今,在日益严苛的国际碳约束条件下,绿色"一带一路"沿线国家争相将绿色可持续发展作为未来国家发展的核心目标,因此,推动沿线相关国家在绿色发展战略上的有效对接协调是战略对接与政策协调的主线之一,或

①　新华网.共建"一带一路"倡议:进展、贡献与展望[R].[2019-04-22].http://www.xinhuanet.com /2019-04/22/c_1124400071.htm.

将起到提纲挈领的作用。

其次,中国应积极引领并加强与沿线重点国家之间的绿色发展战略对接与政策协调。中国十分重视绿色"一带一路"发展合作的战略性布局,发布了《关于推进绿色"一带一路"建设的指导意见》《"一带一路"生态环境保护合作规划》等规划文件,逐渐完善了绿色"一带一路"建设所需的顶层设计框架,《"一带一路"绿色投资原则》作为新兴政策工具的代表,则为区域绿色投融资合作指明了方向,提供了合作新动力。中国还在与沿线共建国家取得共识的基础上,结合现有国际区域合作机制,引导设定绿色"一带一路"相关合作议题。这些举措对促进"一带一路"国家间绿色发展战略的对接协调起到积极的引领作用。

中俄在战略对接上一个成功的典型是"一带一盟"。中国主推的"一带一路"倡议与俄罗斯主导的欧亚经济联盟(大欧亚伙伴关系)对接进展顺利,对于对接过程中最重要、最务实的能源合作,中俄两国已在传统能源贸易、合作开发、能源基础设施建设等领域广泛合作,而在可燃冰、氢能、核能、特高压输电、可再生能源等清洁能源领域,技术研发与合作也正循序展开,合作空间广阔。在"一带一盟"框架下,中俄不仅可以巩固和深化双边能源合作,还将开展更大范围、更多形式的多边能源合作,逐步建成以两国为核心的区域"能源合作俱乐部"。中国与巴基斯坦在紧密的双边关系促进下,清洁能源发展战略对接也进展顺利,以中巴经济走廊为对接前沿区域,中巴清洁能源合作战略协同性不断提升。

再次,首脑外交、高层外交将在战略对接与政策协调中发挥日益重要的作用。双多边首脑外交、高层外交日益对"一带一路"区域国家间战略对接、政策协调起到一锤定音的作用。随着"一带一路"建设持续推进,中国与沿线国家从首脑会谈、高层互访,到主题会议、论坛等形形色色经济外交活动,双多边互动愈加频繁,有效促成了合作倡议的落实以及各国发展战略的对接协调。近年来,中欧之间以绿色可持续发展合作为目标,以中欧环境与气候高层对话为引领,以现有的中欧环境政策部长对话会、中欧部长级气候变化对话机制为基础,建立多主体、多层次、多形式的中欧环境与气候高层对话合作机制框架,深化政府间的环境和气候合作。

2019年4月"一带一路"能源合作伙伴关系成立仪式在北京举行。来自30个伙伴关系成员国及5个观察员国的能源部长、驻华大使、能源主管部门高级别代表出席成立仪式。"一带一路"能源合作伙伴关系致力于推动政府间政策交流与合作意向沟通,搭建双多边项目合作与技术交流平台,推动能源领域务实合作,该机制的建立为中国与沿线 30 多个能源伙伴关系国家提供了战略对接与协调便利,也将对清洁能源国际合作产生重要影响。

而在具体操作层面上,绿色"一带一路"国际合作需对接联通区域绿色发展政策、加强绿色投融资体系建设、鼓励引导绿色贸易、多边建设国际性与区域性生态环境合作机制等重点方向,以及建设区域生态环保大数据服务平台、引入碳定价与贸易机制、优化绿色供应链管理系统等创新性的绿色发展具体方案等。

总之,主线突出的双多边战略对接与政策协调、区域大国引领下的国家间战略对接与政策协调的务实合作,以及首脑外交、高层外交推动下清洁能源合作战略机制的构建等一系列努力为绿色"一带一路"国际合作打下了深厚的政治基础和政策保障,战略对接与政策协调将促成沿线国家在清洁能源投资贸易、清洁能源基础设施建设与产能合作、绿色化园区建设,以及绿色投融资、区域绿色发展合作等领域达成共识,进一步提升国家间合作战略的协同性、协调性。

(三)创设合作平台

第三块基石是创设清洁能源合作平台。绿色"一带一路"清洁能源合作平台尚不充足。绿色"一带一路"清洁能源国际合作近年方兴,缺乏专属的交流合作平台,以协调能源转型与能源政策、绿色发展战略等。绿色"一带一路"规划也对中国清洁能源合作平台创设提出了新要求:规划建设一批绿色产业合作示范基地、绿色技术交流与转移基地、技术示范推广基地、科技园区等国际绿色产业合作平台,打造"一带一路"绿色供应链平台,可为中国引领绿色发展与能源合作提供保障。[①] 因此,促成绿色"一带一路"国际能源合作体系中的平台创设,创新沿线国家能源合作模式与布局方式具有重大意义。中国可从以下层面着手创设清洁能源合作平台。

从全球层面,在现有多边国际合作组织框架内搭建新的能源合作平台。中国积极参与联合国、上合组织、金砖国家集团等多边综合组织框架内的国际能源治理,与国际能源署、国际能源论坛、国际可再生能源署、清洁能源部长级会议等专业国际能源合作组织与机制签订了一系列合作规划、协议、备忘录,并根据需求适时创设新平台。中国促成了亚太经合组织可持续能源

---

① 新华网.共建"一带一路"倡议:进展、贡献与展望[R].[2019-04-22]. http://www. xinhuanet.com /2019-04/22/c_1124400071. htm.

中心的设立,该中心是中国政府主导的能源领域首家国际合作机构,是亚太经合组织能源领域两大研究实体之一,定位为为组织各经济体提供可持续能源技术合作的平台。中国与国际可再生能源署共同创设的国际能源变革论坛,在推动国际能源变革、深化清洁能源合作交流上发挥出重要的平台性作用。中国在引领这些新合作平台创设的同时,将倡导的合作与发展理念注入其中,深入推进清洁能源国际合作与绿色发展。多边组织框架下不断增加的新平台使清洁能源国际合作机制与内容日渐丰实。

从"一带一路"区域层面,整合已有绿色"一带一路"清洁能源合作平台。绿色"一带一路"成为整合清洁能源合作平台的重要抓手:"一带一路"倡议与欧亚经济联盟协调对接产生的"一带一盟",为区域国家在能源贸易、天然气开发,以及核能、可再生能源等领域开展深入合作提供了重要平台;2019年5月,中国—欧盟能源合作平台正式启动,旨在推动中欧能源深度合作与清洁能源转型。"一带一路"合作中还陆续创设了能源合作俱乐部、能源合作伙伴关系等新的能源合作机制,在区域(清洁)能源合作中的平台作用日益凸显。

从"一带一路"次区域层面,与东盟、阿盟、中东欧等次区域机构共建新的清洁能源合作平台。中国依托"一带一路"积极实施中国—东盟清洁能源能力建设计划,推动中国—阿盟清洁能源中心和中国—中东欧能源项目对话与合作中心建设;通过建立东亚峰会清洁能源论坛等,推动能力建设与技术创新合作,已为18个国家提供了清洁能源利用、能效等领域的培训。① 次区域清洁能源合作新平台已成为绿色"一带一路"清洁能源合作体系的重要组成。

从国内层面,调动不同层次职能机构创设相关信息服务平台。中国能源企业特别是新能源企业尚属国际市场新手,对绿色"一带一路"合作对象国政治经济、社会文化、法律法规、投资环境等信息掌握滞后,对项目申报通道和流程、环境及劳工标准等政策了解不足,严重影响企业科学决策、项目实施与市场开拓。因此国内不同层次职能机构有必要创建相应的信息服务平台以帮助企业规避相关风险。如:中国商务部等职能部门应充分发挥其信息资源优势,建设境外投资公共服务平台,为企业海外投资提供各方面信息;相关金融机构应充分利用其海外分支机构众多的优势,加强对"一带一路"沿线国家投资信息数据库的建设,为企业开展信息咨询和业务指导;

---

① 国务院新闻办公室.新时代的中国能源发展(白皮书)[R].2020.

相关行业协会、商会和中介组织等应努力为企业提供投资信息交流和风险预警的平台。①

（四）促进绿色"五通"

第四块基石是促进绿色"五通"。"五通"不仅仅是"一带一路"的核心目标和宏伟愿景，也是"一带一路"推行过程中重要的战略杠杆。"五通"的实现是一个动态而渐进的过程，构建起区域化、国际化、绿色化的"五通"，有赖于市场深度融合、资源高效配置、能源领域技术装备和工程服务合作。② 绿色"五通"可作为绿色"一带一路"的战略杠杆，其高效推进将为绿色"一带一路"区域能源合作与区域一体化带来新气象。

建设绿色"五通"，需以政策沟通为先导。2016 年，东盟批准《东盟互联互通总体规划 2025》，这是一个进一步改善本地区互联互通状况的战略性指导文件，与中国"一带一路"倡议的目标、原则等高度契合，成为双方加强经贸互利、联动发展的新抓手。2020 年 4 月，东盟发布了涵盖交通、能源、信息通信等领域的基础设施互联互通 19 个优先项目清单，并提出总体实施建议。③ 在交通运输、通信工程、电力工程建设等基础设施相对薄弱的非洲，区域各国将基础设施建设列为发展的首要议题，并加强区域互联互通建设，致力于一体化、工业化和城市化"三化"建设，旨在通过加强基础设施建设来带动区域经济发展。④ 在不断加强的战略政策对接与协调下，政策沟通的效应将日益凸显，中国也将在基础设施建设互联互通中发挥越来越重要的作用。

清洁能源基础设施互联互通是绿色"五通"的重要保障。基础设施的充分互连是互操作性、竞争性市场和更灵活供应的基本标准。绿色基础设施的互联互通为建成绿色"一带一路"提供物质保障。互联互通可增强清洁能源的可得性，通过其他方式促进可再生能源部门的成长；互联互通可与更广泛的消费者群体建立新的联系，为可再生能源开发商提供替代融资安排，从

---

① 张述存."一带一路"战略下优化中国对外直接投资布局的思路与对策[J].管理世界，2017(4):1-9.

② 张敏."一带一路"建设中如何实践绿色发展理念？[J].区域经济评论，2017(6):5-7.

③ 商务部，中国对外承包工程商会.中国对外承包工程国别(地区)市场报告(2019—2020)[R].2020:37.

④ 商务部，中国对外承包工程商会.中国对外承包工程发展报告(2019—2020)[R].2020:37.

而降低资本成本与风险;供需者的多样化可将更多分散的可再生能源整合到电网中。①

清洁能源(如天然气、可再生能源等)、电力的互联互通可加快绿色"一带一路"建设进程。在相关区域的迫切的现实需求与积极的战略政策对接下,区域政治和经济融合更紧密,合作实践更频繁,区域能源互联互通网络新格局逐渐成形。以已经成形和正在兴建的电网、天然气管道网络为基础,区域性清洁能源互联网的基本框架正次第铺展开来。

在"一带一路""五通"蓝图规划下,中国与俄罗斯、蒙古国、老挝、缅甸、越南等周边国家已建成十余条电力互通线路。绿色"一带一路"电力互通可借鉴北欧 Nord Pool 模式,从最初成员国联通对接逐步扩大区域电力互通范围。中国需在区域电网建设和联通中发挥主导作用,率先打通与条件较为成熟的俄罗斯、蒙古国、哈萨克斯坦和巴基斯坦等国家电网的互联互通,并通过建立区域电网储备共享机制、国家和省级电力实时平衡调度系统与电力交易中心等优化互通网络,逐渐实现与东盟国家、中亚国家乃至更远端的国家的电网联通。

"一带一路"天然气管道网络建设在中俄东线天然气管道项目、中亚天然气管道项目、中缅天然气管道项目等项目上取得了突破性进展。特别是2019 年 12 月,世界最长的天然气管线——中俄东线天然气管道工程通气,成为中俄能源合作的重要阶段性成果、"一带一路"的示范工程项目。今后中国需继续引领中俄天然气管道、中亚天然气管道等主干管网的支脉建设,扩充新管网,加强管网间的互联互通,打造出更成熟的天然气互联互通网络。

绿色贸易与投融资合作是清洁能源"五通"需要聚焦的重点方向。加强区域清洁能源经贸往来与投融资合作,将有效促进贸易畅通、资金融通。绿色"一带一路"建设使中国—中亚—西亚走廊区域天然气贸易、东亚区域跨境电力贸易等绿色贸易日益兴盛,《"一带一路"绿色投资原则》等新兴政策工具为绿色投融资合作提供了新动力,多方合力构建起绿色金融、绿色贸易畅通的新格局。

民心相通是清洁能源"五通"需要打通的关键节点。区域相关国家可通

---

① The Economic and Social Commission for Asia and the Pacific(ESCAP), United Nations. Electricity Connectivity Roadmap for Asia and the Pacific: Strategies Towards Interconnecting the Region's Grids[M]. Thailand:Bangkok,2019:13.

过民心民意的密切交流、沟通,自下而上打通清洁能源合作的关键节点,扫除社会运动、民粹民族主义思潮等合作障碍。中国可引领区域国家充分发挥清洁能源来源多样、储藏丰富的优势,深度展开清洁能源基础设施建设、聚焦能源民心工程等,并逐渐渗透到公共卫生、生态环保等民生领域,使民心交融、社会文化融合成为自下而上推动绿色"一带一路"的强大动力。

此外,"五通"也蕴含着"软基础设施"联通的重要涵义。"软基础设施"战略协调因难见巧,"软基础设施"联通起到战略杠杆的作用。绿色化"软基础设施"联通可兼顾经济、社会与环境效益,有助于加强区域绿色合作。绿色"一带一路"若能在顶层设计上促成绿色标准、绿色规则等"软基础设施"对接,如通过加强绿色"一带一路"区域国家间在环保法制、气候变化目标等领域的政策对话,推动绿色低碳标准、行业产业标准的对接等,则可使清洁能源合作战略协调、标准对接更加顺利。

鉴于绿色"五通"在绿色"一带一路"框架下的战略协调中的重要价值,注重前沿性、竞争性强的"软基础设施"联通合作,可对绿色"一带一路"框架下的战略协调起到牵一发而动全局的战略杠杆作用。如中国可以特高压交直流、智能电网技术标准等优势技术率先建立起一整套国际绿色认证标准体系,积极掌握标准制定主导权,贡献于区域"软基础设施"联通。

第三节　清洁能源合作路径的基础框架

清洁能源国际合作需在绿色发展理念的主导下,以中国和区域国家两个共建主体及其他次主体,在绿色"一带一路"区域、国家、产业三层面加强合作,并强化清洁能源国际合作四块"路径基石"的基础作用。完善政策体系,需从动态调适,选择最优政策组合;细分目标,明确基本条件;谨慎论证,优化决策审查等三方面着手。加强对接协调,需抓住不同区域、国家间双多边战略对接与政策协调的重心与着力点,以推动沿线相关国家在绿色发展战略上的有效对接协调为主线,重点发挥首脑外交、高层外交在战略对接与政策协调中的重要作用;创设合作平台,需分别从全球、"一带一路"区域、次区域、国内等四个层面找寻机会;促进绿色"五通",需以政策沟通为先导,以清洁能源基础设施互联互通为重要保障,以绿色贸易与投融资合作为重点方向,打通民心相通的关键节点。

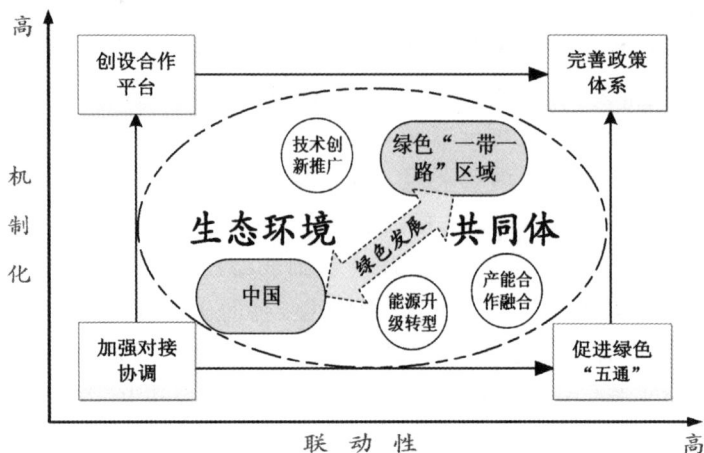

图 10-2 绿色"一带一路"清洁能源合作路径基本框架示意

如图 10-2 所示,以机制化和联动性这两个绿色"一带一路"框架下清洁能源合作战略体系优化的关键向度为衡量尺度,三层面合作、四块"路径基石"分别处于不同的机制化和联动性水平上。能源升级转型合作有一定的联动性,但机制化程度不高;产能合作融合联动性水平较强,机制化水平也不足;而技术创新推广已具备较高的机制化水平,联动性方面则稍逊。四块"路径基石"也各自处于不同的联动性与机制化水平上:加强对接协调是加强联动性与机制化的起点,创设合作平台、促进绿色"五通"分别倾向于从机制化、联动性方面提升合作水平,最终路向是打造出具有较高联动性及机制化水平的政策体系。绿色"一带一路"框架下的清洁能源合作战略体系优化需向机制化水平更高、联动性更强的方向发展,清洁能源国际合作路径下的终极目标是共建区域生态环境共同体,共建绿色"一带一路"。

第四节　本章小结

围绕习近平主席关于打造"绿色丝绸之路"的战略构想,深入探究绿色"一带一路"的理论价值、总体思路、政策意义等,并探索具有科学性、前瞻性、可操作性的推进路径,对于"一带一路"绿色可持续发展与沿线区域生态环保具有特别重要的意义。绿色"一带一路"正是在此现实背景下衍生的新思路与新增量。秉承共建共享,"一带一路"才能走深走实;践行绿色发展,

"一带一路"才能行稳致远。

绿色"一带一路"清洁能源合作选择需在总结既有模式与经验的基础上,对合作中的约束条件做出深入研究与准确预判,对未来发展可行情景做出科学展望,形成理念—政策—实践有机联动的合作体系,在动态变化中不断探索创新模式,积累最佳实践,逐渐摸索出清晰、科学、可操作的合作路径。

在绿色"一带一路"框架下清洁能源战略体系不断优化的基础上,合作路径的基础框架也愈加清晰:围绕绿色发展的核心理念,中国与绿色"一带一路"区域国家两个主要行为体携其他次要行为体一道,以区域层面的能源转型与升级、国家层面的绿色科技创新与传播、产业层面的绿色产能合作与融合等为合作领域,依托完善政策体系、加强对接协调、创设合作平台、促进绿色"五通"等四块"路径基石",着力构建以"一理念、两主体、三层面、四基石"为基础框架的多元、多层、多维度的清洁能源国际合作路径。

第十一章　绿色"一带一路"清洁能源合作 路径:优先方向与前景机遇

在绿色"一带一路"框架下清洁能源国际合作战略优化的基础上,对清洁能源国际合作路径做出方向明确、重点突出的选择与安排,对提升绿色"一带一路"区域清洁能源整体合作成效与合作水平意义重大。本章以探索绿色"一带一路"清洁能源国际合作路径的重点方向选择为重点,结合前文的可行性分析对清洁能源国际合作进行前景展望,并阐述清洁能源国际合作带来的现实机遇。

第一节　清洁能源国际合作路径的优先方向选择

推进绿色"一带一路"清洁能源国际合作,需从政策、实践上着手沿线调查、精细研究、民间交流、项目推进等具体事务的反思与改进,并在此基础上聚焦近中期需解决的重点问题,选择优先合作方向。近中期以下合作领域事务重要性凸显,应作为绿色"一带一路"清洁能源国际合作中的优先方向。

一、加强绿色金融合作,保障资金融通

绿色投融资保障绿色"一带一路"建设的贸易畅通与资金融通,绿色金融可有效促进对能源基础设施和清洁能源技术的投资,支持从多渠道筹集资金投资于区域沿线发展中国家的清洁能源开发。因此,成熟的绿色金融与活跃的绿色投资是清洁能源国际合作的重要基础。

由于绿色"一带一路"清洁能源合作领域广、事务多、机制散,绿色融投资尚未在投融资领域占据主流,也没有形成必要的引导政策、合作共识,迄今绿色"一带一路"绿色投融资政策框架仍不完善,绿色金融政策跨境协调难度很大。面临沿线国家在绿色投融资领域的巨大缺口,中国在国际绿色投融资领域的快速发展与不断创新,为中国金融机构参与"一带一路"绿色投融资、弥补"一带一路"绿色资金缺口创造了有利条件。①

从路径选择与政策实施方面,加强绿色"一带一路"绿色金融合作,重点需:在全球层面,在充分考虑各国实际基础上提出一套关于经济、环境和社会可持续性的投融资核心原则,在绿色投融资合作的不同层次设定合作规则与标准,与联合国可持续发展目标保持一致,并兼顾《巴黎气候协定》中各个国家所做出的承诺;在国际层面,制定实施有雄心、有约束力和可衡量的绿色投融资原则,以及海外投资必须遵守的相关环境和气候规定与标准;在区域层面,区域国家应鼓励金融机构建立绿色投融资机制,制定实施绿色金融发展战略,合作建立一套全面的风险评估方法和综合管理体系,减轻所有融资和联合融资项目中的环境、气候、社会及其他风险。

中国近年来着力引领绿色"一带一路"绿色投融资向机制化、债券化方向发展,并已取得一系列成果。2017 年 5 月第一届"一带一路"国际合作高峰论坛期间,中国发起倡议和推动,与其他 26 国财政部共同核准了《"一带一路"融资指导原则》,呼吁相关国家政府、金融机构和企业共同行动,本着"平等参与、利益共享、风险共担"的原则,推动建设长期、稳定、可持续、风险可控的融资体系。2018 年 7 月,丝路基金与欧洲投资基金共同投资的中欧共同投资基金开始实质性运作,投资规模 5 亿欧元,有力促进了共建"一带一路"倡议与欧洲投资计划相对接。2019 年 4 月,《"一带一路"绿色投资原则》签署仪式在北京举行,将可持续性纳入公司治理、充分了解 ESG(环境、社会及公司治理)风险、充分披露环境信息、加强与利益相关方沟通、充分运用绿色金融工具、采用绿色供应链管理、通过多方合作进行能力建设等七大原则的制定参考了赤道原则、负责任投资原则和国际金融公司的绩效标准,提出自愿实施建议。②《"一带一路"绿色投资原则》从战略、政策和实施三个

---

① 国家开发银行,联合国开发计划署.融合投融资规则促进"一带一路"可持续发展——"一带一路"经济发展报告(2019)[R].2019:8,106.

② "一带一路"绿色发展国际联盟.《"一带一路"项目绿色发展指南》基线研究报告[R].2020:38

层面保障"一带一路"投资,力求将环境友好性、气候适应性和社会包容性纳入"一带一路"新投资项目自愿原则,实现低碳、可持续和包容性发展,堪称区域绿色发展强有力的政策性指导工具。

亚洲基础设施投资银行(亚投行)、金砖国家新开发银行等新兴融资机构正在绿色"一带一路"清洁能源合作中发挥出日益重要的作用。作为绿色"一带一路"的重要融资机构,亚投行日益注重与可持续能源、气候变化减缓、绿色发展相关的投融资项目。2017 年 6 月,亚投行发布了"亚洲可持续能源战略",该战略继承发展了联合国"人人享有可持续能源"计划(SE for all)、2030 年可持续发展议程及《巴黎气候协定》规定的国家自主贡献原则。[①] 截至 2018 年 12 月,亚投行获批项目 31 个,涉及融资金额 62.95 亿美元。其中涉及可再生能源、绿色交通、城市废弃物处理、污水处理等领域的绿色投融资项目有 19 个,融资金额 44.11 亿美元,项目数量占总投资项目的 60% 以上,融资金额占总融资金额的 70% 以上。[②] 绿色"一带一路"的新融资机构金砖国家新开发银行已将"可持续基础设施"作为其主要融资领域,在基础设施项目计划、设计、建造、运营和退役的整个生命周期内确保经济、金融、社会环境(包括气候适应力)和机构的可持续性。[③]

资金实力雄厚的中国国有银行正日渐成为推动绿色"一带一路"绿色融资、绿色债券化的关键角色。它们充分发挥自主创新动能,通过创建融资合作机制、发行绿色债券等拓展绿色融资业务,对区域绿色发展合作起到重要的作用。在融资合作机制建设方面,2017 年 5 月首届"一带一路"峰会期间,中国工商银行倡议并牵头成立了"一带一路"银行间常态化合作机制,成为国际金融同业在服务"一带一路"建设过程中共享信息、共商政策、互荐项目、互助合作的重要平台。中国国有银行为"一带一路"沿线企业提供多层次、全方位的金融服务,其联合国际、国内金融机构组成的国际融资合作平台,也为区域基础设施、能源资源开发、境外合作园区等重点项目开发合作带来了融资便利。如中巴经济走廊重点项目巴基斯坦卡洛特

---

① 国家开发银行,联合国开发计划署.融合投融资规则促进"一带一路"可持续发展——"一带一路"经济发展报告(2019)[R].2019:73.

② "一带一路"生态环保数据平台."一带一路"国际合作不可或缺的议题——气候投融资[EB/OL].[2020-05-12].http:// www. greenbr. org. cn/dtxx/yw/8a7beee87187f022017207b394bb012d. html.

③ "可持续基础设施"定义来自:美洲开发银行.什么是可持续基础设施?指导整个项目周期可持续性的框架[R].2018.

水电站项目就得到了国家开发银行、中国进出口银行和丝路基金等组成的银团贷款的金融支持。

中国国有银行还引领着绿色"一带一路"区域绿色债券发行潮流。中国农业银行在 2015 年 10 月在伦敦证券交易所成功发行首单 10 亿美元等值的绿色债券,募集资金投放于按国际通行的《绿色债券原则》(GBP)并经有资质的第三方认证机构审定的绿色项目;2017 年 11 月国家开发银行发行首笔 5 亿美元和 10 亿欧元中国准主权国际绿色债券,债券募集资金用于支持"一带一路"建设相关清洁交通、可再生能源和水资源保护等绿色产业项目,改善沿线国家生态环境,增强沿线国家应对气候变化的能力;2017 年 12 月中国进出口银行发行了"债券通"绿色金融债券,主要用于"一带一路"沿线国家清洁能源和环境改善项目;2019 年 4 月中国工商银行发行首支"一带一路"银行间常态化合作机制(BRBR)绿色债券,深入推动"一带一路"绿色金融合作。[①]

中国引领创设的绿色投融资机制、机构及日益国际化的国有银行,都将对保障绿色"一带一路"清洁能源合作资金融通发挥愈加显著的作用。

二、注重联动发展,促进基础设施互联互通

加强清洁能源基础设施联通将为区域国家绿色低碳、高质量发展及绿色"一带一路"奠定坚实基础,绿色"一带一路"绿色基础设施互联互通将深刻改变沿线国家污染严重、贫穷落后的发展面貌。囿于区域幅员辽阔、发展程度与发展理念不一、生产分工各异、政治与行政阻隔等诸多因素,"一带一路"清洁能源基础设施建设远未达到良好的联通状态,断点、堵点较多;在当前的清洁能源系统中,油气田、水能(发电站)、太阳能(发电站)、风能(发电站)、电网等重要能源子系统仍处于各自独立的运行形态,区域基础设施互联互通整体水平仍比较低。绿色"一带一路"建设需从以下方面着手加强基础设施互联互通水平。

首先,构建一个成熟的基础设施互联互通网络是首要任务。建立一个

---

① 中国新闻网.中国农业银行在伦敦上市中资金融机构首单绿色债券[EB/OL].[2015-10-22].http://www.chinanews.com/fortune/2015/10-22/7584289.shtml;新华网.国开行成功发行首笔准主权国际绿色债券[EB/OL].[2017-11-10].http://www.xinhuanet.com/money/2017-11/10/c_1121938025.htm;新华网.进出口银行发行首单"债券通"绿色金融债券[EB/OL].[2017-12-23].http://www.xinhuanet.com/201712/23/c_1122156695.htm;新浪财经.工行成功发行全球首支绿色"一带一路"银行间常态化合作债[EB/OL].[2019-04-17].http://finance.sina.com.cn/roll/2019-04-17/doc-ihvhiewr6728411.shtml.

成熟的基础设施互联互通网络,可将更多样化的能源组合整合进统一的能源电力系统,实现能效提升及能源系统的整体优化,最终打造出高效、低碳、安全的能源系统。基础设施状态的改善与互联互通,可使以往低水平、片段式或局部性互联上升为高水平、广覆盖、高效连接的有机联动。

在绿色"一带一路"区域,两个基础设施互联互通网络对于整体规划的完善最为关键:一个是亚洲油气管道的主动脉,以中国西北、东北部连接中亚—俄罗斯地区、中亚天然气生产国连接南亚消费国、中东连接东南亚的三条天然气管道网络为主线,形成亚洲天然气管道互联互通网络的基础框架;另一个是以亚洲电力网络为雏形的区域电力互联网及能源互联网,随着中国与俄罗斯、蒙古、老挝、缅甸、越南等周边国家的电力贸易网络,以及大湄公河次区域电力网络等区域性电力网络逐渐成形,这将成为未来互联互通的亚洲电力网络的核心架构。

上述两个主要网络是构建未来绿色"一带一路"区域能源互联网的基础框架。在此框架下,绿色"一带一路"天然气管道互通需在中俄天然气管道、中亚天然气管道等主干管网基础上丰富支脉建设,扩充新管网,并加强管网间的互联互通。电力互通则可借鉴比较成功的北欧的 Nord Pool 模式,从最初成员国逐步扩大区域电力互通范围。中国需在区域电网建设和联通中发挥主导作用,率先打通与已具备成熟条件的俄罗斯、蒙古、哈萨克斯坦和巴基斯坦等国家电网的互联互通,并通过建立区域电网储备共享机制、国家和省级电力实时平衡调度系统与电力交易中心等优化互通网络,逐渐实现与东盟国家、中亚国家乃至更远端的国家的电网联通。

其次,重视能源转型与可再生能源开发中的新基建与"软基础设施"建设。能源转型与可再生能源开发将形成大量新基建需求。能源转型、分布式可再生能源发电的快速推进,将聚集新能源、新材料、特高压、储能、电动汽车、5G、大数据等新基建重点领域和关键技术,形成基础设施、能源、电力、信息、物流等多形态互联互通的能源互联网。能源转型将伴随大规模电气化的进程,特别需要投资建设或升级包括电力生产设施(氢气或合成气生产设施、各类可再生能源发电站等)、能源传输网络(如智能电网、特高压电网)、终端基础设施(如智能操控设备、电气转换与输电站等)等在内的核心基础设施。绿色"一带一路"在能源新基建领域需求巨大,区域能源合作需要共商共建共享,克服资金、技术、行政等多方面的难题,以达到更高的基础设施互联互通水平。

"软基础设施"联通也是基础设施联通的重要领域。目前"一带一路"大多数国家在国际贸易、工程施工方面只认可国际标准，同一次区域国家的国际认证标准也各异，这对中国能源工程项目、产品服务贸易等形成了较大阻碍。中国可尝试以特高压交直流技术、智能电网技术标准等优势率先建立起一整套国际绿色认证标准体系，掌握标准制定主导权，贡献于区域"软基础设施"联通。

再次，为基础设施投资风险与现实问题提供政策保障。基础设施建设中最棘手的问题是其集技术性、周期性和不确定性于一身，而"一带一路"涉及国际清洁能源基础设施项目多具有融资规模大、期限长、风险大的特点，项目回报率较低，回报期较长，无法达到私人资本的盈利要求。因此现今基础设施项目仍由政府主推，活跃的私人资本在"一带一路"基础设施投资中占比微小，这也影响了基础设施投融资的活跃度。此外，"一带一路"沿线国家存在着商业和投资环境、资金安全及政治风险等方面的不确定性因素，这不但使逐利特征明显的私人资本对投资基础设施望而却步，就连抗风险能力较强的国有资本也难以脱离回报稀薄、资产难以转移而成为沿线国家"公共物品"的困境。

对此，中国应协调、联合区域国家发挥重要的政策保障性作用，在清洁能源合作项目中吸引民间资本参与，通过签订保障合作协议、组成联合开发财团、创新政企合作形式等，既可有效缓解基础设施投资不足的困境，又能调动起丰富的私人资本，促使区域经济与投资可持续发展。

三、引领绿色发展潮流，打造绿色发展示范区

当下，碳减排治理"赤字"与公众认知理念鸿沟，是当前全球气候变化治理领域最核心的两大难题。绿色发展理念旨在冲破人类中心主义发展观的藩篱，彻底改变人类控制、改造自然的模式，最终对传统发展观形成颠覆。绿色发展、绿色转型是绿色"一带一路"的必由路径。

从中国国内发展形势看，绿色发展理念的逐渐深入人心、绿色转型的逐步推进，为绿色"一带一路"的推进奠定了深厚的基础。绿色转型不仅仅是一种新的经济增长模式，而且它重新界定了环境保护、经济增长和社会进步之间的关系。在这一新的范式中，经济社会发展和环境保护相互促进，以实现经济繁荣、社会和谐、绿水青山的美好愿景。[①] 进入新时代的中国为绿色

---

① China Council for International Cooperation on Environment and Development (CCICED). National Governance Capacity for Green Transformation：Final Report［R］. Beijing，2015：16.

发展与转型提供了强大的制度保障。绿色转型的核心动力是持续创新发展内涵与发展模式,催生绿色新供给与新需求。十九大报告提出,要树立和践行"绿水青山就是金山银山"的理念,形成绿色发展方式和生活方式,坚定走生产发展、生活富裕、生态良好的文明发展道路。① 中国把绿色发展理念融入经济社会发展的各个领域,用绿色能源、绿色工业化、绿色城镇化、绿色消费和绿色制度保障打造出具有中国特色的绿色竞争力,引领绿色发展新潮流,率先实践绿色转型之路,在国内外成功打造出众多绿色发展示范区,实现资源消耗与绿色生产生活方式的新平衡。

"一带一路"生态文明建设总体模式是:以保护生态空间为基本前提,以良好的生态环境为重要支撑,以繁荣的生态经济为发展动力,以先进的生态文化为思想指针,以完善的生态文明制度为重要保障,以高品质的人居生态为美好家园,建设六位一体的生态文明体系。在绿色"一带一路"建设中,可优选沿线基础好、区域代表性强、产业发展特色鲜明、与周边区域联系紧密且辐射带动力强的若干重要区域,作为实现"一带一路"绿色发展的关键节点,率先开展国际合作,输出我国绿色发展先进理念、模式和技术,建设一批特色鲜明、示范带动作用强的"一带一路"绿色发展国际示范区,从而引领、示范、带动"一带一路"绿色发展。②

具体合作层面,在国际能源合作中,中国需同区域国家共同致力于传统产业的绿色转型与可再生能源产业的加速替代。在传统产业领域,加强工业、建筑、交通等领域能效提升;运用新技术、新工艺,坚持合作项目的低碳导向,引导当地产业朝着绿色方向升级换代;加大低碳产业合作力度,深入挖掘绿色发展潜力。

而在可再生能源开发与合作领域,中国的可再生能源产业优势可助推区域清洁能源转型替代进程。未来需继续因地制宜促进可再生能源开发合作,加强可再生能源扶贫,援助建设分布式风电、光伏、光热、地热能等项目,提升电网对可再生能源的消纳能力。通过绿色"一带一路"合作,最大化分享清洁能源知识、信息与最佳实践,传播绿色发展理念,推广清洁能源合作经验,引领区域向绿色、可持续发展转型,并将绿色"一带一路"打造成绿色

---

① 习近平.决胜全面建成小康社会　夺取新时代中国特色社会主义伟大胜利——在中国共产党第十九次全国代表大会上的报告[M].北京:人民出版社,2017:17.

② 董锁成,李泽红,李富佳."一带一路"绿色发展模式与对策[J].公关世界,2018(11):86-89.

发展示范区。

四、协调政府与市场作用,完善系统整合与项目落地

政府与市场是影响国际合作的核心变量,两者的目标、方向、动力机制时而相向,时而相悖,对国际合作的影响效力也截然不同,因而政府与市场两种力量在绿色"一带一路"建设中呈现矛盾而统一的辩证关系。

在国际合作中,国家政府及其对外合作政策始终是国际合作的关键影响要素。无论是在以化石能源为主的时代,还是在能源主体多元化的时代,政府都在能源发展合作中占据重要地位。只有政府能够营造支持能源创新和投资的环境,也只有政府能够向业界传递关于能源行业未来发展道路的明确信号和清晰方向。通过政策手段,可以刺激市场对绿色融资的需求,鼓励金融机构建立绿色投融资机制;制定实施绿色金融发展战略,建立一套全面的风险评估方法和综合管理体系,减轻所有融资和联合融资项目中环境、气候、社会及其他方面的风险;还可以通过政策引导使人们建构对绿色发展的认同,实现信息交流,提高公众环保意识,推动绿色可持续发展。

而在向清洁、可再生能源转型的过程中,市场的地位和作用愈加凸显。这主要表现在三方面。首先,有效的市场信号可引导实现可再生能源投资优化,市场可以更准确地传递风能、太阳能光伏等可再生能源占比增大所带来的间歇性成本的变化,市场信号在可再生能源投资上发挥了重要的调节性作用。其次,可再生能源市场耦合对于电力能源系统非常重要,区域间电力市场耦合有助于降低单一电力市场开发和维护电力系统的成本;加强跨境、跨区域的互联互通,打破市场壁垒,可以减少区域间电力系统开发和维护的总成本。国家间电力交易与电力市场的耦合,有助于实现跨区域可再生能源供需的更好匹配,加速实现区域能源市场一体化。再次,可再生能源发展能够更好地响应市场需求。随着分散化、去中心化的可再生能源系统逐渐占据主导,"产消者"角色大量出现,需求侧参与者成为市场中愈加重要的组成元素,可为可再生能源整合提供重要的灵活性资源,也可用来平衡潜在的非竞争性发电市场的交易行为。

在不同的情景下,政府与市场各自扮演不同的角色,发挥着不同作用,只有将政策与市场密切配合、相向而行,做到优势互补,才有利于国际合作的深化。如,在清洁能源并网整合方面,欧洲一些国家将政策引导与市场调节高度契合,提供了有价值的参考方案。能源转型趋势下分散化、间歇性

的可再生能源并网整合对电力系统灵活性提出了很高要求,因此需要更专业的政策引导与市场反应。在丹麦,电力系统中各要素灵活调配,促进了可再生能源发电的高比例渗透(约 45%),且弃电率接近于零。其发展经验表明,在国家能源政策与区域国家合作的政策选择上,政府应在市场机制前提下发挥积极的引导作用,重视提高火力发电系统的灵活性,加强可再生能源发电和热力系统的整合集成度与互连性等,从总体上提升能源系统的灵活性。

总之,清洁能源发展合作需要有效发挥市场价格准确反应机制和国家激励整合政策的导向作用,从而在国际合作中更好地利用好两种力量,实现资源共享、互联互通,促进合作项目的顺利落地与互利共赢。

五、聚焦创新引领,激励科技先行

创新与科技力量使中国得以加快经济发展,在国际竞争中取得越来越有利的地位。习近平总书记指出:"中国坚持把创新作为引领发展的第一动力,打造科技、教育、产业、金融紧密融合的创新体系,不断提升产业链水平,为中国经济长远发展提供有力支撑"。① "十四五"规划纲要强调了发挥国家战略创新力量,我国应主动谋划、前瞻部署一批未来产业,整合创新资源,构建未来竞争的新优势;在实现路径上,加快解决重点技术领域"卡脖子"和产业基础薄弱问题,实现战略性新兴产业的均衡、可持续发展。

中国清洁能源科技创新在绿色"一带一路"国际合作中发挥着愈加重要的影响力。现今,在国家大力激励科技创新的政策驱动与孵化下,中国在核电领域掌握了第四代核电高温气冷堆蒸汽发生器制造技术;在新能源发电领域,依托上海东海大桥海上风电示范工程建成我国首座大型海上风电场,在太阳能光热发电技术、新型高效太阳能电池技术研究方面取得重要进展;在电网领域,中国攻克了复杂电网自动电压控制的世界性难题,发明了电网大范围山火灾害带电防治关键技术,创新了电网可控融冰关键技术,全面攻克±1000 千伏特高压直流输电等关键核心技术,成功研制出世界首台特高压 GIL 设备并实现批量生产。② 丰富而实用的能源科技创新成果使中国成为绿色"一带一路"清洁能源国际合作当之无愧的引领者,中国将进一步加

---

① 新华网.习近平:中国坚持把创新作为引领发展的第一动力[EB/OL].[2020-11-19].http://www.xinhuanet.com/2020-11/19/c_1126758913.htm.

② 中国电力行业联合会.中国电力行业年度发展报告 2019[R].北京:中国建材工业出版社,2019:12.

快页岩油气、海洋深水油气、地热能、风能、太阳能、氢能、储能、新材料等新能源相关"科技创新能力"体系建设,①带领区域清洁能源产业发展与国际合作进入新的发展阶段。

　　在创新引领下,中国的特高压技术不断厚植,快速推动了产业蝶变。2020 年 7 月 10 日,世界上首条专为清洁能源外送而建设的特高压通道——青豫±800 千伏直流特高压工程实验成功,标志着中国特高压技术可以实现完全依靠清洁能源自身互补能力独立供电,电力传输能力持续提升。现今,特高压技术已成为中国的科技名片之一,中国的特高压技术、标准已在"一带一路"区域十几个国家落地,中国的特高压技术与产业发展将为电力互联互通建设提供强有力的保障。

　　在创新驱动日益成为国家发展战略大方向的背景下,中国企业自觉将其生存发展与创新驱动战略紧密联系。东方电气的创新驱动战略使其逐渐扩大了海外市场。2016 年 11 月,东方电气独家供货的巴西杰瑞水电站左岸22 台机组全部投产。这是世界上最大的贯流式机组水电站,创造了单机容量最大、装机台数最多、转轮尺寸最大等多项世界纪录,成为巴西电力系统中的独创。而此前巴西的电站装备市场一直被国外几家大型企业垄断。东方电气通过自主技术创新突破重围,获得了海外生存发展的法宝,展现出中国企业在国际竞争中的技术与成本优势。

　　聚焦创新引领,激励科技先行需作为中国推动绿色"一带一路"国际合作的重要着力点,中国的创新科技力量必然将由内而外不断激发出澎湃动力,加快绿色"一带一路"建设与清洁能源国际合作进程。

第二节　清洁能源国际合作路径的前景展望

　　绿色"一带一路"清洁能源国际合作有着广阔的前景。通过绿色"一带一路"框架下的能源战略协调与政策对接、能源科技创新与传播、清洁能源合作最佳实践分享等,中国正推动区域共建绿色可持续发展示范区、生态环境共同体,引领区域国家展开波澜壮阔的绿色转型与绿色发展新篇章。

---

　　①　石油商报.邹才能院士:能源转型,从世界到中国,正从资源为王向技术为王转变[N].2020-07-28.

一、能源替代与可再生能源高比例利用

在内部能源革命及转型需求与外部碳约束趋紧双重因素的催动下,中国的清洁能源替代在不断加快。中国正通过战略引领和政策、科技支持,延续"减煤减油增气"的趋势,推动"煤炭清洁化＋新能源"提前到来,使能源生产和消费结构从煤炭占比最大,石油、天然气、新能源占比较小的"一大三小"向煤炭、油气、新能源"三足鼎立"的格局转型。从清洁能源发展态势看,天然气、核电等清洁能源将在中期大规模替代传统化石能源,而可再生能源将最终在长期占据能源系统主流乃至绝对优势。

近年来中国通过一系列战略规划稳步推进能源替代。2017 年中国颁布《能源生产和消费革命战略(2016—2030)》,提出非化石能源发展"两个50％"的战略目标:到 2030 年非化石能源发电在总电量中的占比争取达到50％,到 2050 年非化石能源的供应要占一次能源总消费量的 50％以上。[①] 2020 年"3060"碳中和目标的提出为化石能源的退出定下了主基调,化石能源生产消费将与 2030 年"碳达峰"、2060 年"碳中和"的减排目标基本协同,在 2030 年代"碳达峰"后下降,并加速进入以可再生能源为主导的非化石能源时代。2021 年 3 月 13 日,中国正式发布《第十四个五年规划和 2035 年远景目标纲要》(简称"十四五"规划)。"十四五"规划提出了单位 GDP 能源消耗和二氧化碳排放分别降低 13.5％、18％的目标,并提出"推进能源革命,建设清洁低碳、安全高效的能源体系,提高能源供给保障能力","非化石能源占能源消费总量比重提高到 20％左右",以构建现代能源体系。与能源革命、能源转型进程相匹配,相比《能源生产和消费革命战略(2016—2030)》,"十四五"规划制定了更详尽的能源替代战略目标与产业发展规划。在雄心勃勃而目标坚定的发展战略指导下,中国清洁能源产业水平将持续提升,为绿色"一带一路"建设做出重大贡献。

最新制定的国家能源发展、碳减排战略显示,可再生能源的高比例利用是实现国家非化石能源发展目标、能源革命、"碳中和"等一系列长期战略目标的关键手段。中国能源替代战略大体可划分为三个发展阶段:第一阶段是到 2020 年,风能、太阳能、生物质能、地热能等新兴可再生能源技术初步达到商业化水平,清洁、可再生能源占一次能源消费总量的 20％以上;第二

---

① 国家发展和改革委员会,国家能源局.能源生产和消费革命战略(2016—2030)[R/OL].[2016-12-29].https://www.ndrc.gov.cn/fggz/zcssfz/zcgh/201704/W020190910670685518802.pdf.

阶段是从 2020 年到 2035 年,风能、太阳能、生物质能、地热能等新兴可再生能源技术基本实现商业化,清洁、可再生能源占一次能源消费总量的 30％以上;第三阶段是从 2035 年到 2050 年,全面实现可再生能源的商业化,大规模替代化石能源,清洁、可再生能源在能源消费总量中占比达到 50％以上。① 三个发展阶段规划出一个循序渐进地实现可再生能源替代的过程,与中国的强国战略目标、绿色"一带一路"愿景相契合,具有科学性、合理性与可操作性。

从历史进程与以往政策实施进展来看,中国有能力通过强大的执行力完成每一个规划目标。如进一步调整社会经济结构、完善能源系统,在不影响经济生活产出的前提下,中国整体能源需求增长态势将放缓,煤炭消费将大幅下降,同时大部分新增能源需求将由非化石能源替代满足。2050 年非化石能源占一次能源消费的比例在现有政策情景下为 45％,而在强化行动情景下可达 59％,从而实现《能源生产和消费革命战略(2016—2030)》中 2050 年非化石能源占比超过一半的愿景。②

中国清洁能源高比例利用的可行路径可分为三步。第一步是增量替代。在 2025 年前,煤电装机规模达峰,总量控制在 11 亿千瓦,主要由清洁能源满足新增能源需求,基本扭转化石能源增长势头。天然气、核电、清洁煤炭等经济、可规模化开发利用的清洁能源的消费将大幅增长。第二步是存量替代。在 2035 年前,煤电逐步退出,油气年消费量达峰并稳步降低;清洁能源和电能比重加快提升到 47％和 41％,能源自给率达到 88％。天然气将在该步骤作为"桥梁"清洁能源发挥重要作用。第三步是全面转型。在 2050 年前,我国能源互联网全面建成,能源发展方式实现根本性转变。届时,煤电发电量将降到 4 亿千瓦以下,清洁能源占一次能源消费总量的比重从 22％提高到 74％,能源自给率从 80％提高到 95％。③ 自此,可再生能源高比例利用愿景得以实现,天然气将从"桥梁"能源变为可再生能源的重要耦合器,将在以可再生能源为主的能源系统中起到削峰填谷的补充性作用,而储能技术、多能互补系统应用等也将发挥一定的耦合作用。

---

① 路甬祥.清洁、可再生能源利用的回顾与展望[J].科技导报,2014,32(Z2):15-26.
② 世界资源研究所.零碳之路:"十四五"开启中国绿色发展新篇章[R].2020:8.
③ 中国能源报.刘振亚:建设我国能源互联网,推进绿色低碳转型(上)[N].2020-07-27 (01).

二、能源转型与区域生态环境共同体

绿色转型是在保持自然生态系统的可持续性的前提下创造一种包容性的繁荣,实现人们生活方式的根本性转变,并提升集体性社会理念。[①]绿色转型是经济、社会领域绿色发展理念与实践合力的体现,越早推行绿色发展理念、实施绿色转型与能源革命,清洁部门就能越早地获得发展动力,则转型对社会经济造成的破坏越小,转型成本也就越低。能源转型是绿色转型的重要组成和关键一环。从传统化石能源到天然气、清洁燃煤等过渡性清洁能源,到水能、风能、太阳能、氢能、生物质能等各类可再生能源,再到围绕新能源创造出的新技术、新业态等,能源转型图景徐徐展开,将在区域绿色发展画卷上留下浓重的轨迹。

从能源转型到绿色"一带一路"生态环境共同体建设,层次鲜明,脉络清晰。区域清洁能源开发与合作将从各自推进清洁能源替代与能源转型循序渐进,通力合作实现以可再生能源为主的清洁能源高比例利用,在可预见的时期内使区域整体能源结构优化、能源效率提升、能源革命成果凸显,绿色发展示范区建设多点开花。

展望未来,绿色"一带一路"建设的不断推进与合作框架的不断完善,将催动区域国家基于共同的绿色发展、可持续发展现实利益,持续加强绿色发展合作、环境治理等领域战略规划的对接与协调,积极探索创新清洁能源开发与合作模式,合力推动区域绿色低碳转型,共建区域生态环境共同体。

第三节　清洁能源国际合作路径中的现实机遇

绿色"一带一路"以人类命运共同体、区域生态环境共同体为宏伟愿景,规划宏大,战略思虑深远,为区域国家经济社会发展、产业升级及生态环境改善等带来了重大机遇,也为企业、个人等微观行为体普遍带来了发展机遇。

一是新型基建、绿色基建带来的巨大建设空间与发展机遇。目前中国

---

① China Council for International Cooperation on Environment and Development (CCICED). National Governance Capacity for Green Transformation: Final Report [R]. Beijing, 2015: 16.

不但在公路铁路、机场港口、桥梁隧道及各类公共设施等传统基础设施建设领域具备强大的施工、管理与技术优势,也在高速铁路、信息通信、特高压等新基建领域具备世界领先的技术与施工经验。绿色"一带一路"倡议与清洁能源国际合作的推进将促进中国绿色产能、节能环保技术、新能源装备、工程服务等走向更广阔区域、更高层次的合作。

在电力工程建设领域,中国具有全方位优势。其中,中国在"一带一路"框架下积极倡导的能源互联网建设可充分发挥此种优势,或将成为国际能源合作中最具潜力、最引人瞩目的新增长点。围绕全球能源互联网建设,应强化全产业、跨领域资源整合和优势互补,联合开展技术攻关、项目开发、市场开拓,创新商业模式,打造出新的效益增长点。在调动区域各国积极参与全球能源互联网建设过程中,需大力推动各国能源电力上下游企业加强资源共享、需求对接和项目合作,充分发挥全球能源互联网发展合作组织等平台的作用,推动中国倡议早日落地实施。[①] 随着全球互联网建设的推进,特高压、智能电网、各式新能源产业基础设施等新基建、绿色基建最直接的效用是刺激经济、拉动就业、强化基础设施、改善民生福祉,同时也使区域国家能效提升、能源结构改善,逐步走向绿色可持续发展之路。

二是可再生能源开发合作带来的巨大产业空间、产业机遇。可再生能源是能源转型的核心目标和方向。依托绿色"一带一路"建设,大批中国风电、水电、太阳能光伏等可再生能源合作项目已遍布东亚、南亚、中亚、中东欧、非洲、拉美等区域,中国与区域各国在产能合作、技术转让、标准对接、管理能力建设等领域全方位合作,清洁能源合作广度与深度在不断拓展与深化。中国将分布式能源技术结合区域国家特殊国情进行适当本土化改造,依托企业、项目载体,实施技术援助、转让合作,提高了新能源开发利用水平。[②]尤其在水电、核电领域,以"中国技术＋中国标准＋中国装备＋中国建设"为特征的整体解决方案与创新合作模式日渐成熟,既缓解了区域国家能源基础设施匮乏、能源效率低下、能源环境污染严重等问题,又给中国高端装备制造出口、产业升级、经济转型带来了新机遇。绿色"一带一路"清洁能

---

① 中国能源报.刘振亚:建设我国能源互联网,推进绿色低碳转型(上)[N].2020-07-27(01).

② 林益楷.深化中国与上合组织国家能源合作[J].中国石油与天然气,2019(2):36-38,84-85.

源国际合作将有效带动沿线国家能源产业的转型升级,从而使区域能源合作整体水平大幅提升。

三是碳减排合作中释放的合作诉求、转型机遇。碳减排可以通过削弱能源密集型产业部门的国际竞争力刺激能源转型,从而推进清洁能源的发展。国际可再生能源署报告指出,利用可再生能源并提高能源效率是实现《巴黎气候协定》目标之 90% 与能源有关的排放减少的最具成本效益的方法。[①] 中国是清洁环保基础设施建设互联互通、大气治理经验传播与推广、前沿生态文明与绿色发展理念传播与实践等领域全球稀缺的绿色国际公共产品的主要提供者,利用自身在上述领域的独特优势,正逐渐完成从全球气候变化治理的参与者到贡献者、领导者的转变,也在绿色"一带一路"区域承担起碳减排领导者的角色。

2020 年 9 月,中国提出了 2030 年"碳达峰"、2060 年"碳中和"的"双碳"目标,这一单边承诺对于实现更远大的全球气候目标和治理非常重要,同时将有助于中国定位为气候外交的领导者。[②] 中国现已有 7 个省市作为碳排放交易试点,覆盖 20 多个行业,涉及近 3000 家重点排放企业和 4.4 亿吨碳排放量。2021 年 5 月,生态环境部颁发了《碳排放交易管理规则(试行)》,为碳排放登记、交易和结算制定了细则,启动国内碳排放交易市场,也将成为全球最大的碳排放交易市场。按照现有政策发展,中国可以提前或超额实现 2015 年提出的 NDC 目标,即二氧化碳排放总量可以于"十五五"中期达峰,2030 年单位 GDP 二氧化碳排放量比 2005 年下降 71%,非化石能源占一次能源消费比例达 25% 左右。[③] 绿色"一带一路"是中国引领区域碳减排合作的重要平台,中国正引领区域国家通过将国家自主认定贡献等既有的减排目标与环保政策作为参照基准,作为一套可量化的、国家驱动的优先政策选择,[④]将减排目标细化到能源、交通、工业等不同领域,使绿色"一带一路"碳减排措施更具有操作性。

---

① International Renewable Energy Agency(IRENA). Global Energy Transformation:A Roadmap to 2050[R]. 2019.

② The Oxford Institute for Energy Studies. Uppacking the China's 2060 Carbon Neturality Pledge[R]. Oxford,2020:2.

③ 世界资源研究所. 零碳之路:"十四五"开启中国绿色发展新篇章[R]. 2020:14.

④ Zhou Lihuan, Gilbert Sean, Wang Ye, et al. Moving the Green Belt and Road Initiative:From Words to Actions[R]. Washington,D. C. :World Resources Institute Working Paper,2018:10.

　　在高质量发展的总目标下,在能源转型趋势的催动下,中国着力提升清洁能源的产业链、供应链的稳定性与价值链的效率,通过以持续提高能效标准、优化产业和能源结构、推进全国市场减排机制为核心的制度及措施的创新深化,为后期低碳绿色发展创造更大的空间。[①] 绿色"一带一路"建设将区域碳减排、节能环保合作推上一个新台阶:钢铁、水泥、玻璃、化纤等传统高耗能、高排放产业都将面临重要的绿色转型与升级机遇,资源开发、能源电力、建材、轻工纺织等行业将走向绿色低碳发展;传统制造业、服务业向绿色转型,环境污染治理、生态保护修复、生态环保科技创新等领域的国际合作将日益兴盛;可再生能源、氢能、新能源车、智慧能源等迎合未来低碳环保趋势的新兴绿色产业则将面临更多发展机遇。

第四节　本章小结

　　清洁能源国际合作路径的优先方向选择具有关键的先导性与政策引领作用。加强绿色金融合作,保障资金融通;注重联动发展,促进基础设施互联互通;这两个"五通"的重点领域为清洁能源国际合作奠定互联互通的深厚基础。引领绿色发展潮流,打造绿色发展示范区;聚焦创新引领,激励科技先行则以绿色发展理念为核心、科技创新为原动力,引领绿色"一带一路"清洁能源国际合作的高质量发展。此外还应注重协调好政府与市场"两只手"之间的关系,完善清洁能源系统的整合与合作项目的落地。

　　绿色"一带一路"清洁能源国际合作有着广阔的前景。通过绿色"一带一路"框架下的能源政策协调、能源科技创新与传播、清洁能源合作最佳实践分享等举措,中国正推动区域共建绿色可持续发展示范区、生态环境共同体,引领区域国家展开波澜壮阔的绿色转型与绿色发展新篇章。在各种内外因素催动下,中国能源替代与可再生能源高比例利用将逐渐成为现实,中国将引领区域国家逐步实现绿色转型与区域绿色发展合作的升级,绿色"一带一路"前景光明。

　　绿色"一带一路"清洁能源合作还将为区域国家经济社会发展、产业升级及生态环境改善等带来重大机遇:在新型基建、绿色基建领域开拓出广阔的建设空间、发展机遇,在可再生能源开发利用领域创造出日益庞大的产业

---

① 　世界资源研究所.零碳之路:"十四五"开启中国绿色发展新篇章[R].2020:15.

空间、产业机遇,在碳减排领域释放出越来越多的合作诉求、转型机遇。

展望未来,绿色"一带一路"清洁能源合作路径选择需由内而外力促绿色转型、绿色发展理念的汇聚与持续深入,在国际合作实践中促进政府、企业、智库、非政府组织等多元主体积极参与,以清洁能源产业产能合作为抓手,着力推动清洁能源科技传播、绿色发展最佳实践的分享,以构建全方位、深层次、多维度的清洁能源国际合作新体系。

第十二章　深化绿色"一带一路"清洁能源国际合作的政策建议

清洁能源国际合作作为绿色"一带一路"建设的重要内容,推动绿色"一带一路"可持续发展的重要动力,需要设计科学合理、可操作性强的政策,形成成熟的合作机制与体系,因此还需在战略优化与政策选择的基础上,进一步细化深化绿色"一带一路"清洁能源国际合作政策。本章试图从政府、企业两个层面提出清洁能源国际合作的政策建议。

第一节　　政府层面

政府在清洁能源国际合作中具有举足轻重的作用。权责明确、透明高效、密切配合的政府外事外贸机构,可通过系统整合优势资源,引领建立标准认证体系,培育新兴战略性产业与技术,推动颠覆性产业技术及装备制造等。为深化绿色"一带一路"清洁能源国际合作,政府可从国际和国内两个方向做出政策安排。

一、国际合作策略

第一,从理论准备与政策支持角度,需引导鼓励中国学界、智库加强相关研究,提供更丰富多元的理论与政策选择。"一带一路"是一项理论与实践紧密结合的世纪工程,实现高质量发展,需要在项目建设、市场开拓、金融保障、民生援助等环节上下功夫,形成更多可视性成果;也需要加强学术研究、理论支撑和话语体系建设。这需要深刻揭示"一带一路"的理论渊源、发展规律、建设路径、战略步骤、外部条件等,深入挖掘"一带一路"带动沿线国家减贫、城镇化、产能合作、工业发展、基础设施建设、全球价值链构建等方面的理论内涵,深化对人口、能源资源、水和粮食安全等问题的前瞻性研究。[①]

鉴于沿线共建国高度复杂多元的现实条件,国际合作中需谨慎论证,优化决策审查。投资合作决策前应采用尽职调查等方式对东道国外交策略、社会与安全形势、法律体系完备性、风险评级、经济发展现状与趋势、资本市场与金融体系、产业政策、能源电力供需形势、结构与规划、能源电网体系与消纳能力、市场体系与交易规则、电价确定机制、电力投资竞争格局等进行深入调研,对市场选择的必要性、可行性和面临的机遇与风险进行深入分析,编制国别市场分析报告,系统研究潜在风险,制定相应对策。[②]总之,政府可加强引导,鼓励学界、智库加强相关理论与政策研究,为绿色"一带一路"行稳致远提供学理支撑,为"一带一路"建设提供重要的政策参考。

第二,从区域国别规划布局角度,需指导企业对沿线区域、国家进行总体布局优化,聚焦重点领域方向。鉴于清洁能源资源分布与开发利用具有巨大的区域性、国别差异,政府需要遵循由点到线到面的合作空间布局展开,发挥经济走廊、能源通道在由点到面的链接中的关键作用。在区域合作规划上,政府可根据不同区域清洁能源发展特点与优势指导中国企业在现有清洁能源国际合作格局下进行科学规划与布局,聚焦不同区域的重点合作领域和方向。东南亚乃至亚太地区是中国清洁能源国际合作的最重要市场和绿色"一带一路"清洁能源合作的最核心阵地,政府需指导企业重点深化该区域清洁能源机制建设与新能源产业园区建设;在中东和北非继续加强光伏、光热项目合作;在欧洲加强中欧海上风电国际合作;在拉美地区加强中拉水电、风电、光伏等可再生能源合作等。

在国别合作规划上,处于不同发展阶段、不同资源禀赋的共建国家也有不同的清洁能源合作诉求,因此需因地制宜,细分国别规划,注重战略对接。在国别合作规划中应优先考虑与联合国可持续发展目标对接协调,兼顾《巴

---

① 张耀军.为一带一路高质量发展提供学理支撑[N].中国社会科学报,2018-11-20(1).

② 国家应对气候变化战略研究和国际合作中心.中国推动全球气候治理和国际合作的战略和对策研究[R].2020:110

黎气候协定》国家自主贡献承诺,在充分考虑沿线国家绿色发展、清洁能源发展战略与目标及各国发展现实的基础上将"一带一路"建设项目与伙伴国家的可持续发展需求进行战略对接,与共建国发展优先事项及计划保持战略一致,提出一套适用于区域国家经济、环境和社会可持续性的清洁能源合作原则、规则及制度体系,同时促进其发展阶段和宏观经济特征保持一致。

第三,从完善合作体系角度,从国际国内多领域、多层次、多渠道努力促成政府、企业、智库、非政府组织等多主体的国际合作网络,不断丰富绿色"一带一路"清洁能源合作体系。从国际合作战略层面,清洁能源合作战略优化需在完善顶层设计、充实战略框架的基础上,进一步迈向机制化程度更高、联动性更强的合作方向。机制化建设应渐进地完善、创新清洁能源合作体系的机制框架,协调对接现有国际能源合作机制,将绿色"一带一路"创新型政策工具作为加强机制化的主要抓手;区域主要国家应从空间联动、战略政策联动、产业联动三个方面加强清洁能源合作与绿色联动发展,使三种联动相互支撑,形成绿色联动发展新空间,打造绿色联动发展新机制,为复合型的清洁能源合作体系奠定基础。

从较微观的合作策略上,可在进一步完善适应清洁能源多元化、市场化发展的产业政策、体制机制基础上,在区域内促进清洁能源消纳,推动降低土地、税收、融资等清洁能源开发的非技术成本;加强绿色投融资、绿色贸易政策支持力度,通过亚投行等"一带一路"金融组织设立绿色技术创新基金,支持绿色环保实用技术的研发、推广与成果转化,重点对绿色能源、环境治理、生态修复、节能减排、绿色建筑、绿色基础设施等领域的新技术研发与推广给予重点支持;加大产业协同、政策协同力度,拓展"一带一路"生态环保、绿色发展合作的可行路径,优化开放、完善的合作环境,引导创设具有国际影响力的合作平台,持续完善清洁能源国际合作体系。

第四,从生态环保角度,深入调研、掌握绿色"一带一路"项目可能对沿线国家生态环境造成的压力,与区域共建国协调绿色政策,共谋绿色发展。绿色"一带一路"的愿景是绿色可持续、开放包容、合作共赢的发展,中国政府可通过现有的双多边合作机制与沿线国家和地区分享生态文明和绿色发展的理念与实践,以共建区域生态环境共同体应对严峻的区域生态环境问题与区域国家生态环保的紧迫现实需求,在顶层设计中全面做好生态环境的专项规划工作,以期打造出高效、统一的生态环境风险防控体系。

在具体合作领域,项目建设中应着力将绿色"一带一路"、绿色发展理念与建设目标有机融入清洁能源国际合作项目,实施全流程的绿色化管理,开发"一带一路"生态环境信息数据系统和评估工具,建立信息披露与服务平台,以识别、管控各类生态环境风险,构筑生态环境预警机制;在社会与公众层面,深入推广绿色发展理念,尝试建立跨领域的绿色"一带一路"学习与领导力平台,提高官员及公众对生态环境风险与机遇及其应对策略的关注,形成绿色发展的强大合力。

第五,从标准、规则角度,加快推进"一带一路"沿线共建国合作标准、规则的制定与统一,缩小政策、法规和标准方面的差距。统一与推广各类清洁能源技术、行业的施工及服务标准等可有效提升国际合作效率,加快清洁能源一体化进程。在"一带一路"项目中推广较高的生态环境标准,建立以绿色项目识别与筛选、环境与社会风险评估为内容的"一带一路"绿色投融资管理标准,制定重点行业的绿色投融资操作指南等;①通过能源行业协会对接各国排放标准和污染标准,并借鉴国际先进管理条例,构建符合"一带一路"情况的能源勘探、开采、运输的环境安全合作标准等。②

在规则制定上,可借助国际可再生能源署等国际合作机制与绿色"一带一路"内生的国际合作平台,从绿色低碳能源研发、绿色生产和消费关系、成员国绿色产能合作、绿色能源产品技术标准等方面进行规则制定;与沿线国家政策协调,共建绿色"一带一路"基础设施投资、绿色投融资等激励框架,推动建设开放包容、绿色可持续的绿色"一带一路"。

第六,从现实合作与实践角度,在绿色"一带一路"建设过程中落实最佳实践,以此为基础逐步探索统筹全局、创新发展的清洁能源合作方案。最佳实践是一种比较成熟、先进、可供借鉴的实践,可为发展合作中规则、标准的实施提供样板。"一带一路"倡议实施以来,中国借助清洁能源开发与工程建设、核电技术研发与利用、新能源汽车推广、大气污染治理与碳减排等领域的相对优势与沿线共建国开展全领域、多层次、多样化的能源合作,积累了丰富的合作经验,不断拓展最佳实践案例。未来可深入总结、梳理这些最佳实践案例,因地制宜地进行实践推广,以此为基础不断创新、完善具有统领性、普适性的清洁能源合作方案。

二、国内政策因应

面临汹涌的能源转型、绿色发展态势及现实合作问题,中国可采取以下

---

① 郑竟,陈明,柴伊琳,等."一带一路"绿色投融资机制构建探讨[J].环境保护,2017,45(19):42-45.

② 世界资源研究所.零碳之路:"十四五"开启中国绿色发展新篇章[R].2020:5.

策略加以因应。

第一，抓住全球能源转型的历史机遇，争做全球能源转型的领导者。近年来，中国通过绿色"一带一路"建设以及与 G20、金砖国家、亚太经合组织和上海合作组织的密切合作，在一些重大能源议题上成为实质推动者。2020 年 12 月，中国又在联合国气候变化雄心峰会上提出"到 2030 年，中国单位国内生产总值二氧化碳排放将比 2005 年下降 65％以上，非化石能源占一次能源消费比重将达到 25％左右"的目标。[①] 中国应以绿色"一带一路"为抓手，引领区域能源转型与可持续发展，准确把握国家、市场及新型网络关系的互动态势，谨慎规避能源转型引起的能源地缘政治风险，不断提升在国际能源环境领域的影响力和话语权，加快实现从清洁能源国际合作的重要参与者到核心领导者的转变。

第二，遵循高质量发展的总目标，积极推进国内能源转型。当前中国正处于经济社会发展的关键期，清洁能源开发合作同样处于重要的历史节点。伴随清洁能源大规模开发利用而来的将是气候环境的改善、能源安全的提升、技术的更新换代、产业结构的调整、经济体制的变革。中国应在高质量发展的总体要求下，大力推进"四个革命、一个合作"能源安全新战略，注重能源供需两侧改革的平衡，实现从以煤炭、石油为主导的高碳能源时代向以可再生能源为主导的低碳能源时代的跨越式发展，走出一条具有中国特色的能源转型之路，从而为绿色"一带一路"区域国家提供可供参考的转型模式。

第三，做好顶层设计和产业规划，平衡清洁能源产业链、价值链。当前我国正处于"十四五"规划和 2035 年远景目标谋篇布局的关键时期，应站在顶层设计高度对可再生能源产业进行规划布局，注重其国际竞争力的培育。立足国内国际双循环发展格局，充分调动体制、科创、市场等独特优势，合理安排可再生能源地理、行政、系统等层面的衔接协调问题。在"减煤、稳油、增气、提效，大力发展可再生能源"框架下，平衡清洁能源产业链、价值链，实现清洁燃煤、天然气、核能、水能、风能、太阳能、生物质能、氢能等多种清洁能源平衡发展，完善构建清洁低碳、安全高效的能源新体系，综合提升清洁能源产业链、供应链的稳定性与价值链的效率。

第四，坚持科技创新驱动，解决能源利用不确定性问题。"十四五"规划

---

① 新华网. 习近平在气候雄心峰会上的讲话（全文）[EB/OL]. [2020-12-12]. http：//www. xinhuanet. com/2020-12/12/c_1126853600. htm.

和 2035 年远景目标建议指出,坚持创新在我国现代化建设全局中的核心地位,把科技自立自强作为国家发展的战略支撑。① 以科技创新解决能源利用的不确定性是能源转型的必由之路,应通过科技创新加快与可再生能源可持续发展密切相关的智能电网、储能技术等关键技术研发和应用,加强建设经济、稳定、高效的新能源发电系统;通过智慧能源创新更高效、更节能的能源管理模式,形成煤炭、油气、新能源等多能互补,电网、管网、燃料网等多网融合,实现按需供能、峰谷平衡等供需联动,②从而有效解决能源利用不确定性问题,提升清洁能源利用效率和稳定性。

第五,凝聚绿色发展共识,自上而下推广能源转型最佳实践。能源转型的深入实践需要在凝聚绿色发展共识基础上,推广能源转型与绿色发展的最佳实践,不断增强各相关方认知、理念及信心,使绿色发展理念与能源转型实践进程高效协同。将国内清洁能源开发利用与能源转型的最佳实践推广普及到绿色"一带一路"区域,逐渐形成适应绿色"一带一路"绿色发展基本方向的利益共同体、责任共同体、命运共同体,最终走向区域生态环境共同体。

第二节　　企业层面

微观层面的企业是"一带一路"国际合作的主体和中坚力量,其角色虽然微小,却承载着宏观合作层面可能无法涉及的细节敲定和项目最终落地的重要环节,因此企业在国际合作中的成效直接关系到具体合作项目的推进效果。相较于超国家、国家等更宏观的行为体间合作,国际企业间合作具有灵活性更高、布局落地更快、创新性与逐利性更强的特点,因而也更具活力与优势。企业在清洁能源合作中可采取以下策略。

第一,企业应当以创新作为参与、引领国际清洁能源合作的重要战略导向。可以展开合作的创新领域包括:从技术上,企业可加快应对气候变

---

① 新华网.中共中央关于制定国民经济和社会发展第十四个五年规划和二〇三五年远景目标的建议[EB/OL].[2020-11-03]. http：// www. xinhuanet. com/2020-11/03/c_112669 3293. htm.

② 石油商报.邹才能院士:能源转型,从世界到中国,正从资源为王向技术为王转变[N]. 2020-07-28.

化的重要技术的研发和应用,在国际合作项目中优先采用低碳、节能、环保、绿色的新材料、新技术、新工艺,以适应绿色"一带一路"建设的环保要求。

从合作策略上,企业需探索有效的合作策略。企业应从自身突出的专业技术优势着手,从研发体系、装备制造、工程建设、运营维护等国际合作各个流程中不断总结经验教训,提升国际竞争力,探索一套可持续、实用性强的合作策略。在不断变化的国际市场中,中国企业需积极调整市场开发和经营策略,不断提升融资能力、投资能力、运营能力及风险控制能力,开发投建营一体化项目、第三方市场合作项目、综合类开发项目,加强多方合作,挖掘业务新增长点。①

从模式、业态上,加快清洁能源合作模式创新、业态更新。新冠肺炎疫情危机使全球经济持续下行,而共建国社会、政府、企业、金融机构则对国际承包商提出了更高要求,包括:整合利用政策性、商业性和开发性资金;提供项目全产业链的综合服务,由传统工程承包向产业前端的规划、设计、咨询和后端的运营、维护、管理等领域扩展;由单一项目建设转向综合经济开发;等等。②这使传统的 EPC、EPC+F 等业务模式也面临巨大挑战,因此需要创新合作模式,以适应竞争愈加激烈的国际市场。以创新作为参与、引领绿色"一带一路"国际合作的重要导向,中国企业将日益获得更有利的国际竞争地位与主动权。

第二,加速布局国际化、本土化。2020 年 11 月,《区域全面经济伙伴关系协定》(RCEP)落地,标志着区域一体化愈加成为全球化进程中的新趋势。区域经济一体化可在一定程度上与绿色"一带一路"建设形成合力,为区域清洁能源合作带来新机遇。中国清洁能源企业应乘绿色"一带一路"倡议的政策东风加速国际化布局,以国际视野、国际情怀加强培育具有竞争优势的产业与技术,重点打造具有国际声誉和影响力的品牌与产品。国际合作中可将第三方合作作为重要着力点,在深入了解对象国市场运作规律基础上与跨国企业、本地实力企业等联合,发挥各方优势,积极学习借鉴跨国企业行之有效的合作模式与经验,稳步探索"一带一路"能源合作的新模式、新途

---

① 商务部,中国对外承包工程商会.中国对外承包工程发展报告(2019—2020)[R].2020:59.

② 商务部,中国对外承包工程商会.中国对外承包工程发展报告(2019—2020)[R].2020:16.

径,加速中国企业国际化进程。

新冠肺炎疫情使西方国家重新审视产业链、供应链的安全性,加速了产业链、供应链本土化和区域化发展趋势。在此背景下,许多跨国企业从全球布局转向区域布局,产业链、供应链因此变得更短、更有弹性,本土化趋势日益明显,区域化生产也将导致更多区域性供应链中心的形成。①本土化程度或将成为衡量企业在区域内竞争力的重要因素,而企业的本土化也有助于企业缓解来自本地和国际企业的竞争压力,增强企业适应性,以更加灵活地应对东道国的政治、经济、社会风险,以及专利保护、税收缴纳、劳资关系、安全环保、投资流程等方面的运营管理风险。

第三,注重履行海外社会责任。履行企业社会责任是国外企业在东道国建立企业声誉和克服制度空白的重要战略,是克服劣势、降低投资风险、提高投资绩效的重要手段。②随着中国企业越来越多参与"一带一路"合作项目,成为项目所有者或融资方,环境和社会问题日益挑战其履行企业、社会和环境责任的能力。当前,"一带一路"沿线国家要求外国投资者承担越来越多的本地责任,在劳工管理、福利待遇、法律诉讼、社区环保、人文宗教等领域的管理要求愈加精细化,而这些领域仍是我国企业境外投资经营的薄弱环节。

绿色"一带一路"合作中,中国企业需履行更多本地社会责任,促进所在国家和地区特别是较为落后地区的经济发展,努力解决当地就业、医疗、教育等至关重要的民生问题,积极助力脱贫,参与公益事业。鉴于生态环境问题日益敏感,在沿线绿色基础设施建设、清洁能源合作项目中,中国企业需以愈加严格的绿色生产建设标准,在有效保护东道国生态环境前提下大力开发利用绿色清洁能源,为本地绿色可持续发展做出应有贡献。

第四,树立良好的海外形象。良好的国际形象既是企业走向世界的现实要求,也对企业做好对外传播工作、占据国际舆论有利地位、展示中国形象与中国软实力起到重要的辅助作用。绿色"一带一路"框架下中国企业海外投资与合作现已取得初步成效,得到共建国政府、社会民众的肯定。2020年11月,"2020·中国企业海外形象高峰论坛"发布的报告显示,来自亚非欧等区域12个"一带一路"伙伴国家超六成的受访者对于中国企业助力当

---

① 光明日报.构筑"一带一路"互利共赢产业链[N].2021-05-09(12).

② Gao Chen,et al. Overcoming Institutional Voids:A Reputation-based View of Long-run Survival[J]. Strategic Management Journal,2017,38(11):2147-2167.

地减贫、推动经济可持续发展的表现印象良好。① 在越来越频繁的国际合作中,企业需处理好与东道国各级政府、议会、工会组织等多层次的关系,密切联系当地居民,懂得与本地媒体、执法人员打交道,提升国际公关能力,争取对己有利的本地影响与舆论。

提升企业投资信息透明度,将有助于消除针对中国与绿色"一带一路"的国际负面舆论。中国企业特别是央企、国企,往往被认为承担着诸多获取战略性资源、达成一定国家战略的任务,这些企业常常在海外投资合作中缺乏信息透明度及投资相关的准确数据资料,特别是在"一带一路"能源资源合作中,更因民族主义的敏感性而被诟病存在此类问题。②加强信息披露和采购透明度不但可以满足国际合作中基本的合规要求,加强企业信誉度和影响力,还可有效减轻来自政治、社会等不同领域的风险与冲突。

第五,加强企业国际化运营管理人才的培养与储备。相对于欧美日等发达国家的企业,中国能源企业进入国际竞争的时间还非常短,在大型投资管理、资本运作等方面缺乏运营经验和人才队伍,当前应特别注重能力建设与人才培育。

在近年绿色"一带一路"合作中,中国政府领导实施了"绿色丝路使者计划",启动了环境管理对外援助培训班和"一带一路"应对气候变化南南合作计划等,这为中国相关企业加强与国际同行交流、增强国际业务素养提供了绝佳平台。绿色"一带一路"建设中企业应以此平台为基础,深化人才支持,注重培养和储备环境政策方面的研究型人才、国际合作方面的外交型人才以及生态理念方面的宣传型人才等,为绿色"一带一路"国际合作奠定人才和能力基础。③与此同时,在技术领域,企业还需加强与绿色"一带一路"共建国、合作项目中绿色技术人员的交流,并联合国内外相关智库、科研机构,积极打造规模化、国际化的技术研发交流平台,为国际化发展提供源源不断的人才支持。

---

① 中国新闻网."一带一路"沿线国家如何看待中国企业? 最新研究发布[EB/OL].[2020-11-03]. http://www.nbd.com.cn/articles/2020-12-08/1566367.html.

② Farooki M. China's Mineral Sector and the Belt & Road Initiative[R]. Strategic Dialogue on Sustainable Raw Materials for Europe,2018.

③ 于宏源,汪万发.绿色"一带一路"建设:进展、挑战与深化路径[J].国际问题研究,2021(2):114-129.

第三节   本章小结

今日中国正处于以能源革命为核心的世界新产业革命持续发酵与努力实现中华民族伟大复兴的重大历史交汇期,面临新机遇和新挑战,无论是作为国际合作主要行为体的国家还是作为国际合作项目实施主体的企业,无论是国内发展规划还是国际合作战略,都需高瞻远瞩,精细布局。绿色"一带一路"建设过程中,国家作为最重要的行为体,需要在国际合作层面从强化理论政策、优化战略框架、完善战略体系、规划区域国别、协调战略对接、统一规则标准、丰富最佳实践等领域展开国际合作战略优化,在国内层面从推进国内能源转型、引领区域能源转型、平衡清洁能源产业链与价值链、坚持科技创新驱动、凝聚绿色发展共识等领域进行因应,引领绿色"一带一路"建设走深走实。

企业是绿色"一带一路"清洁能源国际合作的主体。企业应以创新作为参与、引领国际清洁能源合作的重要战略导向,加速布局国际化、本土化,注重履行海外社会责任,树立良好的海外形象,加强企业国际化运营管理人才的培养与储备,不断增强在合作中的作用和影响,为绿色"一带一路"建设添砖加瓦。

第十三章　结　语

一、绿色"一带一路"建设意义重大，也面临一系列现实问题与挑战

当前，"一带一路"倡议已进入全面渗透、深度融合、加速转型的绿色发展新阶段。绿色"一带一路"建设掀开了"一带一路"绿色合作的新篇章，使"一带一路"建设驶入绿色、高效、可持续发展的鲜明轨道。如果说"一带一路"是一幅精心勾勒的工笔画，绿色"一带一路"则是勾画锦绣绚丽风景的主线条。绿色"一带一路"具有丰富的理论价值、前沿的理念引导，也充当着一种新型政策工具，绿色"一带一路"的提出是对"一带一路"倡议的理论创新与框架完善，对"一带一路"绿色可持续发展起到提纲挈领的作用。

现阶段绿色"一带一路"清洁能源合作中，天然气、可再生能源等清洁能源替代效应渐趋明显，私营企业日渐成为清洁能源国际合作的主体，清洁能源合作区域分布由分散化向集聚化转变，中国清洁能源海外投资合作逐渐由资源寻求性和行业聚集性向多元化、多样化的产业类别与合作形式的方向发展，综合作用形成了现有的清洁能源国际合作基本格局。绿色"一带一路"清洁能源国际合作有四大重点领域：绿色基建、清洁能源投资贸易、区域能源低碳化与能源转型，以及清洁能源合作的机制化与平台建设。

自然生态、经济可持续发展与环境保护，以及能源转型与能源清洁利用是绿色"一带一路"推进中的三个重要影响要素，从自然、人文及两者交叉层面影响着绿色"一带一路"合作。在三种影响要素综合作用下，绿色"一带一

路"推进中还面临绿色转型成本高、绿色技术渗透难、绿色标准不严格不统一、绿色发展的软硬件基础设施配套不完善、社会运动与负面舆论加强,以及新冠疫情下沿线区域投资环境日趋复杂等一系列现实问题和挑战,需对上述问题与风险进行精准识别、系统评估、审慎应对。

二、绿色"一带一路"框架下的清洁能源合作在区域、国家、产业三层面的战略主题可概述为:对接与协调、国家互促与互构、产业创新与融合

在国际碳约束日益增强、能源转型趋势日趋显现、绿色可持续发展呼声日渐高涨的背景下,绿色"一带一路"清洁能源国际合作对绿色"一带一路"建设及区域发展合作的重要性日益提升。绿色"一带一路"为清洁能源合作打开了广阔的空间,清洁能源国际合作则是实现绿色"一带一路"愿景的必然路径。绿色"一带一路"已成为中国引领区域绿色产业发展的重要平台,中国在绿色"一带一路"框架下国际清洁能源合作中的领导性地位愈加凸显。

区域、国家、产业是审视绿色"一带一路"框架下清洁能源国际合作战略的三个重要层面。在区域层面上,区域国家间战略对接与协调是清洁能源国际合作的重要基石。绿色"一带一路"清洁能源国际合作面临域外大国地缘政治战略对冲风险、西方国家对中国施以愈加严苛的审查机制,以及依然模糊的清洁能源合作战略目标与方向界定等一系列战略制约。与多边组织机制战略对接、国家间战略协调是"一带一路"建设基本格局中的两个重要路向,从宏观、中观两个维度构建起"一带一路"框架下的战略协调机制。在战略布局上,以六大走廊为主体架构,以非洲、拉美为重要补充的绿色"一带一路"框架下清洁能源合作战略对接与协调的宏观布局结构合理、战略可行,通过与重点区域、重点国家的通力合作,在区域清洁能源一主两副的战略方向上持续发力,将逐渐构建起清洁能源国际合作战略的基本框架。

在国家层面上,互促与互构是国家间清洁能源合作的主脉络。绿色"一带一路"清洁能源国家间合作主要有双边、多边与第三方市场三种形式。高层会谈与互动依然是为双边清洁能源合作定调的主要因素,双方合作规模、紧密程度很大程度上取决于双边关系;多边合作方面,中国在"一带一路"能源合作中虽有自主构建的能源合作机制但机制化程度不高,仍主要借助现有多边综合、专门的国际机制衍生的能源合作平台进行对话与交流;在第三方市场合作方面,中国主要与发达国家在第三方国家开展多领域合作,这种形式也补充和丰富了中国的对外能源合作。"百年未有之大变局"下国际局势风云变幻,绿色"一带一路"清洁能源合作中国家间关系与模式演变愈加剧烈,国家间关系与清洁能源合作之间逻辑勾连愈加复杂,并不单单是正向促进关系。绿色"一带一路"合作加深将促使清洁能源合作模式的演变,非机制化、渐进式的合作模式,不断推陈出新的基础设施建设合作模式,以及要素交换的融资合作模式等创新模式,彰显出绿色"一带一路"合作中的创新能力与发展活力。

在产业层面上,绿色"一带一路"清洁能源产业合作的主题可概括为创新与融合。产业合作是"一带一路"建设的核心内容之一,绿色产业合作对绿色"一带一路"的发展至关重要。从产业内细分,清洁煤炭、天然气、核电等清洁能源,以及风能、太阳能、水能、生物质能、氢能等可再生能源,依据其各自属性、产业基础呈现出不同的技术发展形态与开发现状,并决定着其产业发展趋势及国际合作态势。全球能源转型与绿色产业创新融合趋势为绿色"一带一路"清洁能源产业合作带来了新机遇,产业层面的创新融合也成为推动绿色"一带一路"区域产业融合发展的强大动力。绿色"一带一路"清洁能源产业合作将聚焦以下几个新方向:提升可再生能源消纳能力,注重储能建设;布局多能互补,促进多元联动;加快能源技术革命,推动产业升级;加强能力建设,构划区域融合;等等。从技术进步、能力建设、产业布局、区域融合等多方面推进清洁能源国际合作。

三、区域经济整体发展阶段、总体合作环境与合作水平是影响区域合作成效的重要因素;战略需求、双边关系、要素互补性以及本地资源禀赋等是影响国家间合作成效的重要因素;以创新合作推动产业深度融合并推广最佳实践是加深产业与项目合作的重要手段

绿色"一带一路"清洁能源合作在三个层面上全面协调推进,取得了不菲的成就。通过重点区域、国家、产业项目的案例分析与对比研究,可以总结合作中的成功经验、最佳实践等。

中亚、欧洲、非洲、拉美等是绿色"一带一路"的四个重点合作区域。对于急于摆脱产业落后、升级乏力困境的中亚地区,中国可通过绿色产能合作、传统产业的基础设施改造、新能源基础设施共建等形式,助其尽快实现工业升级与能源转型;对于已进入后工业化时代并积极推进能源转型的欧洲地区,中国应与其在政策沟通与加强机制化建设的基础上,继续发扬清洁能源贸易的传统,促进在双方合作较深的新能源产业上(如风电)的产能合作与技术研发；对于经济发展水平落后、尚未摆脱能源贫困的非洲国家，绿色"一带一路"带来了区域基础设施、贸易、资金的畅通，也给区域国家民众生活改善、能源脱贫、工业进步、经济发展带来了福祉；对于清洁能源开发基础较好而合作环境不佳的拉美地区，中国的资金、技术结合本地区丰富的可再生能源，可以产出丰硕的合作成果，但应特别注意规避地区根深蒂固的民粹民族主义思潮带来的政治、经济、社会等方面的外部投资风险。对比可发现，区域经济整体发展阶段、总体合作环境与合作水平是影响区域合作成效的重要因素。

俄罗斯、巴基斯坦、巴西、埃塞俄比亚等是双边清洁能源合作中的几个重点国家。中俄两国基于共同的国际战略、能源安全合作需求，在日渐加深的能源战略关系基础上，不断扩展清洁能源合作，但限于传统油气合作的巨大惯性，中俄在清洁能源合作方面处于起步阶段。中俄清洁能源合作符合两国利益，将带来更好的经济与环境效益。中国与巴基斯坦之间有着源远流长的政治友好关系，成为两国能源关系不断深化的政治基础，在"1+4"的总体合作框架下，中国与巴基斯坦合作建设了一系列重大工程和示范项目，为缓解巴基斯坦的电力紧张、提升经济发展水平贡献巨大。中国与巴西虽相隔遥远，但同属于具有"金砖"潜力的新兴经济体，中国在已经有着较好可再生能源开发利用基础的巴西，凭借自身竞争优势，在电力建设、水电、风电等领域都站稳了市场，两国在金砖国家合作机制下也有着密切的能源合作。中国对埃塞俄比亚的投资与援助，使其可再生能源日渐焕发光彩，为其经济发展、人民生活水平提高及能源结构优化带来了新的机遇，中埃日渐成为南南国家清洁能源合作中的领跑者和示范者。在绿色"一带一路"清洁能源双边合作中，战略需求、双边关系、要素互补性以及本地资源禀赋等是比较重要的影响因素。

"一带一路"宏伟工程是由不同产业分工下具体的合作项目汇聚而成。从清洁燃煤、天然气、光伏太阳能、水电、风电、核电等不同产业领域选取了萨希瓦尔燃煤电站、亚马尔天然气项目、真纳太阳能工业园区、卡洛特水电站、黑山莫祖拉风电项目、卡拉奇核电站项目等典型合作项目进行深入的案例分析，发现每个成功的合作项目背后都有着中国相关产业的相对竞争优势与项目管理的独特之处，中国通过这些项目树立了高质量、高效率、高环境标准、高工艺水准的"中国品牌"。清洁能源产业合作最佳实践经验可归纳为：产业合作规模化、园区化，注重与共建国产业优势互补与产业协同，以创新合作推动产业深度融合。清洁能源工程建设合作项目最佳实践方面，中国承建方有效地将多元化的市场、融资渠道、参与者及利益相关方兼容入一个合作共建体系,并广泛采取以少数中国管理人员、工程师及设计人员等组成核心管理层,熟练的中国技术人员占据一定规模,大量雇用本地工人作为施工主体的独特"梯形"组合模式。产业合作园区最佳实践还在不断改良,中国与东道国从规划到运营均以绿色发展理念为引领,以优先实施高比例可再生能源替代为目标,以现代化信息技术支撑智慧化管理,使产业园区合作项目持续繁盛。

四、清洁能源合作战略优化应将完善顶层设计、充实战略框架作为夯实清洁能源合作战略的基础,将机制化和联动性作为清洁能源合作体系优化发展的两个核心向度,四方面组成四块"战略基石"

绿色"一带一路"框架下清洁能源国际合作战略仍需持续优化战略规划与布局。绿色"一带一路"框架下清洁能源国际合作的空间布局深度影响着清洁能源国际合作战略。清洁能源国际合作的空间布局优化需以联合国可持续发展目标为重要参照,加强与联合国 2030 可持续发展目标的配合协调;遵循由点到线到面的合作空间布局展开,发挥经济走廊、能源通道在由点到面的链接中的关键作用;以共建区域生态环境共同体应对严峻的区域生态环境问题与区域国家生态环保的紧迫现实需求。

在绿色"一带一路"框架下的清洁能源合作战略中,战略规划与制度安排模糊、战略框架不充实等问题依然突出。对此,清洁能源合作战略规划应将完善顶层设计、充实战略框架作为夯实合作战略的基础。清洁能源合作战略优化需从长远和中短期规划的角度优化清洁能源合作战略的顶层设计,从优化能源各领域合作机制、构建信息资源与最佳实践共享机制等方面充实战略框架。

机制化和联动性是绿色"一带一路"清洁能源合作体系优化发展的两个核心向度。推进机制化建设应渐进地完善、创新清洁能源合作体系的机制框架,协调对接现有国际能源合作体系的机制框架,将绿色"一带一路"创新型政策工具作为加强机制化的主要抓手。而提升绿色"一带一路"联动水平,区域主要国家可结合现有条件,从空间联动、战略政策联动、产业联动三个层面引导绿色联动发展,使三种联动相互支撑,形成绿色联动发展新空间,打造绿色联动发展新机制。

五、清洁能源合作路径可依托完善政策体系、加强对接协调、创设合作平台、促进绿色"五通"等四块"路径基石",着力构建以"一理念、两主体、三层面、四基石"为基础框架的多元、多层、多维度的清洁能源国际合作主路径。其中又以保障资金融通;促进基础设施互联互通;引领打造绿色发展示范区;激励创新引领与科技先行;协调好政府与市场关系,完善清洁能源系统整合与项目落地等五个领域为优先发展方向

围绕习近平主席关于打造"绿色丝绸之路"的战略构想,深入探究绿色"一带一路"的理论价值、总体思路、政策意义等,探索具有科学性、前瞻性、可操作性的推进路径,对于"一带一路"绿色可持续发展与沿线区域生态环保具有特别重要的意义。

在绿色"一带一路"框架下清洁能源战略体系不断优化的基础上,合作路径的基础框架也愈加清晰:围绕绿色发展的核心理念("一理念"),中国与绿色"一带一路"区域国家两个主要行为体携其他次要行为体一道("两主体"),从区域层面的能源转型与升级、国家层面的绿色科技创新与传播、产业层面的绿色产能合作与融合等领域("三层面"),依托完善政策体系、加强对接协调、创设合作平台、促进绿色"五通"等四块"路径基石"("四基石"),着力构建多元、多层、多维度的清洁能源国际合作路径。

清洁能源国际合作路径的优先方向选择具有重要的先导性与政策引领作用。加强绿色金融合作,保障资金融通;注重联动发展;促进基础设施互联互通;这两个"五通"的重点领域为清洁能源国际合作奠定互联互通的深厚基础。引领绿色发展潮流,打造绿色发展示范区;聚焦创新引领,激励科技先行则以绿色发展理念为核心、科技创新为原动力,引领绿色"一带一路"清洁能源国际合作的高质量发展。此外还应注重协调好政府与市场"两只手"之间的关系,完善清洁能源系统的整合与合作项目的落地。

六、国家和企业是绿色"一带一路"框架下清洁能源国际合作中的最重要的行为体和项目实施主体,两者需从不同层面、不同领域优化战略布局与合作路径,并高效协同,合力推动清洁能源国际合作深化,实现绿色"一带一路"愿景

今日中国正处于以能源革命为核心的世界新产业革命持续发酵与努力实现中华民族伟大复兴的重大历史交汇期,面临新机遇和新挑战,无论是作为国际合作主要行为体的国家还是作为国际合作项目实施主体的企业,无

论是国内发展规划还是国际合作战略,都需高瞻远瞩、精细布局。

　　绿色"一带一路"建设过程中,国家作为最重要的行为体,需要在国际合作层面,从强化理论政策、优化战略框架、完善战略体系、规划区域国别、协调战略对接、统一规则标准、丰富最佳实践等领域展开国际合作战略优化;在国内层面,从推进国内能源转型、引领区域能源转型、平衡清洁能源产业链与价值链、坚持科技创新驱动、凝聚绿色发展共识等领域进行因应,引领绿色"一带一路"建设走深走实。

　　企业是绿色"一带一路"清洁能源国际合作的主体。企业应当以创新作为参与、引领国际清洁能源合作的重要战略导向,加速布局国际化、本土化,注重履行海外社会责任,树立良好的海外形象,加强企业国际化运营管理人才的培养与储备。

　　绿色"一带一路"是一项宏伟而系统的工程,其推进路径曲折而渐进。秉承共商共建共享原则,"一带一路"才能走深走实;践行绿色发展,"一带一路"才能行稳致远。随着绿色"一带一路"向纵深推进,清洁能源国际合作也将面临更多新机遇和新挑战。对此,中国需坚定绿色发展引领者的战略定位,在新发展格局下不断更新"中国智慧""中国方案"与创新型政策工具及合作模式,带领区域走向绿色发展、有机联动的清洁能源合作之路;中国企业需抓住绿色"一带一路"建设机遇,以创新为引领,持续提升国际竞争力,践行更高的环境标准,履行更多的社会责任,增强其在清洁能源合作中的作用和影响,为绿色"一带一路"建设添砖加瓦。

参考文献

（一）外文文献

[1] Asia Pacific Energy Research Centre（APERC）. A Quest for Energy Security in the 21st Century［R］.［2010-09-26］. http：// www. ieej. or. jp/aperc/2007pdf/2007_Reports/APERC _2007_A_Quest_for_Energy_ Security. pdf. 2007.

[2] Gransow B. Chinese Infrastructure Investment in Latin America—An Assessment of Strategies，Actors and Risks［J］. Journal of Chinese Political Science，2015，20(3).

[3] B. W. Ang，et al. Energy Security：Definitions，Dimensions and Indexes ［J］. Renewable and Sustainable Energy Reviews. 2015(42).

[4] BP. BP Energy Outlook(2019 edition)［R］. 2019：79.

[5] BP. Statistical Review of World Energy 2019［R］. 2020.

[6] BP. World Energy Outlook 2020［R］. 2020.

[7] China Council for International Cooperation on Environment and Development (CCICED). National Governance Capacity for Green Transformation：Final Report［R］. 2015.

[8] China Development Bank（CDB），United Nations Development Programme （UNDP），The School of Economics，Peking University（SEPKU）. The Economic Development along the Belt and Road 2017［R］. 2017.

[9] Dai Hancheng，et al. Green Growth：The Economic Impacts of Arge-scale

Renewable Energy Development in China[J]. Applied Energy, 2016 (162).

[10]Scholten D, Bosman R. The Geopolitics of Renewables: Exploring the Political Implications of Renewable Energy Systems[J]. Technological Forecasting and Social Change,2016(103).

[11] Shambaugh D. U. S. -China Rivalry in Southeast Asia: Power Shift or Competitive Coexistence? [J]. International Security,2018,42 (4).

[12]DNV-GL. Energy Transition Outlook 2018[R]. 2018.

[13]EIA. International Energy Outlook 2019[R]. 2019.

[14]Engelke P, Michel D. Ecology Meets Geopolitics: Water Security in Himalayan Asia[R]. Washington D. C. : The Atlantic Council,2019.

[15]Commission of the European Communities. Green Paper—Towards a European Strategy for the Security of Energy Supply[R]. Brussels, 2000.

[16]Farooki M. China's Mineral Sector and the Belt & Road Initiative[R]. Strategic Dialogue on Sustainable Raw Materials for Europe,2018.

[17]Gao Chen,et al. Overcoming Institutional Voids: A Reputation—Based View of Long-run Survival[J]. Strategic Management Journal,2017,38 (11).

[18]Gerald Chan. Understanding China's New Diplomacy: Silk Roads and Bullet Trains[M]. Cheltenham: Edward Elgar,2018.

[19]Han Lei,et al. Energy Efficiency Convergence Across Countries in the Context of China's Belt and Road Initiative[J]. Applied Energy,2018, (213).

[20]He Yongxiu,Pang Yuexia,Zhang Qi,et al. Comprehensive Evaluation of Global Clean Energy Development Index Based on the Improved Entropy Method[J]. Ecological Indicators,2018(88).

[21]Herberg M E,et al. Asia's Energy Security and China's Belt and Road Initiative [R]. The National Bureau of Asian Research Special Report,2017.

[22] Hyun Jin Choi. Fueling Crisis or Cooperation? The Geopolitics of Energy Security in Northeast Asia[J]. Asian Affairs,2009(1).

[23] IEA. China's Engagement in Global Energy Governance[R]. Paris:

OECD/IEA,2016.

［24］IEA. World Energy Outlook 2010［R］. 2010.

［25］IEA. Offshore Wind Outlook 2019［R］. 2019.

［26］IEA. Renewable Information Overview［R］. 2020.

［27］IEA. Sustainable Development Scenario［R］. 2018；

［28］IEA，IRENA，UNSD，WB，WHO. Tracking SDG 7：The Energy Progress Report 2019［R］. Washington D. C. ,2019.

［29］Intergovernmental Panel on Climate Change (IPCC). Special Report on the Ocean and Cryosphere in a Changing Climate［R］. 2019.

［30］Indra Overland,et al. The GeGaLo Index：Geopolitical Gains and Losses After Energy Transition［J］. Energy Strategy Reviews,2019(26).

［31］International Renewable Energy Agency（IRENA）. Global Energy Transformation：A Roadmap to 2050［R］. 2019.

［32］IRENA. The Power to Change：Solar and Wind Cost Reduction Potential to 2025［R］. 2016.

［33］IRENA. Global Energy Transformation：A Roadmap to 2050（2019 Edition）［R］. 2019.

［34］IRENA. Renewable Energy Statistics 2018［R］. 2018.

［35］Jean-Marie Chevalier（ed. ）. The New Energy Crisis：Climate，Economics and Geopolitics［M］. NewYork：Palgrave Macmillan,2009.

［36］Lin Boqiang. Green Development Determinants in China：A Non-radial Quantile Outlook［J］. Journal of Cleaner Production,2017(162).

［37］Mengyu Li,et al. Emissions,Energy and Economic Impacts of Linking China's National ETS with the EU ETS［J］. Applied Energy,2019(235).

［38］Fadel M E,et al. Knowledge Management Mapping and Gap Analysis in Renewable Energy：Towards a Sustainable Framework in Developing Countries［J］. Renewable and Sustainable Energy Reviews,2013(20).

［39］OLADE. Latin American and Caribbean Energy Organization（ENERLAC）Magazine［R］. 2010.

［40］Philip Andrews-Speed，Sufang Zhang. China as a Global Clean Energy Champion［M］. Singapore：Palgrave Macmillan,2019.

［41］REN21. Renewables 2019 Global Status Report［R］. 2019.

[42]REN21. Renewables 2020 Global Status Report[R]. 2020.

[43]Rex oafallas Cruz, et al. Asia Climate Change 2007:Impacts,Adaptation and Vulnerability[M]. Cambridge:Cambridge University Press,2007.

[44] Rigaud, Kanta Kumari, et. al. Groundswell: Preparing for Internal Climate Migration[R]. Washington,D. C. :World Bank,2018.

[45]Evans R L. Fueling Our Future:An Introduction to Sustainable Energy [M]. New York:Cambridge University Press,2007.

[46] Rodrigo Corrêada Silvan, et al. Electricity Supply Security and the Future of Renewable Energy Sources in Brazil[J]. Renewable and Sustainable Energy Reviews,2016(59).

[47]Shah Aniket. Building a Sustainable "Belt and Road"[J]. Horizons, 2016(7).

[48]Stephen Aris. One Belt, One Road:China's Vision of "Connectivity" [R]. CSS Analyses in Security Policy,2016.

[49]The Economic and Social Commission for Asia and the Pacific (ESCAP) of United Nations. Electricity Connectivity Roadmap for Asia and the Pacific:Strategies Towards Interconnecting the Region's Grids[R]. Thailand:Bangkok,2019.

[50]The Oxford Institute for Energy Studies. Uppacking the China's 2060 Carbon Neturality Pledge[R]. UK :Oxford,2020.

[51]Stacy Closson. Energy Security of the European Union[Z]. CSS Analyses in Security Policy,2008,3(36).

[52]Shell. Sky Scenario 2018—Meeting the Goals of the Paris Agreement [R]. 2018.

[53]Stéphane Hallegatte, et. al. Unbreakable:Building the Resilience of the Poor in the Face of Natural Disasters[R]. Climate Change and Development Series,Washington,D. C. :World Bank,2017.

[54] UN Climate Action Summit 2019[EB/OL]. [2019-09-23]. https://www. un. org/en/climatechange/un-climate-summit-2019. shtml.

[55]United Nations Development Programme (UNDP)[EB/OL]. [2019-09-20]. https://www. cn. undp. org/content/china/zh/home/sustainable-development-goals/goal-7-affordable-and-clean-energy. html.

[56]United Nations Development Programme (UNDP). World Energy

Assessment：Overview 2004 Update[R]. 2004.

[57]World Bank. World Development Report 2011[R]. 2011.

[58]World Energy Council. World Energy Trilemma：Time to Get Real— The Case for Sustainable Energy Policy[R]. UK：London，2012.

[59]World Bank Development Committee. Action Plan on Climate Change Adaptation and Resilience[R]. Washington D. C. ，2019.

[60]World Energy Council. Energy for Tomorrow's World—Acting Now！ [Z]. WEC Statement 2000，2000.

[61]Webber Michael，Han Xiao. Corporations，Governments，and Socioenvironmental Policy in China：China's Water Machine as Assemblage[J]. Annals of the American Association of Geographers，2017，107(6).

[62]World Resources Institute. Moving the Green Belt and Road Intitiative： From Words to Actions[R]. 2018.

[63]Su Yujie，Zhang Peidong，SuYuqing. An Overview of Biofuels Policies and Industrialization in the Major Biofuel Producing Countries[J]. Renewable and Sustainable Energy Reviews，2015(50).

[64]Zhang Ning，et al. Carbon Footprint of China's Belt and Road[J]. Science，2017，357(6356).

[65]Zhang Xu，et al. The Role of Multi-region Integrated Emissions Trading Scheme：A Computable General Equilibrium Analysis [J]. Applied Energy，2017(185).

[66]Zhou Lihuan，Gilbert Sean，Wang Ye，et al. Moving the Green Belt and Road Initiative：From Words to Actions[R]. Washington D. C. ：World Resources Institute Working Paper，2018.

[67] Zurich. Water Scarcity：A Growing Risk to Global Sociopolitical Stability[R]. Switzerland：Zurich Insurance Group Ltd. ，2017.

（二）中文文献

[1]BP. BP 2035 世界能源展望[R]. 2019.

[2]本刊. 数说风电"十三五". 风能，2021(01).

[3]蔡春林，陈雨."一带一路"倡议及其对深化金砖合作的影响与作用[R]// 郭业洲，等. 金砖国家合作发展报告（2019）. 北京：社会科学文献出版社， 2019.

[4]崔守军.中国能源国际合作模式的选择[J].现代国际关系,2010(11).

[5]丁金光,张超."一带一路"建设与国际气候治理[J].现代国际关系,2018(9).

[6]董锁成,李泽红,李富佳."一带一路"绿色发展模式与对策[J].公关世界,2018(11).

[7]杜德斌,刘承良,胡志丁."亚洲水塔"变化对中国周边地缘政治环境的影响[J].世界地理研究,2020(2).

[8]范必.中国应对全球能源治理变局的思考[J].开放导报,2016(3).

[9]冯晓琦,万军.国际能源合作体系中的南南合作[R]//郭业洲,等.金砖国家合作发展报告(2019).北京:社会科学文献出版社,2019.

[10]傅聪.欧盟清洁能源与气候治理的困境[R]//周弘,等.欧洲发展报告(2018—2019).北京:社会科学文献出版社,2019.

[11]傅梦孜."一带一路"倡议的三个理论视角[J].现代国际关系,2018(12).

[12]国家发改委能源所,国家可再生能源中心.中国可再生能源展望2019[R].2020.

[13]国家发展和改革委员会,国家能源局.能源生产和消费革命战略(2016—2030)[R].2016.

[14]国家发展和改革委员会能源研究所.中国2050高比例可再生能源发展情景暨路径研究[R].2015.

[15]国家开发银行,联合国开发计划署.融合投融资规则促进"一带一路"可持续发展——"一带一路"经济发展报告(2019)[R].2019.

[16]国家应对气候变化战略研究和国际合作中心.中国推动全球气候治理和国际合作的战略和对策研究[R].2020.

[17]国际能源署.世界能源展望2019(执行摘要)[R].2019:5.

[18]国际能源署.中国在亚洲新兴经济体的能源项目参与(执行报告)[R].2019.

[19]国务院新闻办公室.新时代的中国能源发展(白皮书)[R].2020.

[20]郭苏建,方恺,王双,等.全球可持续能源竞争力报告2016[R].杭州:浙江大学出版社,2016.

[21]郭朝先,杨晓琰.中国与"一带一路"沿线国家产能合作[R]//李永全."一带一路"建设发展报告(2019).北京:社会科学文献出版社,2019.

[22]韩璐.丝绸之路经济带在中亚的推进:成就与前景[J].国际问题研究,2017(3).

[23]何光强,许培源.21世纪海上丝绸之路建设:进展、问题与对策[R]//贾益民.21世纪海上丝绸之路研究报告(2018—2019).北京:社会科学文献出版社,2019.

[24]何帆,朱鹤,张骞.21世纪海上丝绸之路建设:现状、机遇、问题与应对[J].国际经济评论,2017(5).

[25]何润民,李森圣,曹强,等.关于当前中国天然气供应安全问题的思考[J].天然气工业,2019(9).

[26]何则,等.世界能源贸易网络的演化特征与能源竞合关系[J].地理科学进展,2019(10).

[27]黄晓勇.世界能源发展报告(2018)[R].北京:社会科学文献出版社,2018.

[28]黄晓勇,祝捷.世界能源发展报告(2019)[R].北京:社会科学文献出版社,2019.

[29][美]杰里米·里夫金.第三次工业革命:新经济模式如何改变世界[M].张体伟,译.北京:中信出版社,2012.

[30]拉丽萨·斯米尔诺娃,禤明亮,张欢欢.俄罗斯媒体对"一带一路"的认知[J].俄罗斯学刊,2018(1).

[31]蓝庆新,李顺顺,彭一然.推进"一带一路"绿色能源国际合作[R]//张新民,等.中国企业海外发展报告(2019).北京:社会科学文献出版社,2019.

[32]联合国开发计划署(UNDP).促进"一带一路"沿线可持续金融与投资的发展[R].2018.

[33]林建勇,蓝庆新."一带一路"倡议下中国与中亚国家能源合作面临的挑战与对策[R]//张新民,等.中国企业海外发展报告(2018).北京:社会科学文献出版社,2018.

[34]林益楷.深化中国与上合组织国家能源合作[J].中国石油与天然气,2019(2).

[35]林益楷.能源大抉择——迎接能源转型新时代[M].北京:石油工业出版社,2019.

[36]李丹,李凌羽."一带一路"生态共同体建设的理论与实践[J].厦门大学学报(哲学社会科学版),2020(3).

[37]李向阳."一带一路"的高质量发展与机制化建设[J].世界经济与政治,2020(5).

[38]李向阳.促进世界和平稳定繁荣的公共产品[N].人民日报,2017-04-23
(05).

[39]李向阳.亚洲区域经济一体化的"缺位"与"一带一路"的发展导向[J].
中国社会科学,2018(8).

[40]李昕蕾."一带一路"框架下中国的清洁能源外交——契机挑战与战略
性能力建设[J].国际展望,2017(3).

[41]李旭.绿色创新相关研究的梳理与展望[J].研究与发展管理,2015(2).

[42]李志斐.水与地区秩序变化:内在推动与多重影响[J].国际政治科学,
2018(3).

[43]刘建国,梁琦."一带一路"能源合作问题研究[J].中国能源,2015,37
(7).

[44]刘向东.中国落实联合国 2030 可持续发展议程的政策实践[R]//中国
国际经济交流中心,等.中国可持续发展评价报告(2019).北京:社会科
学文献出版社,2019.

[45]刘媛媛.世界可再生能源市场:发展现状与展望[R]//黄晓勇,祝捷.世
界能源发展报告(2019).北京:社会科学文献出版社,2019.

[46]刘振亚.构建全球能源互联网　推动能源清洁绿色发展[J].国家电网,
2015(11).

[47]刘贞晔.全球大变局:中国的方位与出路[J].探索与争鸣,2019(1).

[48]陆家亮,赵素平,孙玉平,等.中国天然气产量峰值研究及建议[J].天然
气工业,2018,38(1).

[49]陆长平,袁洋,杨柳."一带一路"倡议下中国企业走出去融资路径研
究——基于货币政策视角[J].国际贸易,2019(1).

[50]路甬祥.清洁、可再生能源利用的回顾与展望[J].科技导报,2014,32
(Z2).

[51]绿色和平组织."一带一路"后中国企业风电、光伏海外股权投资趋势分
析[R].2019.

[52]绿色和平组织.中国海外煤电股权投资趋势与风险分析[R].2019.

[53]能源互联网研究课题组.能源互联网发展研究[M].北京:清华大学出
版社,2017.

[54]农银国际.中国替代能源行业[R].2020.

[55]庞加欣,赵江林."21 世纪海上丝绸之路"与沿线国家合作[R]//贾益
民.21 世纪海上丝绸之路研究报告(2018—2019).北京:社会科学文献

出版社,2019.

[56]普华永道,上海国际问题研究院.新形势下全球化转型与"一带一路"倡议的驱动力[R].2020.

[57]秦亚青,魏玲.新型全球治理观与"一带一路"合作实践[J].外交评论,2018(2).

[58]世界资源研究所.零碳之路:"十四五"开启中国绿色发展新篇章[R].2020.

[59]商务部,中国对外承包工程商会.中国对外承包工程发展报告(2019—2020)[R].2020.

[60]商务部国际贸易经济合作研究院.对外投资合作国别(地区)指南:巴西(2020年版)[R].2020.

[61]史小今.中巴经济走廊能源合作:重点、案例、风险及对策建议[J].国别和区域研究,2019(3).

[62]孙一琳.能源岛助海上风电点亮欧洲[J].风能,2020(1).

[63]谭显春,等.气候变化对我国中长期发展的影响分析及对策建议[J].中国科学院院刊,2017,32(9).

[64]王明国."一带一路"倡议的国际制度基础[J].东北亚论坛,2015(6).

[65]王海芹,高世楫.我国绿色发展萌芽、起步与政策演进:若干阶段性特征观察[J].改革,2016(3).

[66]王礼茂,等.中国参与全球能源治理的总体思路与路径选择[J].资源科学,2019(5).

[67]王双.巴西可再生能源产业竞争优势及其启示[J].价格理论与实践,2019(4).

[68]王双,周云亨.世界能源秩序转型背景下的中拉能源合作——新秩序、新角色与新篇章[J].国际观察,2016(6).

[69]王学峰.绿色"一带一路"将引领全球一体化的4.0时代[J].区域经济评论,2017(6).

[70]王一鸣.百年大变局、高质量发展与构建新发展格局[J].管理世界,2020(12).

[71]习近平.决胜全面建成小康社会夺取新时代中国特色社会主义伟大胜利——在中国共产党第十九次全国代表大会上的报告[R].北京:人民出版社,2017.

[72]徐斌.市场失灵、机制设计与全球能源治理[J].世界经济与政治,2013

(11).

[73]徐鹤,姚荣,黄妍莺.推进我国"一带一路"火电绿色投资的思考与建议[J].环境保护,2019,47(2).

[74]徐洪峰,王晶.俄罗斯可再生能源发展现状及中俄可再生能源合作[R]//孙壮志.俄罗斯发展报告(2018).北京:社会科学文献出版社,2018.

[75]许勤华,王际杰.推进绿色"一带一路"建设的现实需求与实现路径[J].教学与研究,2020(5).

[76]许勤华,袁淼."一带一路"建设与中国能源国际合作[J].现代国际关系,2019(4).

[77]徐秀军."一带一路"建设:以合作模式创新塑造发展新动力[M]//张宇燕,等.2020年世界经济形势分析与预测.北京:社会科学文献出版社,2019.

[78]杨斌,李冬红,汤玲玲."一带一路"中国与中东欧国家的合作共赢[M].北京:清华大学出版社,2019.

[79]"一带一路"绿色发展国际联盟.《"一带一路"项目绿色发展指南》基线研究报告[R].2020.

[80]"一带一路"绿色发展国际联盟."一带一路"绿色发展案例报告(2020)[R].2020.

[81]"一带一路"绿色发展国际联盟."一带一路"绿色能源与环境[R].2020.

[82]易兰,贺倩,李朝鹏,等.碳市场建设路径研究:国际经验及对中国的启示[J].气候变化进展,2019,15(3).

[83]岳鹏.印度能源战略通道建设及其地缘影响[J].南亚研究季刊,2017(1).

[84]于宏源.地缘政治视域下国际石油价格的震荡及应对[J].国际展望,2020(6).

[85]于宏源.自上而下的全球气候治理模式调整:动力、特点与趋势[J].国际关系研究,2020(1).

[86]于宏源,汪万发.绿色"一带一路"建设:进展、挑战与深化路径[J].国际问题研究,2021(2).

[87]余晓钟,白龙."一带一路"背景下国际能源通道合作机制创新研究[J].东北亚论坛,2020(6).

[88]自然资源保护协会.中国高耗能行业"一带一路"绿色产能合作发展报

告[R].2018.

[89]张博,孙旭东,刘颖,等.能源新技术新兴产业发展动态与 2035 战略对策[J].中国工程科学,2020(2).

[90]张春."一带一路"高质量发展观的建构[J].国际观察,2020(4).

[91]章百家.改变自己,影响世界——20 世纪中国外交基本线索刍议[J].中国社会科学,2002(1).

[92]张建平,张燕生,陈浩.建设绿色"一带一路"的愿景和行动方案研究框架[J].行政管理改革,2017(9).

[93]张文木.世界地缘政治中的中国国家安全利益分析[M].济南:山东人民出版社,2004.

[94]张敏."一带一路"建设中如何实践绿色发展理念?[J].区域经济评论,2017(6).

[95]张宁.可再生能源是中国与中亚国家的合作增长点[M]//李永全.丝绸之路经济带和欧亚经济联盟对接研究.北京:社会科学文献出版社,2017.

[96]张述存."一带一路"战略下优化中国对外直接投资布局的思路与对策[J].管理世界,2017(4).

[97]张耀铭.中巴经济走廊建设:成果、风险与对策[J].西北大学学报(哲学社会科学版),2019(4).

[98]张玉来.日本多边贸易战略新进展与中日经济关系[J].现代日本经济,2019(4).

[99]郑竟,陈明,柴伊琳,等."一带一路"绿色投融资机制构建探讨[J].环境保护,2017(19).

[100]赵宏图,韩立群.能源转型与国际能源安全观念的更新[R]//达巍.中国国际安全研究报告(2018).北京:社会科学文献出版社,2018.

[101]中国电力行业联合会.中国电力行业年度发展报告 2019[R].北京:中国建材工业出版社,2019.

[102]中国环境与发展国际合作委员会.绿色转型与可持续社会治理(专题政策研究报告)[R].2019.

[103]中国环境与发展国际合作委员会.2035 年环境质量改善目标与路径(专题政策研究报告)[R].2019.

[104]中国环境与发展国际合作委员会.绿色"一带一路"与联合国 2030 年可持续发展议程(专题政策研究报告)[R].2019.

[105]中国—欧盟能源合作平台.中欧能源系统整合间歇性可再生能源(政策考量)[R].2020.

[106]中国商务部国际贸易经济合作研究院,等.2017中国企业海外可持续发展报告——助力"一带一路"地区实现2030年可持续发展议程[R].2017.

[107]中国石油经济技术研究院.能源数据统计[R].2019.

[108]中国水电水利规划设计总院.中国可再生能源国际合作报告(2019)[R].2020.

[109]中国新能源海外发展联盟."一带一路"可再生能源发展合作路径及其促进机制研究[R].2019.

[110]中华人民共和国商务部.中国对外投资发展报告[R].2019.

[111]中华人民共和国商务部,中国对外承包工程商会.中国对外承包工程国别(地区)市场报告(2019—2020)[R].2020.

[112]朱彤.能源转型中我国电力能源的结构、问题与趋势[J].经济导刊,2020(6).

[113]光明日报."一带一路"能源合作俱乐部呼之欲出[N].2017-06-05(01).

[114]光明日报.在形成陆海内外联动、东西双向互济的开放格局上率先取得突破[N].2019-09-17(05).

[115]光明日报.构筑"一带一路"互利共赢产业链[N].2021-05-09(12).

[116]国际商报.中非深化可再生能源技术合作[N].2016-07-20(02).

[117]经济日报.推动两国协同发展,中巴经济走廊远景规划发布[N].2017-12-20.

[118]中国能源报.刘振亚:建设我国能源互联网,推进绿色低碳转型(上)[N].2020-07-27(01).

[119]学习时报.刘振亚:推动落实全球能源互联网中国倡议助力构建人类命运共同体[N].2020-03-27(04).

[120]人民日报.中企参与的黑山莫祖拉风电站项目投入试运营,当地居民表示——"风电给我们带来实实在在的福利"[N].2019-07-02(03).

[121]人民日报.中国积极推动可再生能源国际合作[N].2020-7-25(01).

[122]人民日报.中企承建赞比亚首座大型水电站发电[N].2021-08-12(17).

[123]三湘都市报.中国水电八局承建的埃塞俄比亚最大吉布3水电站机组全部投产[N].2016-9-24(A9).

[124]石油商报.邹才能院士:能源转型,从世界到中国,正从资源为王向技

术为王转变［N］.2020-07-28.

［125］中国能源报.巴西能源战略——"生态"之光［N］.2019-02-11(04).

［126］中国社会科学报.为一带一路高质量发展提供学理支撑［N］.2018-11-20(1).

（三）网络媒体文献

［1］CNN. ＄13.6B Record-breaking Solar Park Rises from Dubai Desert
［EB/OL］. ［2019-04-15］. https：// edition. cnn. com/style/article/mbr-
solar-park-dubai-desert-intl/index. html.

［2］The Straits Times. Saudis to Raise Oil Output，Beginning All-out Price
War Amid Coronavirus Crisis［EB/OL］. ［2020-03-08］. https：// www.
straitstimes. com/business/economy/saudis-to-raise-oil-output-beginning-all-
out-price-war-amid-coronavirus-crisis.

［3］Energy Information Administration（EIA）. World Oil Transit Chokepoints
［EB/OL］. ［2017-07-25］. www. eia. doe. gov/cabs/World_Oil_Transit_
Chokepoints/Background. html.

［4］EIA. Almost 40％ of Global Liquefied Natural Gas Trade Moves Through
the South China Sea［EB/OL］. ［2017-11-02］. https：// www. eia. gov/
todayinenergy/ detail. php？ id＝33592.

［5］Global Wind Energy Council（GWEC）. New Markets to Push Down
LatAm Wind Prices as Brazil Leads，Says GWEC［EB/OL］. ［2016-05-
11］. http：// www. gwec. net/new-markets-to-push-down-latam-wind-
prices-as-brazil-leads-says-gwec/.

［6］UN News Center. At China's Belt and Road Forum，UN Chief Guterres
Stresses Shared Development Goals［EB/OL］. ［2017-05-14］. http：//
www. un. org/sustainabledevelopment/blog/2017/05/at-chinas-beltand-
road-forum -un-chief-guterres-stresses-shared-development-goals/.

［7］The Straits Times. Saudis to Raise Oil Output，Beginning All-out Price
War Amid Coronavirus Crisis［EB/OL］. ［2020-03-08］. https：// www.
straitstimes. com/business/economy/saudis-to-raise-oil-output-beginning-
all-out-price-war-amid-coronavirus-crisis.

［8］21 世纪经济报道."一带一路"：首次评估沿线 38 个国家的资源环境绩效

[EB/OL].［2015-05-30］. https：// m. 21jingji. com/article/20150530/ 770cbc391bb8060e455a6bc9200a2eb4. html.

［9］21世纪经济报道.诺瓦泰克：与丝路基金完成亚马尔项目9.9%股权交易［EB/OL］.［2016-03-16］. https：// m. 21jingji. com/article/20160316/ herald/effb8cda79473a17498443fb48ce0f76. html.

［10］阿联酋通讯社.穆罕默德·本·拉希德·阿勒马克图姆太阳能公园拥有世界上最大的储能能力［EB/OL］.［2020-11-28］. https：// wam. ae/ zh-CN/details/1395302890927.

［11］北极星电力网新闻中心.中国电建与俄水电集团签署合作协议［EB/OL］.［2019-06-11］. http：// news. bjx. com. cn/html/20190611/985302. shtml.

［12］北极星风力发电网.这个被称为"中阿新能源合作里程碑"的风场并网了［EB/OL］.［2019-12-02］. http：// news. bjx. com. cn/html/20191202/ 1025022. shtml.

［13］北极星电力网新闻中心.新春之际中俄核能合作再获丰硕成果［EB/OL］.［2020-01-22］. http：// news. bjx. com. cn/ html/20200122/1038 458. shtml.

［14］北极星太阳能光伏网.隆基、晶澳、阿特斯等光伏企业聚焦巴西［EB/OL］.［2020-03-05］. http：// guangfu. bjx. com. cn/news/20200305/1051 064. shtml.

［15］电力头条.俄罗斯首座浮式光伏电站投运［EB/OL］.［2020-01-22］. https：//www. chinapower. org. cn/ detail/ 243843. html

［16］观察者网.超级工程：中俄北极天然气项目投产,普京亲自装船［EB/OL］.［2017-12-09］. https：// www. guancha. cn/global-news/2017_12_ 09_438476_s. shtml.

［17］从"0"到"1"! 金风科技：那些在海外"随风起舞"的日子［EB/OL］.［2019-05-03］. http：// www. goldwind. com. cn/news/focus-article? id ＝1707.

［18］经济日报-中国经济网.中欧班列助力"一带一路"见实效［EB/OL］.［2020-08-11］. http：// fec. mofcom. gov. cn/article/fwydyl/zgzx/202008 /20200802990760. shtml.

［19］国家发展和改革委员会,国家能源局.推动丝绸之路经济带和21世纪海上丝绸之路能源合作愿景与行动［EB/OL］.［2017-05-12］. http：//

www. nea. gov. cn/201705/12/c_136277473. htm? from＝groupmessage.

[20]国务院国有资产管理监督管理委员会.中国石油海外油气业务取得历史性突破[EB/OL].[2020-01-17]. http：// www. sasac. gov. cn/n2588025/n2588124/c13533509/content. html.

[21]国网能源研究院.重大颠覆性技术对能源系统的影响研究（学术报告）[EB/OL].[2020-08-17]. https：//www. sohu. com/a/413453520_742793.

[22]华尔街见闻.油气投资海外大抄底,中国能源企业"出海"融资不走寻常路？[EB/OL].[2017-11-15]. https：//www. sohu. com/a/204788097_788233.

[23]环境保护部,外交部,等.关于推进绿色"一带一路"建设的指导意见[EB/OL].[2017-04-24]. http：// www. zhb. gov. cn/gkml/hbb/bwj/201705/t20170-505_413602. htm.

[24]绿色和平组织."十四五"应成为中国低碳发展进程的加速器[EB/OL].[2021-03-15]. http：// www. greenpeace. org. cn/14th-five-year-plan-greenpeace-press-release-20210315/.

[25]求是网.绿色"一带一路"推动构建人类命运共同体[EB/OL].[2020-10-09]. http：// www. qstheory. cn/dukan/hqwg/2020-10/09/c_1126585 854. htm.

[26]全国能源信息平台.巴西上半年进口光伏组件 2.5GW,阿特斯、天合、晶科位列前三[EB/OL].[2019-09-07]. https：// baijiahao. baidu. com/s? id=1675355459961833473&wfr＝spider&for＝pc.

[27]人民网.中国风机落地欧洲第二大陆上风场[EB/OL].[2017-09-08]. http：// world. people. com. cn/n1/2017/ 0908/c1002-29524301. html.

[28]人民网-人民日报海外版.中国新能源国际合作成绩亮眼[EB/OL].[2019-12-16]. http：// m2. people. cn/r/MV8xXzMxNTA3MTc0XzEwMTBfMTU3NjQ1NTYxMQ.

[29]人民网."华龙一号"海外首堆——巴基斯坦卡拉奇核电 2 号机组投入商业运行[EB/OL].[2021-05-22]. http：// finance. people. com. cn/n1/2021/0522/c1004-32110515. html.

[30]新浪财经.工行成功发行全球首支绿色"一带一路"银行间常态化合作债券[EB/OL].[2019-04-17]. http：// finance. sina. com. cn/roll/2019-04-17/doc-ihvhiewr6728411. shtml.

[31]新浪财经.中石油中海油再联手,同时拟入股北极大型 LNG 项目[EB/OL].[2019-06-07]. http：// finance. sina. com. cn/roll/2019-04-26/doc-

ihvhiqax5227531. shtml.

[32]新华网. 2019 年中亚天然气管道向国内输气超 479 亿方[EB/OL].
　　[2020-01-06]. http：// www. xinhuanet. com/world/2020-01/06/c_1125
　　427050. htm.

[33]新华网. 习近平：推动共建"一带一路"走深走实造福人民[EB/OL].
　　[2018-08-27]. http：// www. xinhuanet. com/silkroad/.

[34]新华网. 我国电力企业五年签约"一带一路"项目 912 亿元[EB/OL].
　　[2018-07-26]. https：// baijiahao. baidu. com/s？ id＝16070518184167
　　11465＆wfr＝spider＆for＝pc.

[35]中国中央政府网站. 国务院关于推进国际产能和装备制造合作的指导
　　意见[EB/OL]. [2015-05-16]. http：// www. gov. cn/zhengce/content/
　　2015-05/16/content_9771. htm.

[36]新华网. 进出口银行发行首单"债券通"绿色金融债券[EB/OL]. [2017-
　　12-23]. http：// www. xinhuanet. com/201712/23/c _1122156695. Htm.

[37]新华网. 中华人民共和国和法兰西共和国联合声明[EB/OL]. [2018-01-
　　09]. http：// www. xinhuanet. com/politics/2018-01/09/c_1122234958.
　　htm.

[38]新华网. 习近平：齐心开创共建"一带一路"美好未来——在第二届"一
　　带一路"国际合作高峰论坛开幕式上的主旨演讲[EB/OL]. [2019-04-
　　26]. http：// www. xinhuanet. com/2019-04/26/c_1124420187. htm.

[39]新华网. 金砖国家领导人第十次会晤约翰内斯堡宣言（全文）[EB/OL].
　　[2018-07-27]. http：// www. xinhuanet. com/world/2018-07/27/c_112
　　3182948. htm.

[40]新华网. 共建"一带一路"倡议：进展、贡献与展望[EB/OL]. [2019-04-22].
　　http：// www. xinhuanet. com /2019-04/22/c_1124400071. htm.

[41]新华网. 国家电网在巴西投资超 124 亿美元[EB/OL]. [2019-05-24].
　　http：// www. xinhuanet. com/2019-05/24/c_1124539171. htm.

[42]新华网. 童亚辉：习近平能源安全新战略的浙江探索[EB/OL]. [2019-
　　07-02]. http：// www. xinhuanet. com/politics/leaders/2019-07/02/c _
　　1124 699821. htm.

[43]新华网. 习近平：中国坚持把创新作为引领发展的第一动力[EB/OL].
　　[2020-11-19]. http：// www. xinhuanet. com/2020/11/19/c _ 1126758
　　913. htm.

[44]新华网.中共中央关于制定国民经济和社会发展第十四个五年规划和二〇三五年远景目标的建议[EB/OL].[2020-11-03].http：//www.xinhuanet.com/2020-11/03/c_1126693293.htm.

[45]新华网.习近平在气候雄心峰会上的讲话(全文)[EB/OL].[2020-12-12].http：//www.xinhuanet.com/2020-12/12/c_1126853600.htm.

[46]新华网.国开行成功发行首笔准主权国际绿色债券[EB/OL].[2017-11-10].http：//www.xinhuanet.com/money/2017-11/10/c_1121938025.htm.

[47]新能源网.冷思考：中国氢能产业发展的认识与建议[EB/OL].[2021-04-12].https：//newenergy.in-en.com/html/newenergy-2404294.shtml.

[48]央视财经网.油价低想买却很难?!油罐、大型油轮遭疯抢,有油轮日租金一度暴涨600％……[EB/OL].[2020-04-23].http：//sc.stock.cnfol.com/guojishichang/20200423/28103570.shtml.

[49]一带一路百人论坛.柯银斌：如何评估投资项目的"一带一路"含量[EB/OL].[2018-07-25].https//wwwyidaiyilu.gov.cn/xwzx/roII/61029.htm.

[50]一带一路能源合作网.中埃能源合作[EB/OL].[2019-09-07].http：//obor.nea.gov.cn/pictureDetails.html? id=2577.

[51]一带一路能源合作网.能源互联互通[EB/OL].[2020-01-21].http：//obor.nea.gov.cn/pictureDetails.html? id=2552.

[52]一带一路能源合作网.扬帆起航谱新篇,中国—欧盟能源合作平台正式启动[EB/OL].[2019-09-05].http：//obor.nea.gov.cn/pictureDetails.html? id=2561.

[53]一带一路能源合作网.中国与欧盟国家能源领域合作情况[EB/OL].[2020-06-30].http：//obor.nea.gov.cn/pictureDetails.html? id=2751.

[54]一带一路能源合作网.伙伴关系成员国——阿尔及利亚[EB/OL].[2020-08-05].http：//obor.nea.gov.cn/pictureDetails.html? id=2622.

[55]"一带一路"生态环保数据平台."一带一路"国际合作不可或缺的议题——气候投融资[EB/OL].[2020-05-12].http：//www.greenbr.org.cn/dtxx/yw/8a7beee87187f022017207b394bb012d.html.

[56]证券时报.金融科技将惠及"一带一路"沿线国家[EB/OL].[2017-05-16].http：//finance.sina.com.cn/stock/t/2017-05-16/doc-ifyfecvz1461957.shtml.

[57]中非合作论坛官网.中国对非洲政策文件(全文)[S/OL].[2015-12-05]. https://www.focac.org/chn/zywx/zywj/t1321590.htm.

[58]中华人民共和国外交部.中华人民共和国和巴基斯坦伊斯兰共和国关于建立全天候战略合作伙伴关系的联合声明(全文)[EB/OL].[2015-04-21]. https://www.fmprc.gov.cn/web/gjhdq_676201/gj_676203/yz_676205/1206_676308/1207_676320/t1256274.shtml.

[59]中华人民共和国商务部.中国对"一带一路"沿线国家直接投资现状与成因分析[EB/OL].[2017-11-19]. http://12335.mofcom.gov.cn/article/ydylycjzl/201711/1923400_1.html.

[60]中国长江三峡集团公司.三峡巴西成立五周年[EB/OL].[2018-10-09]. https://www.ctg.com.cn/sxjt/xwzx55/zhxw23/813883/index.html.

[61]中国电力建设集团.习近平向非洲各国政要推荐北京院总承包的阿达玛风电二期[EB/OL].[2015-12-09]. http://www.bhidi.com/art/2015/12/8/art_10126_825445.html.

[62]中国电力新闻网.世界最大塔式光热电站成功并网[EB/OL].[2018-08-23]. http://www.cpnn.com.cn/zdzg/201808/t20180822_1086675.html.

[63]中国电力新闻网.国家电网在里约热内卢发布巴西社会责任报告[EB/OL].[2018-10-09]. http://www.cpnn.com.cn/zdyw/201910/t20191018_1171210.html.

[64]中国电力建设集团有限公司.公司EPC总承包建设巴基斯坦萨希瓦尔电站项目全面竣工[EB/OL].[2018-08-17]. http://www.powerchina.cn/art/2018/8/20/art_7440_372876.html.

[65]中国国家原子能机构.2019年1—12月全国核电运行情况[EB/OL].[2020-02-13]. http://www.caea.gov.cn/n6758881/n6758890/c6809115/content.html.

[66]中国石油."冰上丝绸之路"新支点:亚马尔天然气项目启示录[EB/OL].[2017-11-29]. http://www.cnpc.com.cn/cnpc/trqxgdt/201711/ccb521fccf144df08cddadbd11001196.shtml.

[67]中国新闻网."一带一路"沿线国家如何看待中国企业? 最新研究发布[EB/OL].[2020-11-03]. http://www.nbd.com.cn/articles/2020-12-08/1566367.html.

[68]中国新闻网.中国农业银行在伦敦上市中资金融机构首单绿色债券[EB/OL].[2015-10-22]. http://www.chinanews.com/fortune/2015/

10-22/7584289. shtml；

[69]中国一带一路网.7年来,中国在"一带一路"项目中可再生能源投资占比提升近40%[EB/OL].[2021-02-27]. https：// baijiahao. baidu. com/ s？ id＝1692848075075749051＆wfr＝spider＆for＝pc.

[70]中国政府网.发展改革委介绍推进国际产能和装备制造合作(意见)有关情况[EB/OL].[2015-05-20]. http：// www. gov. cn/xinwen/2015-05/20/content_2865242. htm.

[71]中国政府网.国务院关于支持沿边重点地区开发开放若干政策措施的意见[EB/OL].[2016-01-07]. http：// www. gov. cn/zhengce/content/2016-01/07/content_10561. htm

[72]中国政府网.《中华人民共和国和西班牙王国关于加强新时期全面战略伙伴关系的联合声明》(全文)[EB/OL].[2018-11-29]. http：// www. gov. cn/xinwen/2018-11/29/content_5344289. htm.

[73]中国政府网.我国已与138个国家、31个国际组织签署201份共建"一带一路"合作文件[EB/OL].[2020-11-17]. http：// www. gov. cn/ xinwen/2020-11/17/content_5562132. htm.

专有名词及缩写对照表

ACE	ASEAN Centre for Energy	东盟能源中心
AIIB	The Asian Infrastructure Investment Bank	亚洲基础设施投资银行
APERC	Asia-Pacific Energy Research Center	亚太能源研究中心
BLT	Building-Lease-Transfer	建设—租赁—移交
BOO	Building-Owning-Operation	建设—拥有—运营
BOOT	Building-Owning-Operation-Transfer	建设—拥有—运营—移交
BOT	Building-Operation-Transfer	建设—运营—移交
BRBR	Belt and Road Bankers Roundtable	"一带一路"银行间 常态化合作机制
BT	Building-Transfer	建设—移交
CEM	Clean Energy Ministerial	清洁能源部长级会议
CFIUS	Committee on Foreign Investment in the U. S	美国对外投资审查委员会
CLMVT	Cambodia，Laos，Myanmar，Vietnam and Thailand	柬埔寨、老挝、缅甸、 越南、泰国
COVID-19	Corona Virus Disease 2019	新冠病毒肺炎
CSP	Concentrating Solar Power	集中式太阳能
CWM	Chinese Water Machine	中国水机器
DERs	Distributed Energy Resources	分布式能源

续表

ECECP	EU-China Energy Cooperation Platform	中欧能源合作平台项目
EDF	Electricite De France	法国电力公司
EIA	Energy Information Administration	美国能源署
EPC	Engineering Procurement Construction	工程总包
EPC+F	Engineering Procurement Construction+Financing	工程总包+融资
EPE	Empresa de Pesquisa Energética	巴西能源研究公司
FIRRMA	The Foreign Investment Risk Review Modernization Act of 2018(U. S.)	《外国投资风险评估现代化法案 2018》(美国)
G20	Group 20	二十国集团
GBP	Green Bond Principles	《绿色债券原则》
GMS	Greater Mekong Subregion Economic Cooperation	大湄公河次区域经济合作
GW	Gigawatt	吉瓦
IEA	The International Energy Agency	国际能源署
IECT	International Energy Charter Treaty	《国际能源宪章条约》
IOT	Investment-Operation-Transfer	投资—运营—移交
IPCC	Intergovernmental Panel on Climate Change	联合国政府间气候变化专门委员会
IRENA	International Renewable Energy Agency	国际可再生能源署
kWh	kilowatt-hour	千瓦时
LNG	Liquefied Natural Gas	液化天然气
MW	Megawatt	兆瓦
NDC	Nationally Determined Contribution	国家自主认定贡献
NGO	Non-Governmental Organizations	非政府性组织
OLADE	Organización Latinoamericana de Energía	拉丁美洲能源组织
O&M	Operations & Maintenance	委托运营
OPEC	Organization of the Petroleum Exporting Countries	石油输出国组织
PM	Project Management	项目管理

续表

PNPB	Programa Nacional de Produção e Uso de Biodiesel	巴西国家生产和使用生物柴油计划
PPP	Public-Private Partnership	公私资本合作
PV	Photovoltaics	太阳能光伏
REN21	Renewable Energy Policy Network for the 21st Century	21 世纪可再生能源政策网络
ROO	Rehabilitation-Owning-Operation	修复—拥有—运营
SDG7	Sustainable Development Goals 7	可持续发展目标 7
SE for ALL	Sustainable Energy for All	人人享有可持续能源计划
TOT	Transfer-Operation-Transfer	移交—运营—移交
TPP	Trans-Pacific Strategic Economic Partnership	跨太平洋伙伴关系
UNDP	United Nations Development Programme	联合国开发计划署
WEC	World Energy Council	世界能源理事会